· 教育家成长丛书 ·

# 陈雨亭
# 与学校整体改革

CHENGYUTING YU XUEXIAO ZHENGTI GAIGE

中国教育报刊社·人民教育家研究院 组编

陈雨亭 著

北京师范大学出版集团
BEIJING NORMAL UNIVERSITY PUBLISHING GROUP
北京师范大学出版社

**图书在版编目（CIP）数据**

陈雨亭与学校整体改革 / 中国教育报刊社人民教育家研究院
组编；陈雨亭著 . —北京：北京师范大学出版社，2020.4
　（教育家成长丛书）
　ISBN 978-7-303-25555-9

　Ⅰ.①陈… 　Ⅱ.①中… ②陈… 　Ⅲ.①教育改革－研究
Ⅳ.①G511

中国版本图书馆 CIP 数据核字（2020）第 016440 号

营　销　中　心　电　话　　010-58802135　010-58802786
北师大出版社教师教育分社微信公众号　　京师教师教育

出版发行：北京师范大学出版社　　www. bnup. com
　　　　　北京市西城区新街口外大街 12-3 号
　　　　　邮政编码：100088
印　　刷：天津旭非印刷有限公司
经　　销：全国新华书店
开　　本：787 mm×1092 mm　1/16
印　　张：16.25
字　　数：250 千字
版　　次：2020 年 4 月第 1 版
印　　次：2020 年 4 月第 1 次印刷
定　　价：50.00 元

策划编辑：伊师孟　　　　　责任编辑：郭　瑜
美术编辑：焦　丽　　　　　装帧设计：焦　丽
责任校对：张亚丽　　　　　责任印制：马　洁

# 教育家成长丛书

## 编委会名单

总　顾　问：柳　斌　顾明远

顾　　　问：叶　澜　田慧生　林崇德　陈玉琨

编委会主任：杨春茂

编　　　委：（按姓氏笔画为序）

主　　　编：张新洲

副　主　编：赖配根　王瑜琨　汪瑞林

# 总　序

　　教育是国家发展的基石，教师是基石的奠基者。古人云："国将兴，必贵师而重傅。"兴国必先强教，强教必先重师。党中央、国务院高度重视教师队伍建设。2013 年教师节，习近平总书记在给全国广大教师的慰问信中指出："百年大计，教育为本。教师是立教之本、兴教之源，承担着让每个孩子健康成长、办好人民满意教育的重任。"2014 年，在第 30 个教师节前夕，习总书记到北京师范大学视察并发表重要讲话，指出："一个人遇到好老师是人生的幸运，一个学校拥有好老师是学校的光荣，一个民族源源不断涌现出一批又一批好老师则是民族的希望。"《国家中长期教育改革和发展规划纲要（2010—2020 年）》也明确提出，"有好的教师，才有好的教育"，要"努力造就一支师德高尚、业务精湛、结构合理、充满活力的高素质专业化教师队伍"。"倡导教育家办学"，要创造有利条件，鼓励教师和校长在实践中大胆探索，创新教育思想、教育模式和教育方法，形成教学特色和办学风格，造就一批教育家。"两个一百年"奋斗目标的实现、中华民族伟大复兴中国梦的实现，归根结底要靠人才、靠教育，而支撑起教育光荣梦想的，是千百万的教师。

　　时代呼唤好老师。有一流的教师，才有一流的教育；有一流的教育，才有一流的国家。出名师、育英才、成伟业，是时代赋予我们教育战线的神圣使命。"所谓大学者，非谓有大楼之谓也，有大师之谓也。"好学校、好教育的最重要标准，就是要有好老师。一所学校、一个地区，乃至一个国家，如果教师有理想、有爱心、有学识、有高超的教育艺术，那么即使硬件设施有些简陋，家长、学生也会心向往之。教师是中国梦的奠基者。教师的重要使命，就是为每个孩子播种梦想、点燃梦想，并帮助他们实现梦想。每一间平凡的教室，每一节朴实的课，都不仅是知识的传递，而且是人类文明精神的接续、人生梦想的起航。正是有亿万个孩子梦想的放飞、绽放，中国梦才更加光彩夺目。如果说中国梦最坚实的土壤是学校，那么教师就是最伟大的"筑梦师"，他们用默默无闻、孜孜不倦的智慧劳动，让每一颗年轻的心灵都与中国梦激情相拥。

倡导教育家办学，造就一批好老师，首先要尊重、珍惜我们的本土智慧、本土创造。教育家不是凭空产生的，而是扎根于自己的民族文化土壤，同时吸收人类文明成果，从而创造出独特而生动的教育实践、教育智慧和教育文明。五千年源远流长的中华文明，不但形成了有我们民族特色的教育理论体系，而且涌现出了千千万万优秀的教育家，有被推崇为"大成至圣先师""万世师表"的孔子，有"匹夫而为百世师，一言而为天下法"的韩愈，有"捧着一颗心来，不带半根草去"的人民教育家陶行知，等等。改革开放 40 年来，随着教育改革的不断深入，教育战线涌现出了一大批杰出教师。他们痴情于教育事业，坚守理想信念和教育良知，在三尺讲台上默默耕耘、刻苦钻研，同时以敢为天下先的精神大胆创新，不断进取、不断超越，形成了各具特色的教育思想和教学风格。正是他们的成功探索和实践，创造了具有中国风格的教育经验，丰富了具有中国特色的教育理论宝库。原由教育部师范教育司组织编写，现由中国教育报刊社人民教育家研究院组织编写的"教育家成长丛书"，就是要向这些宝贵的本土创造性的教育经验致敬。

当前，教育领域综合改革正在深入推进，考试招生制度改革的大幕已经拉开，立德树人、培育和践行社会主义核心价值观成为大中小学教育的头等任务。可以预见，中国教育将发生深刻的变革，将从"中国制造"向"中国创造"转变。"没有革命的理论，就没有革命的运动。"没有适合中国土壤、具有中国智慧的教育理论，就不可能为未来的中国教育改革提供有效的指导。我们的教育要向"中国创造"飞跃，必然要首先创造属于我们自己的教育理论，而不是"言必称希腊"或者老是贩卖欧美的教育理论。170多年前，美国思想家、诗人爱默生发表了著名演说《美国学者》，号召美国知识界："我们依赖旁人的日子，我们师从他国的长期学徒期时代即将结束。在我们周围，有成百上千万的青年正在走向生活，他们不能老是依赖外国学识的残余来获得营养。"由此，美国迈入精神立国阶段。

如今，我们也面临与爱默生同样的情形。随着我国GDP已从世界第二向第一迈进，我们的经济崛起已成为事实，但在道德文明、文化精神等方面，我们还需奋起直追。没有文明的崛起，经济崛起就难以持续。当务之急，是我们需要化解内心深处的文化自卑情结，摆脱对他国文明的精神依附，自觉养成强烈的"中国意识"，独立的中国文化品格，并由此去俯视世界，去改造本土实践，去创造属于我们自己的精神养料——这在教育界显得尤为紧迫。"教育家成长丛书"，旨在把我们本土教育实践中蕴含的中国智慧提炼出来，从而形成具有时代意义的中国特色的教育话语体系，再以此去观照、引领、改造中国的教育实践，为伟大的教育改革提供经验、理论支持，也为未来的教育家提供丰富、可资借鉴的精神养料。

让我们为中国教育的伟大未来一起努力吧！

2018 年 3 月 9 日

# 前　言

　　见证着中国基础教育半个世纪的春华秋实，代表着中国基础教育教学成果的最高成就——"首届基础教育国家级教学成果奖"，闪耀着李吉林、窦桂梅、吴正宪、张思明、洪宗礼、唐江澎、邱学华、于永正、孙双金、薄俊生、龚春燕等一大批优秀教师的名字。而上述这些教师杰出代表恰恰都是《人民教育》"名师人生"栏目中最受读者喜爱的名师，都是"教育家成长丛书"的作者。

　　"教育家成长丛书"（以下简称"丛书"），是在第20个教师节前夕，为了研究、总结、宣传和推广我国众多优秀中小学教师的先进教育思想和鲜活的宝贵的教育教学经验，培养造就一大批德才兼备的优秀教师和杰出的教育家，促进教师队伍整体素质的提高，根据教育部党组安排，由师范教育司组织编写的一套凝聚着一大批教育家成长智慧的大型教育丛书。

　　"丛书"自2006年问世以来，不但得到国务院和教育部领导同志的高度重视，而且先后印刷多次尚不能满足广大读者的需求。这其中的奥秘何在？

　　当你翻开"丛书"，每一部著作都讲述着一位教育家成长的故事。这些著作主要从"成长历程""思想概述""课堂实录"和"社会反响"等方面全景式反映其教育思想、教育智慧、专业精神和专业人格的形成过程与教学实践过程。这是教育家成长的基本素质所在。

　　当你沿着教育家成长的足迹走近他们的时候，你会融入这些带有"草根色彩"，扎根中华教育实践大地，充满田野芳香的真实感人的教育故事中。

当你从"丛书"中，从这些当年和自己一样的普通教师，成长为今天受人尊敬的教育家的成长过程中受到启迪，当你触摸着自己的心，把学生的成长和祖国的未来紧紧连在一起的时候，你会真切地感受到教育家离我们并不遥远。

当你用整个身心蘸着自己的生活积累去品味"丛书"中的每一部著作的"成长历程"时，在一位位名师不断学习、不断超越自我、不断超越学科教学的求索足迹中，你会读懂"教育是事业，其意义在于奉献"的丰富内涵。

当你研读"丛书"中的每一部著作的"思想概述"，和每一位名师展开心灵对话的时候，都会深深地感受到，一名教师对教育独立的理解与执着的追求有多么重要。从一名普通的教师成长为受人尊敬的教育家的过程中，你会读懂"教育是科学，其价值在于求真"的深刻含义。透过"丛书"，你会看到一代代教师用爱与智慧塑造民族未来的教育理想。

随着我们从"知识核心时代"走向"核心素养时代"，教师教育教学活动的视野已拓展到人的生存与发展的方方面面。教师要结合自己的教学实践去感悟"教育理念是指导教育行为的思想观念和精神追求"，应该把爱化为自己的教育行为，让爱充盈课堂，触摸到一个个灵动的生命，让爱产生智慧，让爱与智慧在学生心中留下岁月抹不去的美好回忆，让教育者和受教育者都感受到教育的幸福。这是"丛书"给我们的启示，也是每位教师应有的胸怀和视野。

时代呼唤教育家。为了进一步把我们本土教育实践中蕴含的中国智慧提炼出来，从而形成具有时代意义的中国特色的教育话语体系，以此去观照、引领、创新中国的教育实践并在更大范围加以推广，"丛书"将由中国教育报刊社人民教育家研究院继续组织编写，希望能够在更广大教师的心田中播种教育家成长的智慧，从而出更多的名师，育更多的英才，成就中华民族复兴的伟业。这是时代赋予广大教育工作者的神圣使命。如果广大教师能在每位教育家成长、探索教育智慧的过程中受到启迪，形成自己的教育智慧，则实现了我们编辑这套"丛书"的初衷。

"教育家成长丛书"
编委会
2018 年 3 月

# 目 录
CONTENTS
陈雨亭与学校整体改革

## 我的案例研究

## 朋友们眼中的雨亭

## 附　录

## 后　记

# 我的成长之路

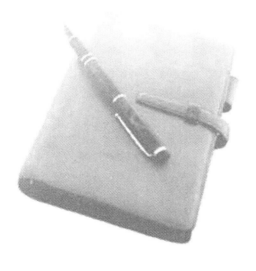

# 一、目光放在环境：自然状态下的我

我出生在山东省日照市五莲县的一个小山村里。从记事起，我的家就在一条小河边上，对着河的那一边没有院墙，长着几排可以用来编筐的灌木藤条，鸡鸭从藤条缝隙里钻进钻出。站在院子里，南望是一座几百米高的小山，后山长着松树；北望能远远地看见马耳山。马耳山的主峰海拔 706 米，是鲁东南最高的一座山。这座

第一次去县城照的

山是我小时候的远方，是站在家里所能望见的最远的地方，也是众多神仙和妖精的住所。大人们讲述的鬼怪故事，主人公多数都住在那里。2017 年年末，我写了一首题为《马耳山》的诗，表达了这座山对我精神世界的影响。但有意思的是，我至今没有去爬过这座山，它远远地一直在我的记忆里。

## 马耳山

亲爱的

站在我小时候的院子里

遥望北方就能看到它

长发及腰的狐狸精

舌长三尺没有性别的鬼

无数没有结局的故事

我的马耳山

是神秘

是远方

是遥不可及

是不必及

是我成长途中的密码

当我站在利物浦斯康城堡

遥望星空下的阿尔卑斯雪山

神秘、美好、梦幻

像极了我的马耳山

我站在城堡的湖边

感觉拥有了全世界

最早的一张照片：约 1 岁

我最早对"自我"的记忆是"我是女孩"。妈妈说我小时候，就经常问周围的邻居：为什么你们更喜欢男孩？2003 年我刚认识老师威廉·派纳的时候就讲述了这段经历（我告诉他自己对性别研究感兴趣），他听后问我："为什么你这么小就有性别不平等的意识，而你的同伴没有？"我直到现在都无法回答，我不知道我为什么从小对性别问题这么敏感。

我有一个小我 3 岁的弟弟。现在看来，父母是那时非常有性别平等意识的了，比如让我到县城读初中，让我读高中。但那时我处在一个弥漫着不平等氛围的地方，许多旧的观念和行为几乎所有人都认为是理所当然的，还是让人绝望的理所当然。比如，谁家生了男孩，人们会说："他家真幸运，生了儿子!"生了女孩，人们会说："他家又生了一个闺女!"刚开始计划生育的几年里，有几户人家为了生儿子而远走他乡，在外流浪，直到生了儿子。人们还会饭后津津乐道，哪家当家的是"工人"，退休时孩子们能"接班"，闺女年龄够了，但是必须得让儿子"接班"，于是托人找关系，把儿子的户口本年龄改大 2 岁，因为要是让闺女接班，肥水就流到外人田里去了……这些是村民们饭前饭后、田间地头聊天的日常话题。在我长大的那个小村子里，目光所及，都是 20 世纪 70 年代和 80 年代初农村生活的图景。在我小学毕业时，除了课本外所读过的课外书是例如《铡美案》《逼婚记》《铁道游击队》之类的连环画。现在回想起来，除了山间小路上的野花，深邃夜空里的繁星，清澈见底的小溪里自在的小鱼，童年对于我来说，看不到远方。女人的命运似乎是注定的。

1990 年，我带着这种忧郁的情感基调读完了初中和高中，来到山东省泰安市读专科。记得多年前翻看那时候的日记本，在多篇日记中我写了"我以后的生活不要像母亲"。那个时候的我，第一次离开老家到一个陌生的城市，第一次开始着迷地读戴尔·卡耐基的《人性的优点》《人性的弱点》等书，第一次开始有意识地改造自己，在骨子里积累的对于自我命运的反抗开始寻找出路。卡耐基对人类共同心理特点的探索与分析，对如何克服忧虑、克服封闭式的人性弱点、改善人际关系的观点对于我分析自己起到了参照系的作用。我开始运用卡耐基的一些行动方法来给自己积极的暗示，开始相信阳光的心态能带给自己全新的人生。

在五莲一中读高中时候的我

1992 年，我来到山东兖矿集团的一个煤矿职工子弟学校教初中英语。在工作之余，我看了一些充满着理想主义的小说。现在我依然记得读完张承志的《北方的河》后激动的心情。一种博大、辽远的心绪，让我忘记了自己所处的环境，似乎看到了很远的东西。但那很远之外的东西到底是什么，我并不知道。看完那些小说，我经常在日记中追问一些这样的问题：是什么力量能使人超越他周围的人，不顾一切努力奋斗？是什么力量能使人坚信自己前行的方向就是自己努力的方向？是什么力量能使人超越自己的时代？

当我回顾过去，再看 20 多岁之前的自己，我发现其实自己就像一株植物，在一个特定的很小的生态系统里探寻阳光。从我 1978 年读小学一直到 1995 年，这十几年其实正是中国改革开放波澜壮阔的年代，无数人把握时代的脉搏，把渺小的个人与广阔的时代结合起来，改变了自己的命运。然而，当一个人身处一个较为封闭的小系统中时，是很难真正感受到时代精神的。她的自我探寻之路就显得迂回，有太多犹豫的、徘徊的时光。那些关于自我的追问常常像是洞穴里的回声，你大声提问，听到的却是对问题的自我重复。

环境中的个人显得十分渺小，自我意识往往如同黑夜里的萤火虫，珍贵但是转瞬即被吞噬。追问与呐喊，也常常是自言自语。微光在这时，是一种心理状态，而不是一个有着具体衡量标准的清晰目标。在纷繁复杂的日常工作和生活中，它们实在太容易被遮蔽了。那些清晰可见的浮云，很容易把内心遮蔽得风雨不透。

当一颗心失却了眺望远方的习惯，那它就步入了自我重复、自我强化的泥淖。多年以后，我在读到杜威说过的一段话时，曾经掩卷沉思许久。他说："如果这些刚露头的显得羞怯的富有想象的思想，在萌芽时被剪掉，受到打击或者由于压制或忽略，由于缺少相适应的阳光和空气，或由于过多的成人的注意而受到挫伤，那么人的态度和品质就要变形。然而健康地运用富有想象的思想，给予一切生长有意义的刺激，就能导致能力的不断增长，以发现在行动中做什么，为什么做，以及怎样做。"[①]

我从小的梦想，其实是渴望不断地发现自我，从而能够超越自我。2000年，许巍的《故乡》发行，在歌的结尾，他唱道："总是在梦里/看到自己走在归乡路上/你站在夕阳下面/容颜娇艳/那是你衣裙漫飞/那是你温柔如水。"每个人在成长过程中，由于社会建构的原因，都会压抑无数个内心真实的声音，都会产生一个个外在评判者。"真实的自我"通常无处可寻，因为它总是由"它所不在的地点、所不出现的时刻、所不是的特点所界定"[②]。"我是谁？"这个问题并不简单。因为这个问题总是与"别人是谁""我曾经是谁""我想成为谁"相关。这个"真实的自我"与生活意义相关联，而"生活的意义是无声的声音，不能听见的呼喊，无法用言语表达的话语，没有形状的表现，它在个人的经验之中成长……"

2016年8月，在三亚

虽然"内在自我"难于辨认、寻找，但是却并非完全无迹可寻，只要有足够的耐心和诚实，我们就能从梦中的"衣裙漫飞"之中发现一直被压抑、被忽视的"内在自我"。这个"内在自我"对于个体追求人生圆满的感觉，对于个体对抗生活的无意义，对于个体在中年时期顺利完成生命中最重要的"变形"，都有特别的意义。在永远向着远方独行的路

---

① ［美］凯瑟琳·坎普·梅休等：《杜威学校》，王承绪等译，377页，上海，华东师范大学出版社，1991。

② ［美］威廉·派纳：《自传、政治与性别——1972—1992课程理论论文集》，陈雨亭、王红宇译，北京，教育科学出版社，2007。

上，时时向"心中永远的故乡"致意，就是向"内在自我"致意。

"衣裙漫飞"是自我成长留在人内心深处的映像。那些关注内在生命的人，会在衣裙漫飞之际——不管是在梦中，还是在现实生活中——看到内在自我展现。我很庆幸，自己内心从小就有微光得以保留，一旦遇到机会，内心的微光就会孕育，转变成为奋飞的动力。

## 二、目光转移到自身：一种生活方式的确立

1996 年春，在当教师的第四个年头，我报名参加山东省英语言文学专业本科自学考试了。在工作后的前三年里，我除了学习当老师，努力适应煤矿职工子弟学习的特点，在业余时间我还读了很多小说，甚至尝试着自己写小说。写了两篇之后，我发现自己并没有当作家的才情。后来我发现很多同事教师在参加函授专科或函授本科的学习，取得专科或者本科学历。我这才想起自己也应该有一个本科学历。通过同事我了解到，取得本科学历有两个途径，一个是较为容易的函授，一个是很有难度的自学考试。我决定挑战自我，尝试一下自学考试。

后来在读博士的时候，我搜索了一下中国的自学考试史。这个考试形式是 1978 年就开始动议的，主因是我国工作重心转移到经济建设以后，急需大批专门人才，而普通高校无法满足这个需求，因此从国家到部分省市逐渐试点、铺开。到 1982 年，第五届全国人民代表大会通过新宪法，把国家"鼓励自学成才"列入了根本大法。1999 年 1 月 1 日起实施的《中华人民共和国高等教育法》第二十一条明确规定："国家实行高等教育自学考试制度，经考试合格的，发给相应的学历证书或者其他学业证书。"我在 1999 年取得自考本科文凭。

现在回想起来，20 世纪八九十年代的自学考试是多么激动人心的教育政策。无数像我一样的青年，边工作边学习，在全国各地的地级市以上的城市，参加考试。记得我是在 1996 年春天报名的，政策规定每次最多报四门。我一般都是报考两门。每一门的考试费是 16 元。煤矿的职工教育科专门有一位老师负责自考的报名工作。记得我报考英语本科时，是山东省英语本科专业第二次开考。我报考了两门，一门是语音学（英语），一门是教育学（汉语）。

高级英语英语本科自考中最难的科目

一本薄薄的《语音学》，几乎每一句都有需要查的生词。我花了两个多月的时间才学完。第一次考试两门虽然分数不高，但都通过了（记得一门60分，一门62分）。拿着两张窄小的单科通过通知书，我激动了好几天。集齐9张通知单，再参加论文答辩，就能拿到本科文凭了。我久久徘徊的心忽然有了着落。

三年的自学考试，我共参加了11次考试，回想三年自考，它帮助我形成了一种逐渐把目光转向自身的生活方式。怎样才算是形成了某种生活方式呢？

一是时间投入和管理。赵汀阳曾说过：某人对他的时间的投放量意味着一件事情对于某人的魅力。[①] 说一个人形成了某种生活方式，首先指的是他的时间投入量和投入方式。我在参加自学考试以后，把所有的业余时间都用上了，再一次重新回到了紧张的学生时代。我把超过30分钟的时间作为大段时间，把在家的10～20分钟时间作为中段时间，把在外面的偶尔闲余时间作为碎片时间。大段时间用来学习自学考试的教材，中段时间用来读报纸和各类题材的书籍，碎片时间用来记忆英语单词，比如等公交车的时候。

在开始的阶段（尤其是前半年时间），时间投入和时间管理最重要的意义在于使自己的身体和精神都相信了自己的改变。这对于生活方式的确立至关重要，因为改变一种生活方式意味着你听到了自己内心另外声音的召唤，于是我带领自己的身心听从了新的召唤。这是改变过去的生活习惯，形成新的生活方式的过程。一切都是新的，书桌上摆上了新的书籍，笔记本也是新的，枕头边上放上了新的书和英语单词卡。我告诉朋友们新的目标，新的生活方式，告诉他们不参加周末聚会聊天以及看电影了。为了有充沛的精力学习，必须养成规律的锻炼习惯。长长的暑假和寒假，

---

①　赵汀阳：《论可能生活——一种关于幸福和公正的理论》，北京，中国人民大学出版社，2004。

也告别走亲访友以及漫长的休息，改为更加规律更加自主的学习。总之，半年后，新的生活方式确立了。无论是自己，还是亲朋好友们，都相信我在认真地做一件事情，于是怀疑和犹豫消失了，我成功地切换了生活轨道。从那以后的20多年来，我都生活在这条1996年确定的轨道上。

二是有效的反馈机制。不得不说，自学考试的考试方式设计真的好。每年两次，有足够的学习时间。每次考完发成绩单的日子，是令人忐忑又无比期待的节日。拿到单科成绩单，端量好久。回家拿出专门放成绩单的铁盒(当时想，万一失火，铁盒内更可能幸存)，把之前的成绩单拿出来，放在一起，比较几张单子成绩的高低，看到自己每次成绩都有新进步，从最初的60多分，到后来的70多分，再到最后几门的80多分。这种反馈方式是发展性的，它不那么急迫(因为要是没有考到60分，下次可以重修)，但是却足以激发我的成长动力。自己跟自己比较，看到自己日积月累的进步，那真是幸福的感觉！用芝加哥大学心理系教授米哈里·契克森米哈赖的"心流"理论来解释的话，那正是一种体验"心流"的过程。他说："幸福不是人生目的，而是人生目标的副产品。真正的幸福，是你全身心地投入一桩事物，达到忘我状态，并因此得到内心秩序和安宁的时刻。"[①]

英语本科自考的9门课程并不容易。除了两门汉语的科目之外，其他所有学科都特别有挑战。我所在的煤矿远离城市，不可能参加辅导班，所以我每一门课程都是一句一句地自学。实在太难的学科，我就请当时在山东师范大学英语系读本科的表妹解珍芳到图书馆借到该教材的教师用书，给我邮寄到学校，我用上一个月，然后再给她邮寄回去。最难的一门是日语。对于从未接触过任何日语的我来说，日语学科简直就是巨大的挑战。我买了两本教材《标准日本语》和四盘磁带，整整学习了四个月。开始学习的时候，实在记不住日语那些假名，我就用重复记忆法，一百遍记不住就再背诵二百遍，最终硬生生地把片假名和平假名的发音和写法联系起来了。一开始学习对话时，把课文里的对话都背过了，但是听录音带时听了好多遍才发现，由于课文短，朗读者读了两遍。最终，我的日语一次通过，得了85分。尽管后来由于没有持续学习，那些日语都几乎忘记了，但是这一次成功的学习经历让我重新评

---

① [美]米哈里·契克森米哈赖：《心流：最优体验心理学》，张定绮译，北京，中信出版社，2017。

估了自己的自学能力，激起了继续学习的强烈愿望。

反思我参加自考三年的经验，一种好的制度设计，既需要给参与者以自主的时间和空间，又需要设计节奏，使参与者保持适度的张力，产生自我成长的力量。我不经意间参与到 20 世纪 90 年代我国鼓励人们以各种方式学习的大潮中，在一个远离城市、远离市场经济的国营单位（我工作的职工子弟学校当时属于企业办学，为矿工子女服务）跃入了一个浪潮，在工作之外，参与了一个助力自己成长的活动。

米哈里把"心流"产生过程和特征概括为有注意力，心流出现时，一个人可以投入全部注意力；有愿意为之付出的目标；有即时的反馈；进入忘我的境界。①我自考那三年，虽然不能说是进入了忘我的境界，但是其他特征都符合产生心流的特征。

三是为之投入的事情与对个人的当下生活，或者未来追求有紧密联系。从一个人当下的生活方式，我们可以判断他在未来相当长的一段时间里的生活轨迹。如果某人当下的所作所为并不影响未来，那么就意味着这种行为或者是短期行为，或者是马上要改变生活轨迹，那么当下的所作所为就算不上是一种生活方式了。

现在看来，从知识和能力的获得来看，那三年自考最多算是一个打基础的阶段，把我的英语提高到了能够应用的水平，还远远算不上是积累了未来工作所需要的知识和能力。它真正的意义在于帮助我形成了一种专注于事情本身而非达成目标的生活方式。尽管每次通过单科考试我都特别高兴，然而我却没有形成为考试而学习的心态和习惯。我从来都是真正学习一门课程，而不是到临近考试时突击学习，只求通过，然后快速忘掉。这样的学习方式非常慢，我把一门学科从头到尾学习一遍，查好单词，把意思弄明白，边学边做笔记。每一课后面的练习题我全部都做，连"写作"作业也一样。

我从参加自考那天起就开始听英语广播，"美国之音"（VOA）或者"英国广播公司"（BBC）。早上醒来的第一件事情就是打开广播，边听边洗漱。在很长一段时间里，我其实听不懂，只能听懂几句。但是当时我就是想听，即使听不懂也想听，感觉听英语节目是一种享受。那时没有随身听，听英语只能是在家里吃饭或者做家务的时候。直

---

①　［美］米哈里·契克森米哈赖：《心流：最优体验心理学》，张定绮译，北京，中信出版社，2017。

到我参加自考之后两年，有一天吃晚饭时我突然意识到能听懂英语新闻了！

英语自考的课程设计中并没有听力，论文答辩时也不考听力。就是说即使听力很差，也不影响我拿到本科文凭。记得那期间我还偶尔给表妹用英语写信，为此专门买了一本汉英词典。

这种专注于提升自己的英语能力，而并不只是为了通过考试的学习态度奠定了我此后学习和工作的基调。并不急于达成什么，而是听从自己内心的判断。20 多年来，在许多需要选择的时刻，我都选择了较远的路，较困难的路。

# 三、目光转向系统：女性的事业与家庭

自学考试接近尾声的时候，一个问题摆在我的面前：拿到了本科文凭，然后干什么呢？我指的是，拿我的业余时间干什么呢？三年形成的生活方式使我不可能再回到从前的生活中去。于是我接受弟弟的建议开始准备考硕士研究生。选择什么专业呢？当时不愿意继续学习英语言文学，因为感觉应该把英语当作一门语言来使用而不是学习的对象。最终我选择了教育学，因为感觉自己已经做了 7 年教师，但是依然对教育和教学充满困惑。准备考研的过程就是延续自考的学习和生活规律。

准备考研期间，发生过一件很有意思的事情。一位非常关心我的同事引用几个身边朋友的例子，委婉地告诉我当达不到自己的预期时可能会引起心理崩溃。我听明白了他的意思，也接受了他的好意。但是他的担忧对我来说完全不是问题，对他说："您放心，我虽然准备考研，但是如果考不上，也完全没有问题。我只是想充分利用自己的业余时间学习，如果考不上的话，也不会有任何损失。备考的过程对我的教学工作有很大促进。"我在做个人决策的时候，首要考虑的是这件事对我个人的知识和能力是否有促进，而不是利益上的损益。这种心态使得我在全力为自己的选择而奋斗的时候，没有太大的心理压力，一切都是普通的日常生活。

从 2000 年 9 月到 2003 年 6 月在曲阜师范大学教科院，2003 年 9 月到 2006 年 6 月在华东师范大学课程与教学系，我分别取得了硕士和博士学位。毕业后，我来到天津市教科院工作。总结自己重返校园接受系统的教育研究学术训练的过程，我感觉那是几个系统共同起作用的结果。

### （一）要把家庭营造成一个拥有共同追求的相互支持系统

研三时和儿子（3岁）在曲阜师范大学

考研期间我怀孕了。怀孕生子不仅是女性一生中的大事，也是全家人的大事。我和家人商量了一下，表明自己想继续考研，但是需要他们更多的支持。他们都表示会全力支持。于是我没有任何犹豫，继续学习，为考研做准备。唯一不同的是，不能坐太久，于是我把英语单词和例句以及需要记忆的政治课内容录成磁带，在客厅里边溜达边听。怀孕五个多月的时候，我参加了硕士研究生考试，两天半时间，考了五门课，每门课三小时。在离儿子出生还有两周的时候，我参加了曲阜师范大学研究生的复试。记得后来成为我导师的杨昌勇教授问："你身体的这种状态对你将来读书有影响吗？"我回答说："没有任何影响。我家人表示全力支持我。"

后来我在给老师们讲课时，经常被问起女性怎样才能平衡事业和家庭之间的关系。我的体会是，女性要有自己坚定的发展主张，要形成与自己的发展主张一致的生活方式，就是说，要让家人看到你的理想和生活方式是相匹配的。同时，要把家人带入到自己的生活方式之中，让他们理解你的追求和向往。家庭是一个紧密型的合作单位，大家一起投资（时间、金钱和精力），一起分享收益（成长的感觉和收益的增加）。记得儿子还没有满月的时候，我收到了曲阜师范大学的硕士录取通知书，父母特别高兴。父亲特意做了一桌饭菜为我庆祝。母亲拿着通知书对儿子说："看你妈妈，又要上学去啦。将来你也要努力，超过妈妈。"

我儿子上学后，我爸妈觉得可以不用他们照顾了，于是就想回老家去。一方面老家朋友多，生活更习惯；另一方面，老家生活费用低，他们不想给我们增加经济压力。但是我坚持说服他们要留在天津，积极融入陌生城市的生活。后来我弟弟一家也来到天津工作，我们一起给父母在我家楼上买了一个小房子。现在他们在小区里的朋友比我还多。

　　我的求学历程就是我们全家相互支持、相互协作的历程。在这个过程中，虽然我获得的支持最多，但是没有人单纯付出，大家都从相互支持中获得了成长，跟上了时代发展的步伐。

　　2017年7月，我写了一首献给妈妈的诗。

### 逆风飞扬

亲爱的妈妈
我在远行的路上忽然想起你
想起你描摹过的小时候的梦想
青年时的渴望
中年时的祈祷

我读硕士时，妈妈帮我照看儿子

你年轻的脚步印在家乡的山谷和麦田
你随我一起来到陌生的城市
把我们的家乡带在身边
每次你送我出门
我都在你的目光里看到你的梦想

想起你每次出门细细地照镜子
把鲜艳的衣服穿起又换下
今天我穿了破洞裤和一件年轻的罩衫
步履匆匆面带微笑
你可觉得我也是你的梦想

2017年父母在上海外滩

　　2017年父亲节，我给爸爸写了一首诗。

# 写给父亲的散文诗

亲爱的爸爸
我站在收割后的麦田垄上
想起小时候跟在您身后割麦
洒在田间的汗水
我用衣袖拂过脸庞
似乎闻到了汗水和盐水混合的味道

冬天的麦田春天的麦田初夏的麦田
碧绿的麦田金黄的麦田
生命生长灿烂辉煌
收割后的麦田依然是金色的
麦茬儿散发着收获的味道
就像您现在背着手走在海河边上

您 16 岁时挑起家庭重担
年前赶集卖柴路上掉到冰冷的河里
我其实经常想问您
在海河边上
您是否经常想起
那条春节前冰冷的河

我在远行的路上经常想起您
想起您的奋斗历程
想起那些您为我铺的台阶
想起家里那些您叮叮当当做成的物件
午夜的车站
我看到的是满天的星光

### (二)付出百分之百的努力

经常有朋友问我，为什么十年如一日一直努力工作，我的回答是：小时候我那么渴望能够有和男人一样的工作机会，现在终于有了，为什么不努力工作呢？

女性面临着比男性更多的诱惑，从小到大，总会有各种各样的声音或明或暗地告诉她们：差不多就可以了，不需要努力更多。比如怀孕以后，生娃以后。女性要在这些声音中免疫，需要内心特别强大。

读硕士研究生以后，我与之前的单位脱离了关系，把档案转到学校，我又变成了全日制学生。我在曲阜师范大学外租了两间平房，带着儿子和妈妈，开始了读书生活。那时候钱很少，幸亏物价非常便宜，所以生活不成问题。成问题的是我的学习。由于教育学是我新换的专业，除了英语，其他的专业课都没有多少基础。记得上"教育哲学"时，每次三个小时对我真的是个考验。老师很博学，上课总是有很厚的讲义。上课时，我和班上其他六位同学（都是改学教育学）围成一圈，每次课老师都讲很多内容，老师讲克尔凯郭尔，讲尼采，讲很多教育思潮。我拼命记笔记，下课后再去找相关的著作看，可是又看不快，也看不深入，总是似是而非。最让人难过的是写论文。老师布置的课程作业往往都是一篇论文，可是查了一些资料，再试图表达出自己观点的时候，就觉得思维混乱，语言贫乏，怎么也写不成论文的模样。我一度怀疑自己能不能写出毕业论文。记得有一段时间，我见了导师杨昌勇老师就很害怕，因为每次给他看自己写的"论文"，都会被指出一大堆问题："你这哪里像篇论文？""你连参考文献都不规范，正文能是认真写的？"他批评完，我就回去再读资料，再修改。这样子煎熬了两年多，我终于完成了毕业论文。读博士一年级时一位师弟告诉我，我的硕士论文被拿来当范文，这让我久久没有回过神来。

用了这么多篇幅描述我开始踏入教育研究领域时的困难，主要是想表达我坚持的一个观点：既然选择了一条路，就要付出百分之百的努力，这样才能配得上自己的选择。抱怨或者退缩对于个人成长来说除了浪费时间，没有任何用途。

### (三)努力系统地培养自己

专业领域的学习是一件非常困难的事情。除了专业著作，还需要学习大量相关领域甚至不那么相关领域的知识，就好比在农田里耕耘，精耕细作和在经验中学习以及反思固然重要，但是也需要走到一定的高度，在更广阔的情境中观察自己。还需要偶尔问问别人，观察别人的作物和劳作的方式。就是说，学习和研究的过程需要专家精神和通才精神的紧密结合，这是一个永远没有终点的漫长过程。

我博士毕业来到天津教科院工作时信心很足，因为自己既有 8 年的中学教学经验，又努力在大学攻读了 6 年，这样既有经验又有理论的经历应该会有助于我与新的研究工作无缝对接。但很快我就发现，事实远远没有这么乐观。我发现对于当时天津刚刚开始进行的高中新课程改革（天津于 2006 年进入），对于学校在新课程改革方面的应对策略，对于教师教学设计与课堂教学，对于校长的学校管理创新，我并不能给出针对性的解释。我在和校长、教师接触时，他们称呼我为"陈博士"，但是我对于这个称呼如坐针毡，感觉自己的学识并不能与之相称。在与几位高中校长第一次单独交流时，从他们提出的问题我敏感地意识到，他们其实是在对我进行测试，他们在判断是否值得和我研讨学校发展中的难题。

我意识到自己对教育实践缺乏洞察力，可是从哪里开始呢？当时直觉告诉我应从学校管理入手。因为我观察到国家的教育战略和省级教育改革的要求最终都必须在学校得以落实。在同样的教育发展背景下，同一地区的同类学校之所以发展程度上有很大差异，主要是校长领导校本改革的态度和专业程度不同。意识到这些，我开始把新征程的第一步放在学习学校管理理论和理解校本改革上。

### 1. 学习教育管理学理论

2007 年年初，我买了一些相关著作，例如，美国托纳斯·J. 萨乔万尼所著的《校长学：一种反思性实践观》《道德领导：抵及学校改善的核心》，郑燕祥所著的《教育领导与改革新范式》《学校效能与校本管理：一种发展的机制》，温恒福所著的《教育创新组织的领导与管理》等。我把这些著作摆在书桌上，开始大容量、快节奏的阅读，边读边用荧光笔做记号。等把十几本著作读完，我就开始把荧光笔画过的内容录入到电脑里，再细读这些录入的文字，将其分类、添加目录，做成一个资料型的文档。随后我在进行案例研究时，在理论对话阶段把这些资料与活生生的学校实践放在一起进行对话。我在天津工作的 11 年里，用这种方式对很多领域进行了专题学习，用深度学习的方式把自己带入新的领域。

### 2. 把校本改革作为案例研究对象

2007 年 3 月，我认识了时任潍坊一中校长的曹红旗。曹校长在 2005 年开始进行整体性校本改革，不仅对教学、教师专业发展、德育、课程等进行了深度改革，而且还对学校的行政和专业领导系统进行了同步改革。我意识到，这位校长和这所高中正是我要研究的校本改革理想案例。此后的一年半时间里，我多次去潍坊一中，进行深度访谈、观察以及参与改革进程。在研究过程中，我综合使用了多种方法，如参与式观察、开放式和半开放式访谈、问卷调查与个案研究等。每次去学校一两天，跟随备课组听课评课，参与或主持教研活动或者聚焦主题的研讨会，阅读教师们写的教学随笔或者做的小课题研究，阅读学校的教学改革方案或者学科教研计划，对焦点教师进行个案研究，对校长等学校领导进行多轮次的开放式和半开放式访谈。这一年多时间让我有机会进行多种方式的证实与证伪：校长宣称的办学理念和改革思路与中层干部和教师们的访谈和观察到的实践相互映照，教师宣称的课堂教学改革重点与课堂上学生的学习状态和学习方式相互映照，学校规划和各种计划中的改革思路与现实中的实践相互映照……

2007 年 3 月，我进入了天津市高中新课程改革专家组，深入参与了天津市教委推进高中新课程改革的整个过程，熟悉了省级层面落实国家教育改革的方式。这样我就有充足的背景性信息来比较、判断一所学校所宣称的改革举措是真正基于校本状况进行的渐进式创新，还是仅仅按照"上级"主管部门的要求做的"样子"。

在对潍坊一中的研究过程中，我做了大量现场笔记。2008 年的暑假我沉浸在潍坊一中的校本改革中，多轮次对访谈资料进行探究。在对资料进行初步分类后，我打开之前整理的有关学校领导与管理理论的资料集，把潍坊一中的具体实践与理论粘贴到一起，然后再从头读起。我努力在理论与实践之间搭起桥梁，让自己"看懂"曹红旗校长和老师们的努力。作为这次努

曹红旗校长在 2017 暑假培训会上

力的结果，我在《中国教育报》2008 年 9 月 23 日 5 版上发表了《在三驾马车拉动下前行》，并被全文收录进了袁振国主编的《中国普通高中教育发展战略研究》一书；在 2008 年第 24 期的《当代教育科学》杂志发表了论文《普通高中如何实现素质教育转型发展——以山东潍坊一中为例》，这篇论文被 2009 年第 4 期人大复印报刊资料《中小学

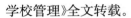

学校管理》全文转载。

对曹红旗校长和潍坊一中的案例研究给了我参与以及沉浸在一所学校的改革进程中的机会。我全面使用了在读硕士和博士时学习到的质的研究方法和自传研究方法，使我正在自学的学校管理学有了实践的机会，在我多年当教师的经验与后来学习的理论之间建立了联系。

现在回想这段研究经历，我发现自己不计时间成本，不问收获，全身心地投入自己想了解的领域，这个过程使我较为全面、系统地培养了自己。经常有校长和老师这样表扬我：陈老师，你好像比我更了解我自己。我把这样的表扬看作是莫大的鼓励和鞭策。

# 四、目光转向方法：理解自我需要研究

前文说过我从小对性别不平等的社会现象特别敏感，也非常在意。随着年龄增长，我的困惑越来越多：为什么有些女性在得到和男人一样的工作机会以后并不珍惜，没有和男人一样努力工作？为什么女性比男性更容易放弃机会？为什么女性比男性更喜欢选择较容易走的路？为什么看起来女性的内心冲突似乎比男性多？为什么老师们会有那么多与性别有关的教学方式，比如以性别选择激励方式？为什么独生子女政策之后女生的学业表现普遍提高了？……

在读硕士时，杨昌勇老师曾在上教育社会学时，让大家每人自选一个主题，查找资料，深入思考后在班上做交流。我问老师可不可以研究性别问题。杨老师告诉我，国外有些学者在研究"女性主义"。那是我第一次听说"女性主义"这个词。我开始以各种方式查找有关女性主义的资料，但是并不容易查到很多。这一方面是因为2000年的时候，网络并不发达，期刊网虽有，但是使用慢而且有很多限制。还有一个原因是当你接触一个全新的领域，视野会特别局限，眼前都是高山，难以逾越。最终，我还是找到了一小部分资料，大致了解了女性主义的起源和流派。于是在硕士论文选题的时候，我首先想到了选择性别平等教育。这算是对我遥远的童年困惑做了回应，在时隔多年之后，以研究的心态尝试去给童年的自己一个解答。

### （一）质的研究方法

研二下学期刚开学时，我在校园里的书店遇到了陈向明教授的《质的研究方法和社会科学研究》，在一年级上研究方法课的时候，听老师提到过"质的研究方法"，可那到底是怎样一种方法呢？如何操作？我并没有任何了解。我迅速对这本书进行了深度学习，了解了质的研究方法，明白了研究小数据也是非常有价值的。后来陈教授又出了一本《教师如何作质的研究》。我读完后，产生了强烈的想要自己也做一个这样研究的冲动。

质的研究方法是一种以研究者本人作为研究工具、在自然的情境下采用多种资料收集方法对社会现象进行整体性探究、采用归纳法分析资料和形成理论、通过与研究对象互动对其行为和意义建构获得解释性理解的一种活动。我当时在选题的时候就决定围绕性别教育选。由于没有研究经费，所以决定采用强度抽样的方式，选取容易获得并且具有较高信息密度和强度的个案来研究。基于这些考虑，我最终决定研究几位初中教师的性别观念与他们的教育实践之间的关系。

由于自己从未尝试过质的研究方法，我的学习策略是严格按照陈向明老师书中的操作来进行。从选题到研究对象的选择，再到如何进入研究现场，如何进行单独的访谈和集体访谈，如何进行观察，如何收集实物，如何整理和分析资料以及如何从资料中提升理论，如何写研究报告，如何衡量研究结果的质量。进展到每一个步骤，我都会认真重读相关部分，把关键的操作要点写在笔记本上，把需要提前做的准备都做好。进入研究现场以后我严格按照要求录音、记笔记。当时没有录音笔等设备，我买了一个带录音功能的随身听进行现场录音。结束访谈以后，我以最快的速度先把访谈以及观察的总体感受记录下来，然后把录音一字不差地整理出来。这项工作特别烦琐，花费时间也特别多。我坚持每做完一个访谈马上就整理，以免累积太多无法进行，或者录音磁带突然坏掉损失太大。全部录音整理好之后，我把整理稿复印一份，保留底稿，然后在复印稿上开始登录码号，进行一级、二级和三级登录，直到找到核心类属概念。

研二暑假开始的时候，所有的访谈资料和笔记都齐备了。我开始分析资料、写研究报告。2002年的那个暑假是我经历过的最热的一个夏天。我在老家五莲县城，沉浸在对六位初中教师性别观念的访谈资料中，感觉炽热无比，感觉自己就要淹没在资料中无法自拔了。这些凌乱的聊天记录能够提升出理论吗？我该怎样才能找到一个线索把它们穿起来？一个月的煎熬，一篇一万多字的质的研究报告出炉了。看着厚厚一叠手稿（那时我还没有电脑），揉着自己疼痛的肩膀，一个下午我都在发呆。

后来这篇研究报告成为我硕士论文的一部分，在答辩时受到好几位老师的表扬。到读博时，我抽空修改了一遍，以《性别差异与日常教育实践》①为题，发表在《当代教育科学》杂志上。最终围绕硕士论文《隐蔽课程中性别不平等的社会学分析》，我发表过7篇论文，全都发表在核心期刊上，其中CSSCI来源期刊一篇，另有两篇被人大复印报刊资料《教育学》全文转载。

2008年，我又用质的研究方法对20名高中独生子女进行了访谈，写出了研究报告。

## （二）自传研究方法

2017年3月黄志成老师在跟
我儿子鹤卿讲成长和自主

2003年9月15日，我来到华东师范大学，在丽娃河边开始了读博的日子。学长们写下了无数关于丽娃河的优美诗篇，可是美丽的校园并没有消解我对于学业的焦虑。我的专业是比较教育研究，研究方向是国外教育思潮。开学不久导师黄志成教授跟我谈话，建议我尽快找到自己博士论文的大致选题或者方向。他希望我选一个自己真正感兴趣、愿意付出很多努力去研究的题目。当时我能想到的是深化硕士论文关于女性主义与教育方面的研究。这个选题自己既感兴趣，又有一点点基础。在文科大楼十六楼的教室里，我如饥似渴地倾听老师们的讲课，在丽娃河边健步如飞，到各个报告厅去听世界各地的著名教授们的演讲。2016年10月，在毕业十年后，我写了一首诗，回忆那段心无杂念、只争朝夕的日子。

----

① 陈雨亭：《性别差异与日常教育实践——对六位初中教师的性别观念及实践的探究》，载《当代教育科学》，2005(8)。

# 桂花浓郁的河边

想起那些在河边小路行走的日子
河面荡漾着细细的波纹
我沉醉在浓郁的桂花香里
不愿醒来
就想做丽娃河边的一株水草
生长在河边的桂花树下
让你的浓郁包围着我
你的花细碎地缓缓地落在我的怀里
我的一生只为等待你花开
感受你花开

有一天晚上我站在桂花树边
望着河面上的那轮明月
想起小时候在院墙上泥缝里种下的野花
那些简单鲜艳的花儿点缀了我童年的时光
我无数次靠近嗅闻我的花儿
那些只有鲜艳没有味道的花儿
那个时候无论如何也想象不到会有一种花儿
如此浓郁如此醉人

桂花浓郁的河边
迎春花丛越来越浓密
茶花越来越茁壮
那拐角处的几棵樱桃树冠也越来越大
我们驻足过无数次的马尾松林和银杏树林
更是让人魂牵梦绕

我在丽娃河边的浓香中走过的日子
思考过短暂与永恒

宿命与觉醒

感知与超越

内求与外铄

有些味道

一旦拥有就会伴随终生

张华老师在课上讲到了 20 世纪 70 年代美国课程领域的概念重建运动，讲到了威廉·派纳(William Pinar)和他的理论体系。他拿出了一本派纳签名赠送的书《自传、政治与性别》，讲了这本著作中自传研究方法和性别研究的意义。那是我第一次听到作为一种研究方法的"autobiography"，一下子就被吸引住了。我意识到，也许这正是我需要的研究方法。于是我向张老师借了那本书全书复印，第一篇文章就让我深思了：从内部入手。我要做的似乎就是从内部入手，但是该如何探究人的内部呢？除了医生用仪器设备以及精神分析学派的若干心理分析技术，还有什么办法能够探寻人的内在自我呢？

在我刚开始读《自传、政治与性别》不久，我所在的课程系召开了第一届世界课程大会，主题是"全球化视野中的课程研究和课程改革"。在那次大会上，我认识了威廉·派纳教授，并有幸在会后陪他去曲阜师范大学做了一场学术报告，我给他担任翻译。旅途中我们有很多次聊天，围绕自传研究方法、女性主义、课程改革中的政治性等，我眼前的很多迷雾似乎散开了，但是好像又再次聚拢了更多的雾。我一会儿内心敞亮，一会儿又再次心事重重。他温和地对我说："雨亭，我正在帮助你建立信心。"现在回想起来，我对派纳教授充满感激。那时的我，硕士三年刚打下了一点点教育理论和教育研究方法的基础，既没有广阔的学术视野，也没有对某个问题的深入研究。

与派纳老师的这次相遇之后，我重新思考了自己的博士论文选题。我在女性主义教育与自传研究方法之间进行了比较，决定先研究自传研究方法，然后再研究女性主义也不迟。确定博士论文方向之后，我就开始着手翻译《自传、政治与性别》，那是博士一年级的暑假。我在五莲县父母的家里，开始了一个人的长征。我的英语水平就是三年自考积累的水平，离精通英语还有太远的距离，专业水平更是入门级别的，刚刚算是能够开始进行初步的研究，而派纳的学术研究所涉及的领域非常广阔，非常深奥。

当我花了一年的业余时间，终于翻译完了这本著作，我发现翻译这本书其实是以这本书作为据点的一个放射状的深度学习过程。翻译一小段有时候得花好几天的时间，因

2012 年 5 月派纳老师到香港教育学院讲学，我专程去看望他

为我需要先学习一下他所借鉴的那个领域的主要观点和方法是什么，比如，意识流小说、存在主义、现象学、精神分析等。弄不明白的，再找其他学科的同学请教。再弄不明白的，就写邮件问派纳教授，他几乎都是在 24 小时之内回复我的邮件。后来我毕业到天津工作以后，又花了几个月的时间重新修改了一遍。这本书的翻译就像是专门磨炼我的意志，也像是考验我的耐心。翻译完成之后，我感觉自己拥有了第一个小小的理论据点。

　　读博的第三年，我把自己沉浸在研究派纳教授的存在体验课程之中，心无旁骛，专心研究。在博士论文（题目是"教师研究中自传研究方法——对威廉·派纳'存在体验课程'的研究"[①]）答辩的时候，上海师范大学夏惠贤教授表扬我说："你这篇论文下功夫很多。"这篇博士论文是向自己、向家人、向派纳教授致意的标志。

　　简要来说，自传研究方法是这样一种方法，通过它研究者可以检查自己的传记情境与研究工作之间的关系，了解在自己的内在生活中，有哪些东西由于遭受压制而没有机会浮现到意识中，又有哪些正在做的事情是自我与外部力量合谋的结果。对研究者来说，自传研究方法是一种培养自己理智发展的手段，能帮助融化理智的受阻区域，帮助我们在本来大家都认为理所当然的东西中发现问题的所在。[②]

　　毕业论文我整整写了一年，这是很艰苦的一年，也是寻找自我的一年。我摘选了一段日记作为毕业论文的结尾：

---

　　① 　陈雨亭：《陈雨亭：教师研究中的自传研究方法》，北京，首都师范大学出版社，2012。

　　② 　陈雨亭：《寻找自我的内在力量：自传研究方法、教师研究与我》，载《当代教育科学》，2009(20)。

2012年冬天重返银杏树林

就在毕业论文的初稿要收尾的一个晚上，已经是深夜了，我穿上大衣，在江南阴冷的初春夜里散步。依然是沿着那条已经走了无数次的河，依然是路灯下的波光粼粼。我走到了一片从未驻足过的银杏树林里，发现了四棵古老的银杏树。标牌上说它们已经100年了。我站在它们近旁，凝视着它们。100年了，它们一直站在这里，从来不曾离开脚下的那一方土地。它们见证了多少风雨？它们是如何寻找并感受自我的？通过清风吗？来唱歌的鸟儿吗？四季寒暑的变化吗？抑或是通过地下的根？根要扎得多深才能支撑这参天大树？忽然想起了默里·斯坦因所说的：心灵是一个开放的空间，向内走得越远，你自己在外面就会发现得越多。那一刻我豁然开朗。我何必不断地通过变化地方来寻找、感受自我？自我就在我自己的心中，我只需要耐心地向内求索就可以找到她。

质的研究方法让我学习了如何运用多种方法、从研究对象言说出来的和表现出的语言或行为，结合背景性资料来总结、提炼、归纳出情境性理论。威廉·派纳的自传研究方法通过"回溯—前进—分析—综合"，个人可以深入研究当下的"我"是如何成为这个"我"的，"我"过去的经历（特别是工作情境中的经历）与对未来的想象和向往又如何也是"现在"，"我"如何可以通过把过去、未来和现在并置，扩展"我"的内在空间。我在对这两种研究方法的学习、体验和尝试的过程中，逐渐把自己从一个感性的直觉者培养成为一个理性的思考者，从一个主要从"我"出发的人培养成为了一个真正具有对话意识的研究者。

我到天津工作以后，全身心地投入到新的挑战之中，直到2012年，在博士论文答辩之后的第7年，我才重新捧起这篇论文，感觉它历经7年沉淀依然有意义。在出版之前，我请派纳老师写一个序言。他简要回顾了自传和课程领域在美国40年来的发展状况，最后，他写道："正是课程的活生生的体验——存在体验课程，围着跑道奔跑——才是课程得以经历、实施和重建的地方。几乎没有任何研究者能比陈博士更加理解这些概念……"当我打开邮件读到这里的时候，泪水忍不住流下来。2013年3月，他到杭州参加国际会议，我请他在书的扉页上签字，他在写字的时候，我想起了那些翻译他的著作的日日夜夜，向他请教的无数邮件……

无论是个人的成长，还是一所学校的校本改革，都要研究活生生的人。这个过程中的每一步，都暗含着一个基本的道理：所有要实施的改革，都与活生生的人有关。不可能存在不需要自我转变、只对别人发号施令或者指手画脚的"先知者"。理解自我与理解他人、与他人合作紧密相关，是我们理解这个时代的前提。

2016年除夕之夜，我写了一首诗，可以看作是对自己成长经历的总结。有几位女教师给我写微信，说她们最感动于其中一句"灶台其实可以和书桌相连"。

## 绽放

亲爱的
在这个欢庆的时刻
我坐在自己的书房里
书桌安静从容
我走了很远很远的路
才有机会坐在自己的书桌前

灶台其实可以和书桌相连
做一餐饭的时光可以穿越千年
我分明看见
那个脚步坚定的少年
一直走在坚实的乡间小路上
有清风明月鲜花干草相伴

我是一个任性的女子
沿着开满野菊花的小路来到你的面前
我不说路途遥遥
不说辛苦寂寞
像一朵盛开的月季花
绽放最美的华彩

# 我的学校整体改革观

# 一、学校整体改革需要校长领导方式转型

当学校进行了相当长的一段分项探索之后，往往会进入发展的高原期。无论校长、中层领导还是教师都可能陷入方法穷尽、能力不足和热情消退的感觉之中，就好像在丛林中跋涉了很久却发现预期的笃定和明了都没有到来。如果进入了这样一个发展阶段，那表明校长的领导方式应该转型了。一般来说，走出高原期的方式是进行校本整体改革，在总结与反思过去分项改革经验的基础上，从一个更根本的角度或者叫作一个更高的角度来规划学校的发展。我们可以用一个问题来表达这个更根本的角度，那就是：学校怎样营造整体育人的氛围，才能不断为学生的健康成长创造可能的最优化环境？

学校整体改革十分复杂，需要所有教职员工贡献自己的智慧和勇气。然而，在改革之初，首先需要的是校长领导方式的转型。但问题是，在实践中领导方式与领导力紧密相关，并不是一种知识或者明确的方法，可以经由外部灌输而被校长所接受。它更多的是一个在真实工作情境中通过问题解决而不断建构的过程。在这个过程中，外部理论至多能起到引起对话的作用。因此，校长无须等自己的领导方式完全转型了或者能力提升了再开始行动。现在就开始，在边行动边思考的改革过程中，领导能力自然会得以提升。事实上，从这些年成功地领导学校进行整体改革的校长的经验来看，他们领导方式的转型几乎都是在改革的过程中逐渐发生的，主要聚焦在努力进行价值领导与分布式领导两个层面。

## (一)核心价值观与个体价值观的双重建构

学校中的价值领导指的是运用学校的核心价值观去引导和规范每一个师生员工的个体价值观，使他们认同并实践学校的核心价值观，从而实现学校共同愿景的过程。这里有两个关键词，一是"学校的核心价值观"，即有着鲜明校本烙印并且无论是在显在还是在潜在层面都能辨认出的核心价值观；二是"引导和规范"。在学校任何一项工作的推进过程中，都要贯彻同样的价值观。久而久之，必然就会形成一所

学校独特的核心价值观。例如，重庆谢家湾小学多年前就形成了"红梅花儿开，朵朵放光彩"的主题型学校文化。为了落实"朵朵"的理念，学校在推进任何改革措施或者做任何决策的时候，都要问三个问题："孩子的立场是什么，孩子的体验是什么，孩子的收获是什么。"如果这三个问题中的任何一个的回答是不符合核心价值观的，措施或决策则不会通过。

决心在学校里形成怎样的核心价值观以及如何形成这样的核心价值观（即是what 和 how 的问题），是决定、判断校长领导力的根本要素，也是学校能否健康、持续成长的关键。因为价值观代表了人们最基本的信念[①]，是属于人们内心深处思维模式的部分，是行为的源头。

那么在一所具体的学校，校长该如何领导全体员工和学生形成积极向上、关怀全纳的核心价值观呢？实际上，经过十多年的新课程改革以后，校长们已经普遍认识到了价值领导力的重要意义。就如凯西·克洛宁格在《未来的组织：全新管理时代的愿景与战略》一书中所表达的观点："当今领导力的一切都跟价值观有关：领导者必须深刻理解组织赖以生存的根本是什么，组织想要成为什么，并且必须把这些价值观融入自己的一举一动。"[②]这将价值观"融入自己的一举一动"的过程，就是学校领导们"引导和规范"每一个教职员工个体价值观，从而实现学校共同愿景的过程。在这个过程中，最为有效的是采取分布式领导策略。

## （二）实施分布式领导

分布式领导指的是把领导职能分布在组织成员中，以调动每一个成员的积极性，从而能够完成不仅复杂而且特别注重过程性的任务。在学校情境中，校长要带领全体教职员工从"整体"发展的高度，共研愿景，然后再共享愿景，使所有人都了解学校的发展愿景，都明白学校的发展方向。然后，在总愿景的引领下，校长应把领导职能分布到各级行政岗位、教研组等教学研究岗位以及各类教师自发

---

[①] ［美］斯蒂芬·P. 罗宾斯：《组织行为学》（第 10 版），孙健敏、李原等译，北京，中国人民大学出版社，2005。

[②] 参见［美］弗朗西斯·赫塞尔本、马歇尔·戈德史密斯编：《未来的组织：全新管理时代的愿景与战略》，苏西译，北京，中信出版社，2012。

组成的有机团队等。分布职能的主要方式是鼓励各团队研究现状、目标与路径，然后创造对话的情境，使相关人们有机会分享自己的目标与策略，在肯定、质疑与改进中提升自己的专业领导力。这意味着在一所学校里有很多个思考中心。只有当学校中的每一个人都在专业智慧的基础上思考与实践，而非盲从或仅依据自己的过去经验行动，学校才能真正发展出卓越的领导力。这个引导的过程就是分布式领导。

新课程改革以来，相当一些学校焕发了活力，成为改革的主体，在学校文化建设、课堂教学改革、校本课程建设、教师专业发展等方面，进行了许多有特色的探索。有的学校甚至走得更远，开始从整体的高度，进行突破性的改革，为同类学校树立了榜样。在我调研过的此类学校中，无不在推进改革的过程中创造性地把权力在各类团队中进行了分布。例如，始建于 2008 年的石家庄外国语教育集团，包括石家庄外国语学校、石家庄第二外国语学校、石家庄外国语小学、石家庄外国语小学附属双语幼儿园。为了在这个复杂的教育集团中分布权力，充分发挥能够进行衔接教育的一体化教育优势，他们采取了专业权力与行政权力"条块结合"的方式。所谓"条"，就是设立了 10 个专业委员会，统筹研究从幼儿园到高中相应领域的理论与实践问题。这 10 个专业委员分别是德育教育委员会、外语教学委员会、教育科研委员会、课程开发委员会、教师专业发展委员会、衔接教育委员会、学生健康发展委员会、学生家长委员会、校园安全委员会、后勤服务委员会。各委员会成员皆来自各学段负责相应工作的骨干教师。委员们研究、讨论各自领域的主要工作策略以及策略背后的理论支持。这项权力分布解决了一体化教育的专业发展路径问题。所谓"块"，指的是集团分为幼儿园、小学、初中、高中四个学部。这四个学部在进行行政管理的同时，研究各学段的主打教育理念以及相应的行动方式。例如，幼儿园坚持"游戏＋体验＝学习"的理念；小学坚持"培养兴趣和习惯比学习知识更重要"的理念；初中坚持"全面发展、打好基础"的理念；高中坚持"树立远大理想，做好人生规划"的理念。他们还编写了《石家庄外国语教育集团各学段分年级学生发展特点汇编》，作为老师们设计教学方式的重要参考资料。这种"条""块"分割的权力分布方式，与其他项目或领域的分布式策略一起，有效地提升了每一位教师的领导力。

学校是典型的生长取向的组织。校长能够在一个生长取向的环境中生存的唯一方法是，在许多方面放弃控制，而让人们以他们自己的方式进行工作。通过让其他人做决定和解决问题来放松控制，实际上最终是增强了校长的力量。[①] 这种增强了的力量，就是分布式领导带来的力量。

很多学校规模比较大，教职员工很多，因此校长苦恼于权力分布之后的落实问题。这里的关键是落实权力本身也是分布式领导的一部分。我们常见的分布权力容易而落实难的问题，实际上是因为从分布权力的一开始就没有进行落实权力的路径设计，因此造成权力分布后的无作为或无效作为。从那些成功进行了分布式领导的学校的实践来看，权力分布至少同时要伴随"五步骤落实模式"。

第一，任何行动的主体都要明确自己或自己的团队将要采取何种行动，就是说，要命名以及解释所要采取的行动的名称。这相当于明确界定自己要做的行动，把自己的承诺公之于众。

第二，要列出具体的行动时间表，从一开始就规划好开始和结束以及过程中的关键时间节点，便于自己核对进度，也便于安排各团队之间的项目进展情况的对话交流。

第三，实施关键人负责制。每一项工作或研究任务的实施，都要事先明确是谁具体负责哪一项任务。这样既便于增强责任感也便于问责。

第四，研发标准。将要采取的行动要做到什么程度？结束时要出怎样的成果？成果如何评价？如果一开始就研制清楚最关键的评价和测量标准，那么标准就能引导行动的过程。

第五，要有及时在行动过程中进行修正的意识和机制。这往往意味着形成进行行动研究的工作习惯，在行动过程中及时进行比较、反思、修正，把修改过程进行记录。这不仅有助于行动计划的有效实施，而且能够为组织留下珍贵的改革推进资料，意味着在组织内进行创新行动的传播成为可能。就是说，使"我的创新"转变为"我们的创新"成为可能。

格洛丽亚·安扎杜尔曾经这样说：如果没有行动，所有的言语都是噪声。在核

---

① ［美］托马斯·J. 萨乔万尼：《道德领导：抵及学校改善的核心》，冯大鸣译，上海，上海教育出版社，2002。

心价值观引导下的分布式领导，是致力于每一个人专业能力成长的领导方式，是我们深化校本改革的关键。

### （三）拥有适度超越的情怀

每一次出发都意味着从某一个具体的地点起步，起步的姿势不仅取决于我们面朝的方向，更取决于这个地点的具体情况。如果眼前需要攀登的是高山，则显然别人成功渡水的经验并不适合；如果内心缺乏的是激情和坚定，则再美的愿景也不过是海市蜃楼。

深化改革是一个解决瓶颈问题的阶段，因此难度很大。我曾多次担任校长或教师答辩会的评委，当校长和老师们被问及学校发展或课堂教学改革的最大制约因素时，回答最多的是考试的压力，各方过度关注学生考试成绩，把教学质量等同于考试分数。

这个回答不仅仅反映了社会对学校教育的日益功利化期待成为阻碍教育改革的瓶颈，而且折射出更加深层的学校教育危机。当学校把自己的主要工作窄化为应答社会和家长的功利性要求的时候，学校就只能充当帮助学生应试的工具。而一旦把自己等同于工具，学校就失去了在促进孩子们全面、健康、个性化发展方面的专业地位。学校就只能帮助学生人人成"材"，而非人人成"才"。一旦这样，学校就只能充当各种社会问题的"替罪羊"。

我们能够观察到，真正优秀的校长和老师，都拥有适度超越的情怀。所谓"适度超越"，就是倾听与关心每一个学生，研究与应用教育规律，坚信学校教育能帮助学生打下一生发展的能力基础；就是有立足学生长远的发展，来设计当下校本学习和体验计划的勇气；就是有坚持多元智能的观点，设计各种智力、性格倾向的学生都能找到自己所爱的丰富的学校活动的智慧……"适度超越"，体现的是校长和老师的专业性和教育智慧。

适度超越的情怀是一种积极的乐观主义。它暗示着质疑、批判与重建的精神。美国著名课程学者威廉·派纳认为，如果我们不质疑我们身处其中的文化，我们"就会湮没在社会表层，就只能得到我们在表面上所能看到的东西。我们应该把倾听过去与展望未来相结合，然后就能理解现在。这个现在我们可以重建"①。

以"适度超越"的情怀来深化学校教育改革，我们需要"回到我们每个人内在的力量，跟我们自身之外的种种力量联合，义无反顾地一同去创造世界"②。

### (四)把目光转向每一个活生生的个体

每一个活生生的个体的成长状况，既是改革的起点和落脚点，也是评价改革深度和成功度的标准。"具体"的个体，而不是抽象的某一类人，才是我们关注的真正对象。在最近30多年的教育改革中，一些关键词屡屡被提起，甚至写进重要的改革文本中，例如"一切为了孩子""素质教育""全面发展""培养学生的主体性"等，但是这些修辞在具体的个体中，远远没有成为现实。这是因为很多改革修辞都是以"抽象概念"的形态出现，并没有相对应的"具体存在"。甚至，有时候为了大面积达到"预期"的改革效果，还会牺牲个体的自由和利益。

判断改革效果和力度的指标，不能是在原有改革措施的基础上，又添加了多少新的改革。我们应该把目光转向内部，转向改革所意欲施加影响的具体对象身上，来获得改革的启示和灵感、措施和评价。不是从概念出发，而是从观察和倾听服务对象出发进行改革的反思与建构。

在政府层面，借用熊丙奇的观察："评价教育改革是不是改革的标准只有一个，即政府部门的权力通过改革，是增加、维持还是减少，如果进一步'增加'，必是'反改革'，如果维持，就是'假改革'，如果减少，把权利赋予学校、教育者和受教育者，就是真改革。"③赋予学校更多的自主权是学校成为改革主体的先决条件。我们观察到，有些教育主管部门已经开始采取措施，从小事做起，切实地促进、保护着学校的主体性。例如，废除以给学生考试进行排名的办法考核、控制校长和教师，严禁教育主管部门的各主管科室去学校进行不必要的检查，严格控制召集校长参加

---

① Pinar, William, *What is Curriculum Theory*, Mahwah, Lawrence Erlbaum Associates, 2004, pp. 257-258.

② [美]帕克·帕尔默：《教学勇气——漫步教师心灵》，吴国珍等译，上海，华东师范大学出版社，2005。

③ 熊丙奇：《希望中国的教育改革不再是一个传说》，http://edu.163.com/special/2010interview/。

会议的次数，等等。这些措施的着眼点虽小，但体现的却是为学校服务的教育领导观念。

在学校层面，对所有改革的方案设计、实施过程、方案改进、评估检查等流程的检查与评估，都要落实到培养什么学生，怎样才能培养出这样的学生。其实培养什么样的学生，十八大报告已明确指出："着力提高教育质量，培养学生社会责任感、创新精神、实践能力……让每个孩子都能成为有用之才。"学校的创新，不在于设计出别人所没有的特色，而在于如何全面把握自己独特的校情，在此基础上，以民主和科学的方式，设计并实施切实可行的改革方案。过程中所有的努力，都指向每一个学生具体的学校生活质量。

# 二、学校整体改革要致力于教师内在自我的发现与重构

自我位于教师专业发展的核心，它对教师发展来说比专业知识和专业技能更加重要。自我也可以称之为自我意识，是个体对自己的认识、干预和体验。教师的自我是教师在作为学生和作为教师的过程中自主建构起来的对自己教师身份的认同。教师自我的积极倾向或者消极倾向决定了教师如何对待职业发展过程中的矛盾、冲突和希望，积极的教师自我会守护和肯定自我的内在价值，并努力创造条件寻求自我实现。

在当前的教育改革中，无论从哪个层面对教师进行培养，都无法改变一个简单的事实：除非教师的内在自我产生了转变的意愿，除非教师具有坚定的关于怎样做教师的内在标准，除非教师关于教学的理念发生了真正的转变，否则无论学校或者教育主管部门如何要求教师改革，也很难使教师的课堂教学产生真正的转变。这是因为观念是个人的行为之源，而自我则是观念的家。无论对于教师的个人发展，还是对校本整体改革中的各种教师专业发展设计来说，教师自我的发现与重构都有至关重要的作用。

## （一）自我的迷失：心灵缺席的舞蹈

我们在教育改革的路上已经跋涉了很久。我们曾经针对教科书、针对教学方法、

针对学生学业评价方法、针对课程管理结构等进行了若干改革，但这些针对外部的改革，对日常的课堂教学影响有限。我们发现，有时候两所学校进行了措施差不多的校本教学改革，但是实际效果大相径庭；有时候一个年级同一学科的教师共享教案、学案和教学进度，然而不同班级的学习成绩却也大相径庭。我们发现，如果教学实践成为自我未能充分参与的舞蹈，那么再华丽的舞台，再优美的舞步，再迷人的舞伴，总归与舞者本人关系不大，无法成为他升华自我、把一切融入一场舞蹈的机会，从而也无法真正打动别人。

漠视教师内在自我的激发与建构的校本改革或者区域教育政策，会误导教师进行外部自我认同。例如，把自我认同于外部评价，没有形成自我基于专业的标准，导致教学研究成为围绕考试进行的研究；没有对学生的研究，只有针对考试而进行的分类甄别。把自我认同于教学内容，漠视自身和学生的生活经验；把自我认同于教学技术，把教学改革看作是教学技术和教学方法的改革，于是个体致力于模仿和遵守规定了的方法，把使用某种模式或者方法或者环节作为是否具有新理念的标志。这些外部认同削弱了教师基于自我经历和专业素养所逐渐形成的专业判断力和专业自觉。

教师的教育力量源自心灵。没有内在自我的教师，其心灵往往在别处，在分数、教学方法、教学内容上，就是不在学习赖以发生的内在自我上。拥有内在自我的教师，会以同情、勇气、爱、耐心、忠诚、真挚等表现出来，潜移默化地影响着每一个人。教师的内在自我永远与价值有关：他必须深刻理解教师这个职业的根本是什么，学生的成长过程中最重要的是什么，他在孩子成长过程中到底扮演什么角色。对这些问题的理解和思考会贯穿在教师日常教育实践的始终，构成了一位教师职业精神的全部，是其内在自我的情境性外化。

迷失自我的教师不会"活在当下"，因而在帮助学生创造个性化未来的过程中困难重重，因为没有自我，就无法倾听来自学生的众多的可行性，就感受不到在纷繁复杂的表层下面，学生们活生生的内在心灵。"比起所有其他因素，对当下的毫无觉察是前瞻力缺失的主要原因。这就像你开启了自动巡航装置，对身边的一切并没有真正留意，你认为自己已经知道了一切需要知道的东西，你用既定的眼光看待世界，从单一角度处理问题。实际上，你并没有'活在当下'——你虽然人坐在屋里，可是思维却已停转，注意力涣散，失去了洞察力。"①

### （二）自我的发现：为教学赋予意义

在我国当前的课堂教学中，最大的问题是由于内在自我的微弱而使教师们把自我认同于外部的东西，这是过于强调接受学习、死记硬背、机械训练的根本原因，对于师生来说，学习过程与自我之间没有本质的联系和意义，师生形成了"一切为考试而教而学"的教和学的哲学，主要表现在中立化的知识观、独白式的教学方法、等级制的学科结构、忙于应试的师生和终结性的评价方式。② 浸润在这种缺乏内在自我参与的教和学的过程中，我们学到的知识就好像是"存在的世界在洞穴深处照出的影子。倘若回转身来看看外面的世界，尽管展现出无垠的多彩的、活生生的真实的风景，然而，长年在暗洞里凝视'影子'的目光，即便转向外界，也会由于一旦暴露在耀眼的光芒面前，而招致失明的危险"③。

在当今网络已经普及、经济全球一体化的今天，"为考试而教而学"已经越来越丧失了其合法性。今天以及未来的世界，是一个"一切都没有标准答案"的世界，过去那种只知道传授答案的教育已经丧失了意义。"教师的工作就是在学生感到困惑的时候，从侧面给予学生帮助，并且最后和学生一起分享解决问题带来的心理上的兴奋和成就感。这样，老师的工作就变成了给学生以勇气和鼓舞，让他们在未知的、待验证的道路上自己探究。"④

教师发展的核心是基于自我的建构，内在自我是核心，是发起者、维持者和加速者，如下图所示：

在这个"教师发展结构图"中，居于"核心"位置的"自我"涉及的主要是"我是谁""我们（教师集体、教师和学生）是谁""我在学生成长中起什么作用""我如何扩展自我"之类的本质性问题。第二层是"学生观"，即教师是如何看待学生成

① 参见［美］弗朗西斯·赫塞尔本、马歇尔·戈德史密斯编：《未来的组织：全新管理时代的愿景与战略》，苏西译，北京，中信出版社，2012。

② 陈雨亭：《陈雨亭：教师研究中的自传研究方法》，北京，首都师范大学出版社，2012。

③ ［日］佐藤学：《学习的快乐——走向对话》，钟启泉译，41 页，北京，教育科学出版社，2004。

④ ［日］大前研一：《低智商社会》，千太阳译，228～279 页，北京，中信出版社，2010。

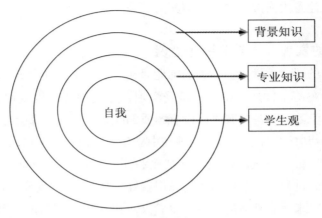

教师发展结构图

长、学生学习、学生交往之类的问题的。这是除教师自我之外最重要的观念，是区分灌输型教师和建构型教师的标志。"学生观"有别于"关于学生的知识"。之所以把"学生观"单独列为第二层，是因为在我国，长期"为考试而教"已经在基础教育课堂教学实践中形成了"记忆型"的课堂教学文化，"师传生受"是普遍的思维模式，因此，把学生看作主动建构者，把教师的"教学"转变为"帮学"是学生观的根本问题，也是最困难的问题。第三层是课程、教学内容、教学法、教育心理学等方面的专业知识。这是与提升教师的教学水平直接相关的知识，是直接影响课堂教学效益的知识。第四层是"背景知识"，即一些"外围性"的知识，如关于学生的社会阶层、家庭结构的知识，关于社会发展趋势的感知与判断，关于家校合作的途径与作用的研究，等等。这些背景性知识虽然处于外围，但是却可以有效地开阔教师的视野，引发教师反思，是沟通教师专业知识与社会情境知识的桥梁。

　　教师这个职业有利于个体教师发现自我，因为教学中的相遇，本质上是师生心灵的相遇，是一个自我与另一个自我的相互影响。教师从一代又一代学生的成长中，不断体验着生命成长的喜悦、精彩观念的诞生[①]、生命无限多样发展的可

---

① ［美］爱莉诺·达克沃斯：《精彩观念的诞生——达克沃斯教学论文集》，张华等译，北京，高等教育出版社，2005。

能……这些经历和体验都有助于人的自我反思与建构。在工作中不断成长与反思的自我——而不是在工作和生活之外去冥想或寻觅——会让人一直心怀意义。而心怀意义，会"让人一直抱持信仰，而不是心力枯竭，只得离开那个毫无意义的工作"①。

然而，在一个还不那么理想的世界里，从事着教育这个影响别人自我的工作，需要个体从内部入手，从改变自己的内在经验开始。"你无法改变外在的事件（因为那是由许多人创造出来的，而你的意识尚未成熟，不足以单独地改变那些被集体地创造出来的东西），所以你必须改变内在的经验。这是成为大师的生活之路……你是你自己的裁决者。你设定行为规范。你过去和现在做得有多好，由你自己说了算。"②

### （三）自我的重构：在关系的转变中获得解放

我们都是在各种各样的传统环境中成长起来的，思维模式自然也是在相应的环境中构建的，因此要想认识自我何其容易。然而，如果我们设立了新的目的地，要到一个当前路径不可能带我们去的地方，那么我们就必须重新认识自我。在人的自我发展过程中，"认识"往往与"重构"紧密相连，认识并理解了过去的和目前的自我，常常意味着个体也同时会找到重构自我的路径。在当前的教育情境中，认识和重构自我都需要在关系中进行。

第一，改变教师与自我的关系。要改变外部导向的习惯，教师需要从内部入手建立起新的自我参照系。例如，放弃通过比较考试分数来确定自己教学水平的做法，改为观察每一个具体的学生，观察自己所提供的独特的课程促进每一个学生进步的程度；放弃用外在认可的评比来为自己定位，改为内在自我的丰富性和敏感性。改变与自我的关系意味着我们的内心是开放的，没有一个一成不变的坚硬内核去反击与这个内核相左的观点。我们一直坚持的是内在自我的变化和成长。我们随时愿意拥抱新的感悟，冲破内心的受阻状态。我们愿意与自己合作，不断

---

① 参见［美］弗朗西斯·赫塞尔本、马歇尔·戈德史密斯编：《未来的组织：全新管理时代的愿景与战略》，苏西译，北京，中信出版社，2012。

② ［美］尼尔·唐纳德·沃尔什：《与神对话Ⅰ》，李继宏译，上海，上海书籍出版社，2011。

转变受困的自我。

第二，确立师生之间的"帮学"关系。教师的工作不是教学生学习能用考试衡量的既定内容，而是通过组织学生学习特定的知识帮助他们学会学习。如果这样看待教师的教和学生的学，那么我们可以说，学生学习是在教师的帮助下，同学的启发下，将先前已经掌握的知识、正在学习的知识在自己的生活情境中进行主动加工，建构成新的知识。教师把"教学"转为"帮学"，意味着教师从"教书"转向"教育"，意味着学生作为活生生的人真正进入了他们的视野。"帮学"关系的确立使教师从关注外部转向关注真正对他的职业生活至关重要的东西上。

第三，重建师生与教学内容的关系。"教师主导，学生主体"这句话我们说了很久，但是很多老师把"教师主导"实践成了教师主导着课堂的一切，学生成为被动应答者。"教师主导"的应有之义是教师努力研究教学目标、学生已经知道的相关学习内容、学生的生活经验，然后设计出能够促进学生主动学习新知识的情境和问题，而不是设计出控制学生学习的教学模式或者流程。"学生主体"的意思是每一个学生能够为自己的学习负责，能够体验不断进步的快乐，能够在学习知识和技能的同时增长自己的探究能力、合作能力、实践能力、责任意识等对日后的工作、学习和生活都至关重要的价值观和能力。如果能够做到这种意义上的"教师主导，学生主体"，教师的内在自我必然会转移到他的才智真正能够和应该发挥作用的地方。

第四，重塑学生与环境的关系。在建设校园环境、教室环境或者楼道环境的时候，用什么标准来衡量所建环境的质量和水平呢？当我们把目光转向内部，转向学生的发展上的时候，这个问题的答案便显而易见。环境不管是怎样的风格，不管是豪华还是简单，只要是增强了学生的归属感，使学生在学校环境中得到接受、尊重和支持的感觉，感到自己是学校或者班级的重要一部分，能够感受到或者观察到自己的权力。总之，学生是"在"环境中，而不是环境的过客。① 在重建学生在场的环境的过程中，教师的目光置于环境与学生的关系上，而不是置于成年人眼中的环境上。

---

① 2013年9月25日下午，威廉·派纳在参观清华大学附属小学时，评价清华附小的校园环境使孩子们对学校有归属感（belonging），使孩子们能够体验和观察自己的权力。

第五，创造个体与领域之间的积极互动关系。在当前的教育环境中，有没有可能发现和建构真实的自我？答案是"非常艰难"，因为在与领域的关系中，很多人都习惯性地选择自我隔离。那些有勇气的教师们，勇敢地选择了"做自己的裁决者"。他们坚信："生活的意义不在于抵达任何地方——而在于发现你在那里，向来在那里，已经在那里。你永远处在纯粹创造的时刻中。因此生活的意义就是创造——创造出你的身份和本质，然后去经验它。"[①]认清自己的位置、发现自我的真实声音也是一种创造性的行动。

叶澜教授曾经指出：在追求发展的教师那里总能找到可能发展的空间；在自觉努力的教师那里，总会拓展出更大的可能空间；在切实行动的教师那里，总会出现相对于昨日之我的真实发展。在不同时期、不同条件下做出贡献和实现自身发展的优秀教师的事迹证明了这一点。正是在他们身上，教师发展自觉的力量，得到集中、充分、有血有肉、有声有色的精彩表达，成为中国教师生命凝练、积聚而成的精神力量的最核心构成。

在深化课堂教学改革的过程中，一切行动——不管是教师培训还是校本课堂教学改革，都应该把自我发现、自我转型置于重要的位置。伯尔在评价英国作家狄更斯的时候指出："他有一双很好的眼睛，一双人的眼睛。它通常不是完全干涸的，但也不是泪汪汪的，而是有一点湿润，他的观察是如此敏锐，以至他能够描写他的眼睛所没有看到的事情——他没有用放大镜，也没有用倒置的望远镜，因此他很准确地、但又保持一定的距离去观察事物，他没有蒙上眼睛。"[②]假如教师们也拥有这样一双"人的""不受贿赂的"和"湿润的"眼睛，那么他一定拥有了一个坚强的、尊重多样性和独特性的、提供支持和激励的内在自我。

### （四）自我的新生：走向自身认同和自身完整

香港学者徐碧美曾经深入研究了 4 位处于不同专业发展阶段的小学英语教师。她观察到，一般来说，假以时日，新手教师都能成长为一名有经验的教师，但是只有少数有经验的教师才能够成长为专家教师。专家教师与虽有经验但非专家的教师

---

① ［美］尼尔·唐纳德·沃尔什：《与神对话Ⅰ》，李继宏译，上海，上海书籍出版社，2011。

② ［德］海因里希·伯尔：《谈废墟文学》，载《今天》，1978(1)。

有本质区别：专家教师常常质疑看似常规的行为，并把它当成一个问题来解决，后者仅仅是按照常规行事。就是说，少数教师之所以能够成长为专家教师，是因为他们不断为自己设立更高的目标并努力达到这些目标，从而不断扩展能力的上限。在这一过程中，专家由于经验而习得了相关知识，从而释放了大脑资源，又不断将一些常规工作"问题化"，即把这些问题重新表征并寻求解决办法。① 从她的研究中可以看出，教师专业发展的最大动因来自内部，来自不满足于常规、挑战自我、不断扩展自己能力极限的追求。正是由于内心追求的不同，才导致个体教师在相似的情境中选择了与情境互动的不同方式。

为深圳市特级教师推荐阅读书目

美国教学论专家舒尔曼于1986年提出了学科教学知识（pedagogical content knowledge，PCK）的概念。学科教学知识是教师在面对特定的学科主题或问题时，针对学生的不同兴趣与能力，组织、调整与呈现学科知识以进行有效教学的知识。它是学科知识和教育知识的特殊合金，并融入教师的信念、价值观等，是教师个体的独特的知识领域，是教师理解自身专业的特殊形式。它源于教师的实践智慧，经由教师教学、评价、反思与转化过程而获得，是教师个体在教学实际情境中通过与情境的互动而建构的产物。针对学科教学知识所进行的众多研究，给我们最大的启发也许就是，不管设计何种培训方式，要想真正促进教师的专业发展，都必须经由教师自己的主动建构。

顾泠沅认为，教师专业发展是一个连续的谱系，职初教师的知识结构以原理知识为主，包括学科的原理、规则，还有一般教学法的知识，这些都是显性知识。随着教学实践的增加，教师逐步积累起越来越丰富的案例知识，即学科教学的特殊案例、个别经验，从而成长为有经验的教师。那些专家型的教师，具备更加丰富的策

---

① 徐碧美：《追求卓越——教师专业发展案例研究》，陈静、李忠如译，北京，人民教育出版社，2003。

略知识，也就是运用教育学、心理学原理于特殊案例的策略，其核心是对教学实践的反思。[①] 多数案例知识和策略知识都是教师的亲身经验，属于默会知识。

仔细揣摩这些关于教师专业成长的研究，我们会发现，如果教师被捆住手脚，锁住心灵，或者内心里很少有挑战自我的渴望，那么被动听讲再多的教育教学理论、学科知识或者如何教的方法，都不大可能实现真正的成长。真正的成长必须是在自我强烈的改进日常教育实践愿望的感召下，亲身选择与参与真实的改革，在行动中不断寻求理论的启发与帮助，从而逐渐建构起具有明显个人特点的学科教学知识或者策略性知识。任何外在于个人心灵的知识灌输式教研，都不会产生明显的效果。

那些古今中外由中小学教师成长起来的教育家，尽管时代、国籍、性别不同，但每人都有独特的"武功秘籍"，都有类似的特征：对孩子充满热爱，有坚定的教育信念，具有强烈的反思与改进意识，都是为了更好地影响学生而始终孜孜不倦地探索。他们成功的最大秘诀，是内心里涌动着不断挑战自我的激情和持续奋斗的勇气。

教育，是一项过去与未来、传统与现代、校本与社区、功利期待与教育规律、个人需求与社会需要纠缠于现在这一时刻、汇集在某个个体身上的事业。不管是哪位教师，还是哪个学生，在某个时刻，他就是世界，就是教育本身。他可以选择顺从权威或者大众的潮流，也可以选择以自己的方式进行抵制或突围。他可以选择做犬儒，也可以选择做默默耕耘的勇士。

成长需要交流与分享，需要触发与顿悟，需要感受到困苦与焦灼之后勇敢地突围。个人不断的反思与追问才是专业成长的不竭动力。这种反思与追问应该贯穿教师职业生涯的始终。哲学家莱布尼茨指出，心灵并不是始终被意识到、被察觉到的。他甚至批评说，如果将心灵本身等同于那些被察觉到的心灵，那么我们实际上就把"那些能被觉察的东西与那些为感觉不到的知觉所保存的真理割裂开来了"。聚焦教师专业发展的策略必须通过多样化的对话设计，引导教师们发言与倾听，从而促进教师们的觉醒。只有觉醒了，教师心灵的微光才有可能被触及、显现、发扬。回转向内的校本策略，帮助我们更深入地了解世界、了解他人，从而能更好地了解自己，发现自己的潜力，从而使每个人都能开出自己的花。

---

[①] 顾泠沅：《教学任务的变革》，载《教育发展研究》，2001(10)。

2014年10月，与武汉初中名校工程的校长们
在杭州的大树下研讨校本教研改革

德国作家伯尔曾经这样表达他对作家使命的理解："作家要面对过去，为的是从过去中探索当前的秘密；作家面对当前，并要解放当前；作家支撑着未来，并要揭示其秘密，以使当前知道，要做何等样的准备。"①我认为，伯尔对作家使命的诠释，同样也适合我们对校本教师专业发展策略的期望。过去、现在和未来，汇集在此时此刻，就在某间教室里，在某个具体老师的课堂上。

## 三、学校整体改革需要实施内向型校本教研

从学校整体改革的视野来看，学校应该开展"内向型校本教研"，植根于本校情境，构建多元对话平台，融学习、研究、交流、合作于一体，触动教师的自传研究意识，在解决个性化问题的基础上探索有效的教育教学方式，从而帮助教师专业成长。

### （一）校本教研不应仅聚焦于"方法"

怀特海相信技术效率自身只能导向平庸和乏味。他评论说一个人可以"理解所有关于太阳的知识"但却"看不到日落的光辉"。为此所需的是"能够欣赏有机体在适当环境之中获得的无限多样的生动价值"。② 如果学校主要以提升考试成绩为目标，用灌输和强制的方式试图对教师进行校本专业提升，我们如何期望教师们能够并且

---

①　[德]海因里希·伯尔：《谈废墟文学》，载《今天》，1978(1)。

②　转引自[美]小威廉姆·E. 多尔：《后现代课程观》，王红宇译，212页，北京，教育科学出版社，2000。

愿意尝试改革，采用合适的方式，欣赏学生无限多样的可能性，为学生们将来创造性的工作打下至关重要的基础？

对于"方法"的偏好，一方面表明我们已被商业思维捕获，另一方面反映出，在绩效考核等压力下，我们已经把自己的教育情怀和专业判断拱手相让，由引领公众教育观念转变为小心翼翼地迎合社会各界对教育的要求。而一旦要"迎合"别人，就意味着个人的经验、见解和直觉都不再重要，自我就不再有标准。这就实际上产生了责任的"漂移"，几乎无法对其定位和精准归结，实际上把责任变成了"不属于任何人的"责任。[①] 教育有问题，但这不是"我"的问题。

当然这并不是说方法不重要，也不是说以研究管用的方法为主旨的校本教学研究没有意义。而是说比起个人的教育情怀、专业见解、教育观念、教育经历等"自传性"因素，"方法"之类的技巧性因素是第二位的，依情境和对象的不同而丰富多彩。"内向型校本教研"，不以向教师们灌输某种或某些教学方法为主要方式，而是采用对话的方式，把方法的改革作为案例，帮助教师们理解或者顿悟多样化方法背后所体现出的共同理念和规律。只有这样，学习他人设计或者他人实践的方法才能促进自己的进步。判断校本教研在推进本校教学改革中所起的作用，不能看它推行或者提倡的方法或者模式本身是不是有效，而关键要看教研的过程是不是使教师愈来愈明白。就如杜威所说，关键要看这些方法或者模式在实施过程中，是不是"变得机械僵化，统治着人们，而不是为了达到他自己的目的而自由使用的力量"。他进一步指出，方法的提出有价值还是有害，要看它们使人做出个人的反应时是更加明智，还是诱使他不去使用他自己的判断。

专注于"方法"的校本教研，往往会过多地充斥着美好的应然性概念。赵汀阳观察到："概念无法化为事物，这是理想主义者的典型痛苦。概念要真的变成事物，显然需要听从事实提出的问题，而不是听从概念提出的要求。只有当现实问题真的需要概念的指导时，概念才能变成现实。"[②]显然，问题在于我们执着于理想主义的设计，想努力让现实向理想靠拢，然而，事实是，现实从来不会轻易地挣脱自己，奔

---

① ［英］齐格蒙特·鲍曼：《流动的恐惧》，谷蕾、杨超等译，南京，江苏人民出版社，2012。

② 赵汀阳：《坏世界研究——作为第一哲学的政治哲学》，264～265 页，北京，中国人民大学出版社，2009。

向理想的境界。于是，我们就陷入了西西弗斯式的悲剧：课堂教学的现实越是不理想，我们越是渴望新的方法的解救，于是我们就越是更加努力地培训老师们，越是把主要精力用于进行统一的教学改革上。周而复始，巨石的难题似乎成了我们的宿命。

因为期望以某种方法或者某种理念尽快地解决学校日常教学中的难题，所以我们才会热衷于跳跃式的改革："在相对较短的时间里，急匆匆地从一个改革想法跳到另一个，所选择的改革对教与学没多大影响，而且在实施过程中也只是浮于表面，浅尝辄止。"①很多学校深受跳跃式改革之苦，几年中在各种时髦的概念和方法中游走，尽管师生十分努力，但却达不到预期的改革目标，享受不到应该与改革相伴而生的成长感。跳跃式改革使人筋疲力尽，日渐累积挫败感。

我在访谈中小学老师的时候，经常听他们抱怨接受的若干职后培训"没有用"。教师说"没有用"背后的主要原因有两个，一是理念太多而工具太少，这里的工具指的是与倡导的理念配套的教师教的工具和学生使用的学习工具。我们常常以提出一套理念的方式来进行改革，而不是设计与实施一套改革的操作系统。如果我们试图让专家或者校内少数领导设计一套教学流程，让老师们对照这套流程来进行改革，那么多半不会有明显效果，因为教学流程只是一套教学的先后顺序而已。如果要起作用，每一个环节就必须有相应的具体的教与学的工具来配套。否则，无论教学流程显得多么高大上或者多么合理，教师都不好操作。

二是过低地估计了教师在工作情境中以改进教学方式为目的的学习的复杂性。在进行教学改革的时候，学校领导层囿于自身教学领导力和社会文化的影响，往往对教师所需要的专业支持的深度和复杂度估计不足，因此对教学改革质量影响最大的教师情境性学习和体验式学习力度不够。当教师被要求按照某种规定的方式进行改革课堂时，他们并没有参与研发的整个过程，因此对于这些改革要求是被动和迷茫的。从现实问题出发——而非从概念出发——才是课堂教学改革的原点。

可是，从哪个现实问题出发呢？制约高中课堂教学方式改革的因素太多了，哪个才是牛鼻子呢？行政推动？学校支持？专家引领？教师自主探索？似乎最理想的

---

① 转引自迈克尔·富兰、彼得·希尔、卡梅尔·克瑞沃拉：《突破》，孙静萍、刘继安译，16 页，北京，教育科学出版社，2009。

状态是这几个要素一起发力，可是怎么发力才能促成教学方式的真正转变呢？

从现实问题出发，意味着教师要参与教学方式改革的全过程，并且是改革主体。所有其他人——专家、教研员、学校领导——都是教师的对话者而非发号施令的人。校长亲自领导校本教研的整体改革，把课堂教学改革、教师发展、教研和科研、学科建设、针对性阅读等进行整体设计，互相支持，互相推动。让所有教师自始至终参与到改革的过程中来，一起发现问题、寻求理论帮助、尝试新的教学方式并开发相应的教与学的工具，在一起改革中逐步加深对课堂教学方式创新的深度理解。这样的教学改革过程本身就会逐渐重建学校文化。

教学方式的改革反映的是一个区域整体的教育生态环境。改革与这个生态环境中的每一个人都有关系，我们所有人都需要改革，而不是仅仅"让教师改革"。

### （二）内向型校本教研首先应该关注教师的内部经验

我们的校本教研专注于外部太久了。威廉·派纳早在 1973 年就指出："并不是公共世界——课程材料、教学技巧、政策指示——变得不再重要；而是说为了进一步理解它们在教育过程中的作用，我们必须把目光从它们身上转移开一段时间，开始漫长的、系统的对内部经验的搜寻。"①"这种系统的对内部经验的搜寻"，就是自传研究，是内向型校本教研所致力于的目标。自传研究运用多种方法，帮助我们诚实、具体地感受、描绘我们的内部经历。由于长期与我们的内部相疏远，我们不仅逐渐丧失了自我，而且也丧失了触摸内部自我的敏感性，以至于它就像一个住在自己家里的陌生人。为此，我们需要一些方法，来帮助我们重新发现、回归、认同、超越。

我国传统文化素来注重自省，"吾日三省吾身"。但是，我们的很多内省标准是纪律、风俗等外在的东西，是用内省的办法，压抑自己的个性，提醒自己时时处处要合乎伦理规范的要求，而非逐渐形成或者保持个体自己的标准，其后果是个性和创造性的缺乏。在校本教研方面，很多学校注重让教师进行反思，注重反思制度建设和反思论文写作，但是却不注重反思方法的设计与培训以及反思结果的交流。这

---

① ［美］威廉·派纳：《自传、政治与性别——1972—1992 课程理论论文集》，陈雨亭、王红宇译，北京，教育科学出版社，2007。

就如同只向学习游泳的人讲明学会游泳的好处，规定好练习游泳的时间和频度，但是却对下水后如何动作、某种游泳姿势的规范等没有明确要求，因此使得反思基本依靠自悟，质量没有保证，制度化的反思交流总是在浅表层次进行。教育教学的本质问题，甚至根本没有被触及。因此，当前，借助一些自传研究的方法，开展内向型校本教研已经迫在眉睫。

威廉·派纳从 20 世纪 70 年代初致力于自传研究。他提出的自传研究方法为存在体验课程，存在体验课程是课程的拉丁词根，指的是沿着跑道奔跑。[①] 它首先是一种自传研究方法，通过它，研究者、教师和学生以能够引起自我转变的方式来研究学校知识、生活史和主观意义之间的关系，目的是理解个体在学校中的生活本质和学校在一个人生活中的作用。因此，它同时其实也是一种生活态度，即一种不断关注自我形成的本质的心向。用这种方法产生的是个体的知识，是植根于具体而不是植根于抽象中的知识。

存在体验课程吸收了很多文学、精神分析、现象学、存在主义等领域注视内部世界的方法，其研究步骤分为四个阶段：回溯、前进、分析、综合。回溯就是运用自由联想和悬置等方法，通过重新进入过去，抓住个人自己过去的瞬间，发现自己所不曾意识到而实际上却对现在有重要影响的过去。第二个阶段是前进，即注视还不是现实的东西，还处在想象中的东西。第三个阶段是分析阶段，主要任务是批判地反思，目的是揭示过去、现在和将来之间的主题联系。第四个阶段是综合，就是整合前面三个阶段的研究，个体开始以不同的方式思考和看待自己。这种向内的转向就是个体化的过程，是意识的改变。

受存在体验课程的启发，北美大陆的研究者们发展了众多使用自传方法进行研究的领域，在教师发展、教师思维、教师教育等方面都产生了广泛的影响，如"个人实践知识""教师学问"和"学生学问"、合作自传、剧场研究等。进入 21 世纪以来，派纳本人以及其他研究者针对存在体验课程继续进行着理论的深化研究以及该方法的教学实践研究；女性主义自传方法也不断有成果发表；自传地理解教师的经验，

---

① 关于存在体验课程的深入研究，参见陈雨亭：《陈雨亭：教师研究中的自传研究方法》，北京，首都师范大学出版社，2012；[美]威廉·派纳：《自传、政治与性别——1972—1992 课程理论论文集》，陈雨亭、王红宇译，北京，教育科学出版社，2007。

如对集体自传的研究和教师的个人实践知识等，都在蓬勃地发展着。①

存在体验课程对我们思考"内向型校本教研"很有启发。无论是在个体教师自我反思意义上，还是在校本教研的活动设计上，都应该以促进教师自我建构的方式进行。建构式与灌输式的最大不同，在于前者的设计能够帮助教师把自己的过去经验、未来期望与现在的实践相交汇，从而实现个体更深入地理解当前的情境与自己实践的意义。建构式的设计意味着活动的设计者必须始终以触动与深化参与者的自身经验为原则，在此基础上提炼个性化经验所蕴含的规律和智慧，建设对话与分享平台，从而为个体创新转变为组织创新提供可能性。

北京大兴教师进修学校曾经在张铁道教授的指导下，设计并实践了一场以优秀的小学语文教师李淑环为案例的多元对话研修活动。活动邀请了六组不同的与李老师有关系的人（李老师现在教的孩子们、以前教过现在读大学的学生、家长、同事、教研员、学校领导），首先观看了李老师的一节录像课，然后在张铁道教授的主持下，多角度地谈论李老师。通过多元对话，李老师的教学秘密获得了全方位的揭示。② 这次对话活动涉及了参与者过去与李老师交往的记忆和现在的感受，创造了一个言说者、李老师、其他在场的人之间的对话场，随着对话的层层深入，每个人心中关于什么是好教师、什么是好的教学的观念越来越清晰。这场对话的意义在于，不仅多角度地揭示了李老师的教学特色和教学思想，而且使在场的每一个人关于"好教师"的理念都与活动开始之前不同了。

这是一个王红宇所描绘的"第三空间"③：一个在多样化中并且通过多样化来创造某人自己的主体性的地方，是一个能够倾听陌生人的呼喊的地方，一个能够引起自我和他者转变的有创造力的空间。"第三空间"还是一个对话者能够交流自我经验的平台，因为有了这个平台，而使个人经验的表达与传播成为可能。正如杜威所言，有人知道很多事物，却不能表达它们，但是，这种知识仍然是实际的、直接的和个人的。个人能自己利用这种知识；他能有效地按照这种知识行动。艺术家和执行者

---

① 陈雨亭：《陈雨亭：教师研究中的自传研究方法》，北京，首都师范大学出版社，2012。
② 刘芳：《李淑环老师的研修案例》，载《北京教育·普教》，2008(9)。
③ Wang, Hongyu, *The Call from the Stranger on a Journey Home*: *Curriculum in a Third Space*, New York, Peter Lang Publishing, Inc. 2004, pp. 8-15.

的知识往往属于这种情况。但是，这种知识仅属于个人，不能转移给别人，也可以说是出于本能的。一个人如果要表述经验的意义，必须有意识地考虑别人的经验。他必须设法找到一个立场，既包含他自己的经验，也包含别人的经验。否则，他传达的经验就不能被人理解。他讲的话别人不懂。[①]"内向型校本教研"，就是要努力创设这种能够容纳所有参与者经验的交流和分享平台。当然，组织校本教研的频度，应该控制在合理的范围内，因为自传研究，首先需要教师拥有适当的时间和自由进行阅读与思考。

### （三）内向型校本教研的设计与实施原则

内向型校本教研依赖于学校的主动发展，是学校成为变革主体的标志，也是学校走向研究型教学的必要前提。它既需要改良学校的土壤，使教师们能够愿意参加教学研究与交流，又需要创新学习方式，使学习能够与教师的工作融为一体。

#### 1. 实施发展性绩效评价方式

评价方式引导努力方向。传统的教师绩效评价过于强调学生的考试成绩，因此教师们就把主要精力放在提高分数上，备课组、班级组的合作就容易流于形式。由于全身心抓分数，因此教师们就没有时间和精力来进行研究型教学。这种评价的突出特征是多数考核要点都是指向教师具体的、可量化、可检查行为的，如检查备课情况、作业批改、学案编制等。这样的评价方式无法给教师的主动研究提供激励，也无法给予教师充足的尝试空间。

走向内向型校本教研的第一步，是通过发展性绩效评价改革把教师们引向学习、思考和研究。发展性绩效评价改革的第一个要点，是对诸如学生学习成绩、师德、教师工作常规等只遴选出底线要求进行考核，就是说，学校只考核教师是否达到作为教师的最低要求。第二个要点，是把学习和研究等与课堂教学没有直接关系的发展性要素纳入到评价改革之中，作为评价点。第三个要点，是借用信息技术，设计考核软件，简化考核方式，采用多数考核指标由教师自主申报、学校相关部门审核的方式，少数考核指标采用考核点自动生成的方式，如考勤、实验室使用等，解放

---

① ［美］杜威：《民主主义与教育》，王承绪译，北京，人民教育出版社，2001。

过去考核中对人力的大量占用。

发展性绩效评价改革的本质是解放被传统考核方式束缚的学校领导和教师们，取消学校管理层和教师之间在考核上的对立，不管是学校领导，还是教师，都要平等地接受考核。学校里的所有人，都走在追求卓越的路上，这样，学校就有了适合实施内向型校本教研的良性土壤。

**2. 重视课程领导者的选拔与培养**

实施内向型校本教研的关键是培养各学科课程领导者。在传统教学中，由于统一实施国家课程，用统一考试来衡量学校和教师工作的质量，漠视学校和教师在学校发展、个人发展和学生发展中的主体地位，因此形成了教师为考试而教，学生为考试而学的教学文化，因此转变中小学的人才培养模式非常艰难。新课程改革以来，学校逐渐焕发出校本改革的热情，全国各地涌现出很多校本甚至区域性教学改革经验。这些经验主要聚焦两个方面，一是教与学关系的转变，强调先学后教、多元互动；二是教学步骤的程序化，强调教学模式的建构。这些教学改革的过程主要是以学校为改革主体，强调学校管理层面对教学改革的设计和推进。由于没有相关经验以及改变教学习惯异常艰难，相当一些学校选择了全校统一构建教学模式，然后利用行政力量强力推行的改革方式。虽然短期内能够让多数教师行动起来，但是却带来了理念转变不到位，策略和方法生硬模仿的问题。

试图让所有教师无须深度学习和培训却在短时间内能够集体转型，一般来说只是美好的想象。教师成长有其个性化的规律，学科有自身的教学规律，学生有个性化的学习需求，不同类型的知识有不同的理解、记忆和保持的规律，因此有效的学校教学改革必须聚焦唤醒教师的内在教育情感，进行研究型教学。这种内向型改革的典型特征是去中心化和分布式。简单来说，就是由一个学校改革发动中心转变为以学科教研组为核心的多中心发动，权力和知识由集中转变为分布，向教研组长和备课组长赋予更多的教学改革责任和权力，最终实现教师由执行者向主动学习、主动研究和创新者转变。

要实施分布式领导方式，只赋权是远远不够的，学校还必须重视课程领导者的选拔和培养，否则，多中心驱动就会沦为空话。在当前的学校情境中，能够担负课堂教学改革领导责任的课程领导者是教研组长和备课组长，他们必须是不断尝试课堂教学改革、愿意学习、人际关系好的研究型教师。学校应该把这些课程领导者的系统培养计划也作为学校改革计划的重要组成部分。

### 3. 整体建构校本教研

实施内向型校本教研，其实是转变教师的专业生活方式，由放任的为了考试而教学或者严厉的为了统一模式而改革，转变为团队的、对话的、聚焦个性化经验的行动学习。这样的转变需要整体建构校本教研。

整体建构校本教研指的是梳理出学校教学与研究的主要脉络，思考与设计能够支持学校教学改革愿景的教研路径。一般来说，学校可以整合教科室负责推动的小课题研究与教务处负责的有效教学研究和公开课活动，小课题研究聚焦有效教学研究活动，用研究推动有效教学。例如，新疆建设兵团第二师华山中学成立了华山中学教育研究所，请学科组长和部分优秀教师担任研究所的学术顾问，邀请全国各地部分教育专家担任特邀顾问，聚焦对话式课堂教学改革，采用发布有资助的学校重点攻关招标课题和教师自主申报小课题两种形式进行教学研究，研究成果采用论文发表、结题报告和公开课汇报等形式，精简了教师们需要参加多项活动的时间，激发了教师们进行行动研究的热情。

内向型校本教研强调教师关注自己的个性化教学经验，但这种关注不是陷入自我中心式的自言自语，或者灵修式的自我修炼，而是聚焦教育情境特别是课堂教学情境，以帮助学生学习与成长为核心目标，与共同体内外的成员对话，随时倾听不同的声音以扩大自我的空间。一旦如何对学生学科核心素养培育之类的探究成为教师们主动的意愿和行动，学校教学改革就焕发了真正的活力，多中心、分布式的教学改革面貌就会形成。

### 4. 开发基于新技术的教师学习方式

由于智能手机、平板电脑的迅速普及，现在人们的阅读和学习已经进入了即时性、碎片化、互动式的时代。再也无法区分谁是掌管理论和技术的权威部门或者人士，谁是学习者。发布学习材料的人与学习这些材料的人跨越了地域、身份、行业和时间的限制。微信、网易公开课、微博等平台成就了人们新的学习方式。这些新的学习方式的关键特征是可接近性、个性化和私人化。经过分享和选择，公共的资料很容易成为人们私人定制的学习资料。但基于新技术的碎片化学习方式也有学习内容在数量、质量、主题上都过于繁杂的弊端，需要学习者花费大量时间来过滤。在这种背景下，学校应该围绕校本研究的主题，积极开发各种类型的微学习平台，把专业的、校本的、主题的理论和实践经验制作成微视频、微课程或者微信息等易于传播的形式，主动地影响教师们。这种便于参与、互动和即时反馈的学习与交流方式，使得内向型校本教研在方式上更加活泼、方便。

当然，技术自身无法完成教学改革的任务，因为任何技术，都只有在观念转变了的情况下，才能成为革新的力量。基于新技术的新的学习方式的兴起，将会促进校本教研的内向转型。

### （四）内向型校本教研重视"谁在学习"

校本教研应该进行教学研究这件事几乎没有人会质疑。教师个人或者小组往往从一个选定的切入点入手，边行动边研究。新课程改革15年来，教育实践者就"教什么"和"怎样教"这两个维度投入了大量的精力。

我们先是聚焦"教什么"，研究课程标准，研究教材，研究各类考试或质量监测的说明。"基于标准的教学""教学目标研究"、各类整合了的课程、各种类型的双向细目表等，都是研究"教什么"的过程中所产生的具有广泛影响力的成果。教师对"教什么"进行研究十分重要，因为如果连"教什么"都没有弄清楚，就相当于尽管全副武装上路了，然而却不知道该奔向何方，就如我们在课堂上常常发现的，有些老师教学目标不清晰，或者把课程标准作为教学目标，没有对课程标准进行清晰明确的转化；或者是不研究课程标准，根据考试重点自行随意确定教学目标。当下"课程整合"十分时髦，全国各地出了若干打"整合"牌的校本改革成果。对这些"整合过的课程"进行定性评价也许为时尚早，然而，我们必须清楚，要对课程进行整合，必须首先对课程标准、课程目标、学生特点以及教师的教育哲学进行深入研究。

其次，我们聚焦"怎样教"。教师们在教育心理学、学习心理学、教育组织行为学等学科理论的启发下，研究教师怎样教才能更有效。风起云涌的各类教学模式、导学案、合作学习等，都是试图改革"怎样教"的过程中的成果。教师们认识到，如果不对教与学的过程进行系统的思考与设计，就无法很好地实现有效教学。在这个过程中，教师们开始研究影响有效教学的关键要素，并针对这些关键要素设计出了便于理解与操作的抓手，如教学流程、导学案和小组合作学习等。对"怎样教"的研究与实践促使教师们走出"教书"，开始尝试能够将教师的教、学生的学和我国大班额教学情境结合起来的更加有效的教学方式。一批有着新面孔、新思想和新实践的年轻教师在全国吸引了众多粉丝。与此同时，也有若干学校因为致力于"怎样教"的校本改革而闻名全国。

那些走在改革前排的教师和学校发现，他们进行"教什么"和"怎样教"的改革一段时间之后，尽管课堂氛围发生了很大变化，但是学生的学习方式却很难发生根本改变。这其中的原因主要是教师们没有重视研究"谁在学习"。

这个"谁"当然是学生，但它不是作为抽象概念的"学生"，而是活生生的、有自己独特生命存在的具体的学生。如果从课堂教学有效性的角度来分析"谁在学"，我们会关注学生学习的参与度、思维习惯、智慧生成以及理想和信念等。这些与"谁在学"息息相关的维度反映出课堂学习的高度复杂性：学习是学生个体孤独的事业，他必须在自己已有知识结构的基础上，面对他自己成长过程中的所有问题，实现他潜力中的可能发展；同时，学生又受到教师和同学所营造的学习氛围的深刻影响。优秀的教师总是能够如指挥乐队一般，关注、指引着每一个学生，营造积极的学习共同体。

研究"谁在学"，首先要关注学生的参与度。参与度高，指的是课堂里每一个学生在每一个教学环节中都能积极思考，都为回答问题做好了准备。很多老师都在研究如何通过小组合作、理解性检查等策略来提高参与度。但当下最为重要的，是以学生是否能积极思考来衡量参与度，而非当众回答问题人数的多少。

然后，教师要研究如何培养学生的思维习惯。杜威在其名著《我们如何思维》一书中写道："智育的全部和唯一目的就是要养成细心、警觉和透彻的思维习惯。"教师们的创造性体现在是否能够有意识地、主动地研究学科特点，根据学科特点来设计教学方法和教学流程，然后与学生的年龄特征、生活经验、兴趣爱好进行深度融合，开发出既能操作，又能循序渐进地培养学生学科思维习惯的教学方式。

"智慧生成"也是研究"谁在学习"的一个重要维度。在课堂教学情境中生成智慧，主要是靠运用所学知识解决问题来达成。在这个方面最容易产生的问题是，教师往往倾向于杜威所言的"把学校中的教材同先前的学校课业联结起来，而不是同学生在学校外已取得的经验联结起来……其结果是，儿童形成了孤立的独立的学校知识系统，它静止地盖在日常生活经验的上面，使日常生活经验变得阴暗无光，而不能得到扩大和改善"①。要培养学生的智慧，教师要研究学生与学科学习内容紧密相关的日常生活经验。

研究"谁在学习"还意味着关注、调节每一个学生的情感状况。近年来，若干学校尝试"导师制""学长制"等试图给予学生更多关心和指导的策略。其实，不管使用哪种策略，最重要的是能够给每一个学生以持续有效的反馈、启发和激励。

# 四、整体改革需要学校成为教育变革的主体

一所学校进行整体改革的前提条件是该校成为教育变革的主体。经过 21 世纪初以来新课程改革进行的十几年的探索，学校的主体意识和行动能力均得到了充分的发展，学校成为变革主体的时机已经来临，主要表现在学校正在由国家政策和行政领导的追随者转变为具有校本意识的创造者，主动地向社区开放，创造性地构建多元对话的情境。

## (一)学校规模不是质量提升的最重要因素

美国加利福尼亚州曾经进行过一项颇为昂贵的教育改革，那就是缩小班级规模。当时进行改革的起因是该州的学业成绩很久以来一直是美国最低的，因此他们选择小班化作为提升学业成绩的办法。该州声称，进行缩小班级规模的改革是为了"提高学生的学习成绩，特别是阅读和数学成绩"。1996 年夏天，他们在幼儿园到小学三年级首先进行改革，把班级规模从 29 人降低为 20 人。三年内，这项改革目标基本实现了，幼儿园到小学三年级 98％的学生在 20 人或低于 20 人的班级就读。

但是，缩小班级规模的改革并未实现预期的目标。在 2007 年，加利福尼亚州的成绩仅仅从全国第 49 位上升为第 48 位。

澳大利亚、英国和法国也都进行过大规模的缩小班级规模的改革，但都没有在学生的整体成绩上有相应的提高。在美国，从 1971 年到 2001 年，班级的平均规模

---

① ［美］约翰·杜威：《我们如何思维》，伍中友译，165 页，北京，新华出版社，2010。

从 27 人下降到 21 人，然而学生的学习成绩却仍然维持原状。不仅如此，在那些缩小班级规模最显著的州，学生学习成绩的提高反而是最慢的。

这些小班化改革主要是基于两个方面的假定：一是较小的班级规模会带来更好的课堂教学秩序，二是教师将会有更多的时间进行个性化教学。但是，改革结果却证明这两者是教育行政官员们一厢情愿的想当然假定。后来的研究发现，小班化改革带来的最严重的问题是降低了教师质量，因为缩小班级规模需要招聘更多的教师，因此不得不降低教师的入职标准，从而产生了几个方面的后果：一是降低了教师职业的地位，从而更加难以招聘到优秀的人才加入教师行列；二是教育花费大幅度提高，如果预算没有显著提高的话，就意味着降低每一位教师的薪水；三是使教育不均衡现象更加严重，贫困地区的学校更难招到合适的教师，原有的优秀师资流失更加严重。小班化改革的实践表明，不是班级规模，而是教师的质量，是影响学生学习成绩的最关键因素。

叶澜教授在一篇研究论文中指出："改革至今，学校自主权始终没有很好地解决，然而学校只有具有了自主权，学校改革主体才能真正自觉行动起来，改革才会在学校，这一学生接受教育的地方有效开展起来，改革智慧才能够生长起来……"

赋权之后，教育行政部门的主要任务是建设合格学校，并进行制度设计，以确保实现对学校的引领与监控。

第一，确保拥有优秀的教师群体。一般来说，入职门槛和待遇是影响职业声望的重要因素。第一步是提高入职标准和待遇，保证招聘到优秀、适合的人才进入教师队伍。第二步是教育行政部门转变在职教师的培训思路，从直接组织教师培训转到通过专项资金以及制度设计引导学校成为教师职后培养的主体。

第二，为每所学校招聘一位好校长。优秀的校长能够在学校创造一种教师和学生不断自我超越的氛围。如果没有这种氛围，其他任何措施都不可能发挥预期的作用。多项国际教育质量的比较研究认为，学生的学业成绩不会超过学校的领导和管理水平。如果没有好校长，不管学校规模多么适中，教育质量也不会得到有效的提升。如何保证每所学校都能拥有一位好校长？怎样鼓励适合做校长的人能站出来乐于当校长？

从一些教育发达国家的经验来看，这个问题的解决必须首先从教育主管部门构建一套合适的校长选拔机制做起。这套机制必须保证把那些真正具有好校长特质的人选拔出来，而不是选拔那些"稳重"的服从型校长。其次，还必须有一套适切的校长职前和职中培养机制。再次，向学校赋权，使学校成为教育改革的主体。最后，保护校长的时间，使他们从应付频繁的上级检查等事务性工作中解放出来，把精力主要放在对学校的专业领导上。除了以上四点之外，还应该建立一套有效的干预机制，当学校出现无效或低效的领导和管理状况时，能够进行快速的干预。

第三，构建有效的教育质量监督和评估机制，落实国家颁布的办学标准体系，以督导和评估来引导学校实施素质教育，而不是依靠多个职能部门直接干预学校的方式。

## (二)学校正在由追随者转变为创造者

在新课程改革的促动下，相当一些学校正在由国家政策的追随者转变为把自己作为改革主体的创造者。这不仅源于新课程改革以及其他一些国家教育改革政策为学校带来的选择性，而且源于学校在国际化背景下自主地、能动地探索适合本校情境的发展道路。

### 1. 新课程改革使学校开始学习课程开发

2001 年教育部印发的《基础教育课程改革纲要(试行)》明确提出了实施三级课程管理制度，即国家课程、地方课程和校本课程，改变了我国课程管理过于集中的状况，增强了课程地方、学校及学生的适应性，自此，学校获得了开发校本课程的权力。但是，在当时，对相当一批学校而言，这成为一份沉甸甸的压力，因为学校传统上没有自行开发课程的经验，教师职前和职后培训中也没有相应的培训，因此如何领导校本课程开发、让哪些教师参加课程开发、校本课程如何评价等都成为每一所学校需要学习的课题。在这份压力面前，一些学校激流勇进，逐渐学习、尝试、改进，积累了资源，逐步锻炼了教师开发课程的能力。

以普通高中的"研究性学习"课程为例，尽管这是必修课程，但是因为它不是高考学科，与高考的相关性较少，因此很多学校不够重视。那些试图努力开展研究性学习活动的学校面临着很多困难，例如，很多教师缺乏指导能力，因为这是一门开放性很强的学科，没有教材和教案；供研究的场地缺乏；学生课业负担压力太大，因此没有时间进行研究性学习等。

尽管校本课程和研究性学习课程的常规实施有诸多困难，然而还是有一些学校抓住了开发、实施校本课程的机会，把培训教师的课程开发能力、转变教育观念、开发校内和校外资源统合起来，创造出了一些相当有效的经验。

在从教书走向育人的过程中，学校获得课程开发与管理的权力是一项标志。从学习校本课程开发，到建立起有特色的学校课程体系，学校课程建设能力的逐步提升正是学校从获得主体地位到具有主体能力的发展过程。

**2. 规范办学行为促使学校走向内涵发展**

近年来，一些省级教育主管部门加大了对基础教育规范办学行为的干预力度，制定了若干减轻学生负担的政策，规定了每天的在校时间，每天在校时要进行一个小时的体育锻炼，周末和节假日不许补课，等等。行政部门采取了严格的行政措施规范办学行为，使得学校以前通过加班加点来对学生进行考试学科训练的时间减少了。但是考试的压力并没有减轻，因此，相当一批学校开始主动思考如何通过提高教师的课堂教学效率来提高学生的考试成绩。为此，学校开始加大教师校本培训的力度，进行教研改革，加强备课组集体备课，提高课堂教学效率，培养学生主动学习的习惯。

**3. 特色办学焕发了学校的活力**

在义务教育阶段，很多省份通过义务教育现代化建设加强了对学校办学特色的干预力度。例如，天津市在 2008 年到 2012 年间，实施了"义务教育现代化学校达标"工程。这项号称 100 项评估标准的市政府提升义务教育水平为期四年的项目，设置了很多诸如校长的办学思想、学校特色、教师的教学水平、学校文化之类的检查条目。这项工程的特色之处在于，市政府组织的督导检查专家组进入每一所学校进行检查，天津市所有义务教育学校，只有两种选择，或者"通过"或者"消失"。2011年开始，天津市开始实施"特色高中"项目，在普通高中进行特色建设。学校在教育主管部门以及同行改革的引导和启发下，纷纷改变过去那种只埋头走路、不看方向的做法，开始反思办学理念、育人目标、学校文化之类的问题。

各级行政部门寻求学校特色的期待，激起了学校总结、提炼自己办学特色的热情，这种冲动与新课程改革所赋予学校的校本课程、研究性学习课程等开发责任结合起来，使一些学校逐渐焕发出特色办学的活力。以上这些迹象表明，学校正在由追随者变为创造者，显示出学校成为改革主体之后的生机与活力。

### (三)学校的多元对话情境已经形成

学校成为改革主体的一个重要特征是形成了多元的复杂对话情境,因为只有参与了多元的复杂会话,才表明学校形成了基于自己发展需要的交往圈子。在多元互动交往过程中,学校的改革才会逐渐走到遵循规律基础上进行创新的路子上来。

**1. 学校开始走向开放**

(1)与社区合作,扩大学生的学习与活动空间。

在新课程改革刚刚开始的几年里,为了综合实践活动课程的社区服务、研究性学习课程以及校本课程的开展,学校需要积极与社区合作,否则学生便没有足够丰富的学习与实践基地。除了与社区合作,学校还以各种方式与家长合作,让家长参加到学校和班级建设中来。甚至在有些小学,家长还能参加教师集体备课,共同讨论决定供学生学习的基本问题和基本学习活动。

社会层面对中小学生开放学习的机会也越来越多,最初是在政府号召甚至项目安排下,如北京市从 2008 年开始建设“社会大课堂”,发布了《北京市中小学生社会大课堂指南》,在全市建立了若干资源单位,供中小学生开展社会实践活动。在学校层面,越来越多的学校利用社区资源,开展了有特色的体育或者艺术活动。有的高中与大学共建实验室,引进大学先修课程,或者共建苗圃基地,等等。

(2)以学校为单位设计与实施教师专业发展项目。

教育变革涉及教育理念、课程体系、教材组织方式等方面全方位的变化。它要求学校加强教师专业发展,使教师能够进行研究性教学。在新课程改革的促动下,学校逐渐成了组织、设计与实施教师在职行动学习的主体,着力在教研和科研方面下功夫,例如,进行主题性课堂教学改革,加强备课组建设,开展集体备课活动和主题教研活动;引领教师进行小课题研究等。

一些学校主动寻找校外教师专业发展合作者,以专题研讨、同课异构、拜

与大连四十八中的老师研讨单元教学设计

师学艺等方式，建立起基于日常实践改进的专业发展共同体。这些立足于自我需求、基于共同兴趣、自主建立与发展的学习共同体，有助于同行之间深入互相学习，互相启发，有助于提升教学反思的质量，为教师真正转变教育观念、提高教学水平创造了可能性。

**2. 学校逐渐形成具有校本特色的表达方式**

新课程改革发生在国际化的情境中，国际课程理论语言和课程改革实践深刻地影响着我们的改革话语。实施新课程改革的过程同时是一个国际语言本土化和传统文化现代化的过程，对学校来说，本土化和现代化都意味着学校要寻找适合自己的改革表达方式和实践方式。课程理论的国际化对学校的影响表现在几个层面。

首先，在理论层面，课程理论研究者加强了国际比较研究，一系列译著、比较研究著作和论文发表或出版，以教育科学出版社的"世界课程与教学新理论文库"为例，该文库从 2001 年起，陆续由国内知名课程学者翻译了世界各国著名的课程研究者的代表作，涉及不同流派的著作。这套文库成为一个多元、复杂对话的场地。这些中国学者对国际课程领域理论前沿的研究和译介不仅推进了中国课程理论的视野，而且为基础教育实践者提供了消费这些理论的可能。这些译著通过多种途径进入了基础教育实践者的视野，如有些著作成为各类校长和教师培训或者是攻读教育硕士学位的校长和教师的必读书目；有些成为学校图书馆的藏书。尽管这些著作由于理论性较强而难以被实践者广泛阅读，但是即使只有一部分校长和教师阅读了，也会起到很好的效果，因为阅读这些著作的校长和教师，一般都喜欢学习，善于反思，是在基础教育领域能够起到引领作用的人。

其次，新课程改革各个时期的各种改革文本本身就是国际化的产物。在研制改革文本的过程中，专家组成员都赴欧洲和北美等教育发达国家进行了广泛的实地考察，也深入研究了世界主要发达国家的教育改革文本。可以说，新课程改革的系列文本是在国际化的背景下，教育理论研究者、教育官员和部分一线校长和教师共同参与制定的文本，较为充分地把国际化与本土化进行了结合。

最后，在实施新课程改革的十几年里，几乎每所学校都形成了一系列的校本经验，但如何表述这些经验成为很多学校的难题。理论著作和新课程改革系列文本中的表述毕竟与校长和教师的日常话语体系有一定的距离，很难成为他们直接使用的语言。在这些年的摸索过程中，他们正在尝试着形成一种具有校本特色的表达方式。这类表达方式是教育实践者在日常教育实践中对理论和实践进行系统思考的结果，是他们创造的"实践型理论"，是课程理论国际化在实践层面的表达。

### 3. 教师的学习方式发生了改变

新课程改革进行的同时也是新信息技术飞速发展以及各行各业都强调建设学习型组织的时期，学校组织教师学习的方式发生了巨大的变化。

首先，由过去主要靠教师个体自学自悟转变为教师在学习与研究共同体中学习、讨论。学校中比较典型的学习与研究共同体有备课组、课题研究小组、名师工作室成员、新老教师结对发展以及教师们自发组成的一些研讨小组。这些学习与研究共同体，既有教师自发形成的有机团队，也有在制度下形成的捆绑型合作。有机型的共同体发生在采用民主式管理风格的学校，教师在主动发展的愿望下，自动自发地组成，那些有共同行动目标的共同体往往会形成有机团队。例如，山东烟台第三中学由四位班主任自发组成的"3E成长"团队[1]，就是一个好例子。有机团队能够出现的最重要推力，来自教师们被鼓舞起来的教育理想，来自鼓励实验、鼓励创新的宽松学校氛围。[2]

其次，学校加强了基于网络的教师学习平台建设，不仅建设了丰富的学校教学资源平台，而且有的学校还创建了囊括所有教师的QQ群和微信群，进行学习资料共享、即时教研、信息交换、友情提醒等。有的学校在校园网上建立了教师的博客群，使教师能够通过博客互相学习，互相欣赏。还有的地区建设了有直播功能的录播教室，使大规模传播优秀教师个人教学智慧以及提升区域教研活动效果成为可能。网络改变了人们的沟通方式，因此必然影响着学校传统的管理架构，使强调赋权的分布式领导成为可能。在网络时代，获取一个巨大而分散的群体自由且随时随地参与，已经从不可能变为轻而易举……我们的能力在大幅增加，这种能力包括分享的能力、与他人合作的能力、采取集体行动的能力，所有这些能力都来自传统机构和

---

①　徐启建：《在学校里找到最好的"我"》，载《中国教育报》，2011-09-20。
②　陈雨亭：《把"自我"当做教育的出发点和落脚点》，载《中国教育报》，2011-09-27。

组织的框架之外。① 采用新技术，特别是基于网络的新的草根型自发式研究团队，正在成为学校教育变革的重要力量。

## （四）学校在"减负"中的责任与行动策略

"减负"的话题在我国由来已久。在当前人们认可的优质教育资源不足和选择制度没有根本改变的背景下，来自利益相关者功利性追求的压力不可能减轻；社会对学校、对学生学业是否成功的普遍性评价标准已经是社会文化的组成部分，具有相当的稳定性。从总体上而言，家长和社会不可能成为"减负"的主动、核心力量。由于环境的限制以及教学水平和教育理念的差异，教师们也不大可能主动地、协调地采取明智的集体行动，共同减轻学生负担。在为学生减轻过重学业负担的复杂链条上，最有希望采取行动的是以提升教师专业素养为核心的学校改革。

### 1. 学校在减负中的责任

中小学生学业负担过重已经是一个积重难返的社会性大问题，单靠一些零打碎敲的小动作已经很难收到标本兼治的效果。要解决这个难题，我们必须有更大的视野和更务实的思路。必须承认，减负问题存在的深层原因十分复杂，在"政府、学校、家庭和社会"这四个层面都有其助推因素，因此，要想真正解决减负问题，就必须且只能采用系统化的思维，从这四个层面分别入手，将每一个层面都置于其他层面的促动或者制约下，综合考虑，才能找到出路。在当前行政化办学的体制没有根本改变的前提下，政府的主导作用是毋庸置疑的，比如必要的行政干预、招生制度等关键性问题的改革、对学校和校长考评方法的改革等。家庭和社会发挥的是辅助作用。在减负的四个层面中，学校发挥的是主体作用，是落实政府的减负政策和引导家庭、社会正确教育观念的执行组织。

从过去几年我国一些学校已经采取的减负实践来看，成功的减负都是以学校为单位进行整体改革的结果。也就是说，没有任何一所学校单独采取某一项措施（比如控制作业量）就能起到减负的作用。减负一定是采用复杂思维，对学校的关键领域进行系统变革的结果。因此，减负与其说是应试压力的结果，不如说是学校需要内涵

---

① ［美］克莱·舍基：《人人时代——无组织的组织力量》，胡泳、沈满琳译，北京，中国人民大学出版社，2012。

提升的充分证据。

在学校的日常教育生活中，学生们看得见的负担几乎都与教师的教学行为有关，如课堂缺乏生命活力，学生参与度低，作业繁重等。但是在表层行为的背后却是一所学校关键领域的低效。学校层面的减负，应该首先认真研究这些关键领域的校本状况，然后采取有效的措施。我认为，应该重点思考教师专业发展、课堂教学改革、教研活动和教师评价四个领域。

在教师专业发展方面，突出的问题是学校对教师教育理念的忽视。校本培训中注重技能操作，漠视对教育本质、儿童成长等根本性问题的研究和体悟，必然导致应试教育，不可能对学生主体性、灵性、创造、个性等产生敬畏和尊重之情，因为这些是减负问题得以解决的观念之源。

在课堂教学改革、教研活动方面，突出的问题是学校没有针对性的发展规划，教学改革和教研活动之间没有内在的一致性，导致改革成为没有研究做支撑的操作性变化，教研成为例行会议，二者缺乏相辅相成的内在相关。很多教师就在学校的改革呼吁、常规的教研和传统的教学之中耗尽了时间和精力，无法提升自己具备高水平教学所需的教学智慧，从而很难做到提升教学质量前提下的减负。

在教师评价方面，如果对教师教学成绩的评价没有足够的宽容区间，如果不考虑学生考试成绩的代价，如果对教师的专业提升没有引导，那么这所学校的制度就不可能营造出支持减负的氛围。

**2. 学校采取"减负"行动的内涵**

在学校情境中，"减负"并非只是减轻学生的学习负担，而是意味着减负的目的是"减负不减质"，甚至"减负提质"；也意味着减负的途径是学校和教师要通过研究与遵循教育和教学规律、学生的学习和成长规律而提升教学效率，帮助学生学会主动学习；还意味着学校要更好地发挥专业影响力，对家长、学生和教师的观念与行为进行有效的引导，不断地更新观念，改善行为。

（1）减负提质。

人们对各种减负政策最为担心的是如果减少作业量和学习时间，考试成绩会不会无法保证。人们通常的反应是考试制度不改革，谁敢减负呢？这种把负担过重的问题归因为考试压力的思维方式，使人们不再去深入思考造成学生负担过重的原因，必然导致减负要求与学生学习相关群体的实际行为之间相互背离的结果。

为什么会产生过重的学业负担？除了各类选拔性考试的考试内容和方式所起的引导性作用之外，课堂上的原因主要有：一是课堂效率不高，突出表现在学生以往学习水平和学习态度存在差异，部分学生提前学习新授课知识而深化了班级学生在特定学习内容上的差异，师传生授的传统教学方式导致学生课堂参与率低，教师惯用的教学方法学习保持率低，学生下课后很容易忘记。二是校内缺乏良性竞争的规则，部分教师拼时间和体力，导致教师班级组和备课组两个直接作用于学生的集体合作效益差，各自为政助长了向学生施加压力的可能性。从这些原因看来，过重的学习负担是有可能通过干预指向学生过重的学习负担的各种行为来减轻的。当然，通过对这些原因的分析，我们也能看出，单靠行政命令干涉作业量等表面的负担，是不可能在减负的同时提高质量的。

(2)发挥专业影响力。

学校应该更好地发挥专业影响力，引导家长、教师和学生形成正确的学习观念，改善学习方法，在以学校为核心的社区范围内营造良好的学习氛围。

第一，解放家长——为家庭减负给予帮助。

长期以来，由于得不到必要的指导和帮助，缺乏科学的家庭教育理念和有效的家庭教育手段，家长们往往身不由己，只能或被动或主动地参与到增加学生负担的盲目竞争当中。减负问题给家庭造成的负担是双重性的，既包括长期的精神压力，也包括高昂的经济费用，有非常多的家庭因此而不堪重负，处境艰难。因此，减负问题的一个重要内容就是如何帮助家庭减负，并从家庭方面努力降低学校减负所面临的阻力。

在现实当中，有些教育界的人习惯于将家庭教育方面存在的问题归咎于家庭自身的原因，这是非常片面的。作为专业性的教育机构，学校必须把引导家长作为自己的重要职责之一，例如，帮助家长形成对孩子的正确期望、学习亲子互动方法、观察与诊断孩子学习和成长的方法，构建家校良好的沟通渠道等。要真正获得家长对学校的信赖，一方面必须做好科学的教育思想和方法的普及工作，另一方面要保证在减负的前提下教学质量不能有明显下降，否则，减负就很难获得家长的支持。例如，新疆建设兵团第二师华山中学近年来致力于打造新型的家校互动平台，以学校社会责任的输出为导向，以平等的对话和沟通为前提，以家长综合素质的调研为基础，以家庭教育思想和方法的推介为手段，明确提出学校与家庭是教育共同体的理念，分层次、多向量开展活动，强化家校沟通，提升家长素质，整合家长资源，比较好地解决了学校教育与家庭教育相互配合的问题，努力帮助家庭实现减负的同时，也收获了家长对学校减负政策的支持与配合。

第二，解放教师——为教师减负开拓必要空间。

如果我们要做某事却担心后果，这件事就会成为负担。我们比较多地认识到了学生课业负担的严重性，却对教师的额外负担重视不够。表面上看，教师似乎只是课业负担的施加者，但往深层分析，教师同样是课业负担的承受者，教师在为学生增加负担的同时，也给自己背上了沉重的包袱。要有效减负，就不仅要考虑学生减负，同样要考虑教师减负。教师们的额外负担使得他们经常充当替罪羊的角色，很多教师无能为力的事情被强加到他们头上，凸显了教师的弱势地位。例如，由于教育发展不均衡所导致的择校现象、由社会和家长的功利性追求所导致的对学生成绩的不合理期待、由家庭教育失当导致的部分学生问题、由教育主管部门不合理的辖区内学校考评政策导致的不科学的校内考评等。

没有教师不希望自己幸福地生活和工作，他们从内心深处是非常渴望减负的，但却不敢做，处境很尴尬。因此，学校领导层就一定要为教师实施减负创造一个安全、积极的工作环境，在面对社会和家长的压力时，为他们构筑一方避风的港湾。给教师减负，除了构建有效的校本研修机制，在提升教师的专业水平的同时提升课堂教学效率，还要建设包容性的教师绩效考核机制，既能容许教师之间的个性化差异，避免主要用学生考试成绩评价教师的绩效考评方式，又能引导教师通过研究与学习提升专业能力。

例如，深圳南山区华侨城小学花了几年时间探索包容性的教师岗位绩效评价系统，把对教师的定量评价与定性评价、教师的现状和学校对他们未来的期望结合起来，既对教师有高期望，同时又给予他们充分的自由度。例如，对学生在教学质量抽查中的成绩，他们只规定在年级平均分上下 6 分之内的都算考核合格。他们认为，教师的胜任力要通过参加听课、评课、教研、撰写反思日志等活动来提升。他们只所以把评价体系定位在"包容性"，是因为他们认为学校领导不应该以"控制"思维来处理与教师的关系，对于教师的管理应该以宽容、理解和鼓励为主……只要把教师的劲鼓起来，教师就会变成优秀的自我管理者，将大大提高教育教学的质效。①

第三，解放学生——为学生减负提供必需条件。

减负指向学生的健康成长，它暗含的意义是通过减轻施加在学生身上过重的学习负担而释放那些本该由学生自由支配的时间。自由时间是学生主动发展的前提。当然，有了自由支配的时间，如果学生们没有主动积极成长的愿望和能力，那么这些自由的时间也许会成为学生们浪费甚至走向负面成长的机会。有了自由时间的下一个步骤是向学生开放学校所有有利于学生主动探索的空间，尤其是实验室、图书馆和运动场。

解放学生的时间以及开放学校的空间之后，学校和老师要通过多元评价让所有学生都能感受到自己的优点，能够感受到来自老师和同学的欣赏，能够逐渐发现自己的兴趣和渴望，能够把"做最好的自己"当作自己的追求。学生这样的成长状态无法依靠诸如学业负担等外在的奖励和惩罚措施，而只能通过培育学生养成内在的自我评价标准来达成。每个人的成长首先一定是内在自我的成长，倾听、多元互动等能促进学生内在自我与外在世界进行交流，从而积极地影响自我的成长。

解放学生，就是帮助他们发展一个强大的内在自我，帮助他们形成主动、探索、专注等关键能力。如果能做到这样，过重的不必要的学习负担也就不会存在了。

### (五)学校减负的行动策略

认真思考减负的内涵，我们不难发现，学校改革要真正"减负提质"，就必须进行整体性改革，不能用零打碎敲的办法进行单向度改革。就是说，针对"减负提质"，学校要在理性分析的基础上，从影响教学质量的关键要素入手，采取既整体，又单向的推进策略。

**1. 采取研究取向的教师校本专业发展方式**

很多中小学把读书活动、外出培训、学访或参加会议、校内专项年度活动(如打造教学模式)等作为教师校本专业发展的主要策略。这些策略是否能够真正发挥作用，其关键在于这些活动是否是以激发教师主动研究意识的方式组织的。"方式"最

----

① 黄绪信：《包容性评价——深圳市华侨城小学教师岗位绩效评价改革的探索》，北京，北京教育出版社，2012。

为重要。在一所"方式"适当的学校，学校层面的读书活动与教师作为知识分子的个人读书实践有着本质的区别。学校推荐的书单或组织的读书交流活动书目，一定针对学校正在努力突破的教育、教学问题，是引导老师们为解决现实困境寻求理论的帮助，因此学校推荐的书目一定经过了深思熟虑，甚至经过论证。学校提供了图书之后，要适当组织学习交流活动，如网络平台的交流、备课组或者年级组成员的交流等等。例如，某校年度主要教学研究任务是打造各学科的教学模式，他们首先购买关于教学模式和教与学关系的著作送给教师们，然后布置读书交流的时间、参与范围以及主题，学校微信群里每天推送书摘，博客群里教师们发表读书心得，特别是教师们说课的时候，要从理论和学生个性化学习需求两个维度阐明自己的教学设计意图。

外出培训和学访应该与学校专项年度活动紧密结合，带着问题和困惑与外界对话。例如，某校语文学科较弱，学校把语文课堂教学质量的提升作为年度工作重点。有一次，他们赴省外参加一个语文特级教师论坛，论坛上有两节著名语文特级教师执教的公开课。在参会前的两周，学校把参会教师分为两组，分别备出这两节公开课并说课。由于事先进行了充分准备，因此论坛上该校的语文老师和执教的特级教师就语文教学理念、情境创设方法、文本解读方式等进行了深入的探讨。这种有特定准备、带着个人教学理念和教学设计去参与专业对话的学习方式，使教师成了主动的行动学习者和研究者。

**2. 进行激发活力的针对性课堂教学改革**

课堂教学中的"减负提质"主要表现在课堂充满活力，学生参与度高，对学习充满兴趣，能够逐步提高学科学习能力，具体表现在，教师需要问自己如下问题：这节课上，要学习哪些知识？形成哪些能力？用怎样的教学过程、使用哪些方法学习这些知识、形成这些能力才能使学生的学习保持率高？学生们是带着怎样的情感和态度学习的？本节课的学习方式是否有利于帮助学生形成积极的情感和态度？是否有助于培养学生的价值观？教学过程与方法决定了一节课的质量。学校的课堂教学改革，应该以激发课堂活力为核心就教与学的过程与方法设计针对性的策略。

第一，就课堂参与度来说，学校应该以学科组或者备课组为单位，重点研讨教学内容如何设计才能帮助学生降低学习难度，提高学习兴趣，形成学习能力；与教学内容相称的教学组织与反馈方式如何设计才能使所有学生保持适度的紧张，全身心投入学习之中。教学内容、教学方法和教学组织方式方面的研究是提高学生课堂参与度的主要关注点。

第二，激发兴趣。关于"激发兴趣"，有些教师在教学中有偏差，以为兴趣是可以靠使用某个教具、创造某个情境、设计几分钟手工、添加一段有趣的内容等来激发。然而，据教育心理学家的研究，情感对学习不是必要条件，"愿意记住"对提高记忆效果没有用处，让记忆材料切合学生的兴趣也没有用。① 激发与保持学习兴趣最重要的是使学习内容环环相扣，确保学生能够在理解的基础上记忆或者操作。即使学生一开始对某科学习内容兴趣不高，只要教师能够在学生的最近发展区设计问题，让问题难度适宜，螺旋式设计该科的知识与技能，按照记忆规律设计练习的方式和间隔时间，学生们就会对该学科产生兴趣。

学习兴趣还与课堂互动方式紧密相关。没有活力的课堂往往采用师传生受的教学方式。在学习过程中，没有即时有效的反馈，没有交流与碰撞。教师的讲往往是"独白式"的，学生往往或者"倾听"或者"漠视"，这样的课堂不可能有效地完成三维目标。在相当一些学校的课堂教学改革中，都从加强多元互动和情境创设入手激发学生学习兴趣，提高课堂效率。但是应用多元互动和情境创设的方法应该注意，必须确保学生在学习活动中把注意力指向学习内容，否则，就是为了兴趣而兴趣，影响了教学目标的达成。

第三，培养学科学习能力。如果学生没有循序渐进地提升自己的学习能力，不能主动应用符合学科特点的学习方法，那么就无法提升学科能力。每一门学科都有自己独特的逻辑和一套适用的学习方法，只有学习方法符合学科规律，学生才能形成可持续的学习能力，收获高素质的学习品质，从而节约大量课余时间用于重复性记忆、揣摩考试规律等，学习负担才能减轻。

教师们仅仅认识到培养学生的学科学习能力的重要性并不足够，他们还要落实到每天的课堂教学中。一个可资借鉴的方式是以学科组为单位，认真研讨某个学段学生们到底需要形成哪些学科学习能力，这些能力的先后顺序如何，每一项能力大概花多长时间才能培养成功，如何测量能力培养成功。然后把这些能力以

---

① ［美］丹尼尔·T. 威林厄姆：《为什么学生不喜欢上学》，赵萌译，南京，凤凰出版传媒集团，江苏教育出版社，2010。

周或者月为单位分布到各学段。教研和形成性测试中要把学习能力的养成放在和教学知识同等重要的地位。只有这样重视学习能力培养，才能引起教师足够的重视并落实到每天的教学中。学生掌握好必要的学科学习能力，是减轻学习负担的重要前提。

"减负"的前提是提高课堂教学质量，而提高课堂教学质量的前提是教师主动的研究教学。学校的责任是培育教师主动进行研究的土壤和氛围，通过改革校本教研方式，引导教师们通过针对性的课堂教学改革来焕发课堂活力。

# 五、校本整体改革要坚守课程方案

## （一）把坚守课程方案作为校本改革的底线

校本改革是校长领导老师们研究本校实际情况，创造性地选择改革任务并为之进行必需的资源配置的过程。改革的过程中会发生很多创造性的行为，例如整合课程。进行课程整合的时候，可能课程的形态、种类或比例会有变化，但是底线是不能低于课程方案的要求。课程方案是教育部组织各类专家在广泛借鉴世界各国课程改革经验，并充分尊重我国的教育传统、经济和社会发展需要的基础上制定的，旨在指导学校构建符合素质教育要求，体现基础性、多样化和选择性的课程体系，为每位学生的充分发展创造条件，在保证共同基础的前提下设置多样、灵活和有选择性的课程，拓宽学生的发展渠道，为每一个学生的充分发展创造条件。然而，在过去十几年间，有相当多的学校并没有坚守课程方案，他们屈从应试压力，选择了弱化、虚化甚至取消某些课程类别的应对方式。

2011年，美国农业部发布了新的健康指南图，取名为"我的盘子"，指南显示了健康饮食中大致应该包含哪类食物以及不同类别食物在饮食中大致应占比例，而没有规定哪种特定的食物的具体分量，只是用色块的大小标注了大致食物类别的分量。这就意味着如果要健康饮食，就应该遵循饮食指南所建议的分量和类别，但到底吃什么，就可以根据个人的喜好、当地农业特产、个人年龄和身体素质特征等来决定。如果有人要对饮食进行改革，想吃到更美味的食物，那么他们的改革前提，应该是遵守对人的身体健康有益的饮食搭配原则，改革的亮点应该主要体现在新食材的发现和旧食材的新做法上，而不应该为了迁就一部分人的饮食偏好，擅自去掉某些类别或者不合理地过度增加某个类别的食物，当然也不能为了获得某种特殊的味道，而用不健康的烹调方式或者使用有害的添加剂。

课程改革方案起着和饮食指南相同的作用。它规定了一所学校为促进学生的全面发展而必须开设的课程的类别和比例。只有开齐、开全课程，才能保证学生既能形成共同基础，又能根据自己的爱好和理想而有选择的余地。如果校长或教师，为了让学生某一方面的才能更苗长一些（比如提高应试分数），而弱化甚至砍掉一些注重动手操作和体验因此不能用考试衡量的课程，那么就像是整个盘子里只有一种食物一样有害。挑食的学生无法获得身体健康成长所需要的全面的营养。

坚守课程方案，仅仅做到开齐、开全课程是不够的。课程方案中关于学生的学习方式、课程的管理和评价等是更加深层次的问题。这就类似于在保证盘子里有搭配合理的食物之后，还需要确保每一种食物的烹饪方式是健康的。如果仅有符合种类要求的食物，但烹饪方式却不健康的话，同样起不到为身体提供健康营养的目的。总之，我们之所以坚守课程方案。在于不仅要为每一个学生提供丰富、全面的课程体系，而且使课程的实现方式是符合规律的，是科学的。为什么要坚持课程方案，是教育理念的重大问题，是一切教育行为的源头。

随之而来的第二个问题是谁来坚守课程方案。对于当前没有坚守课程方案的学校，我们能听到各种各样的理由：师资结构性失调，应试排名压力太大，家长过于功利、教育主管部门非专业性的干预过多，应试本身没有改变，等等。每一个群体都有充分的理由证明课程方案是否能够坚守取决于其他群体的行动。

新课程改革的理想推进方式是每一个层面的教育工作者都做正确的事。各级教育主管部门应该注意保护校长的时间，使他们把主要精力放在对教师和学生的专业领导上，而不是应付上级的事务性检查；应该建立对学校的专业督导机制，确保学校能够坚守课程方案，为学校营造全面发展的环境，而不是主要以升学率为准对学校和教师排名。如果这样，学校层面进行课程改革就有了最好的氛围。

但是，假如这种氛围暂时还没有建立起来，校长还是有空间领导学校在本校范围内坚守课程方案，充分挖掘本校的各种潜在资源，为学生创造一个具有本土色彩的课程环境。最近几年，已经有一些充分认识到坚守课程方案之重要性的校长，努力营造出了适合学生自由成长的小环境。

在深化课程改革的过程中，没有人可以置之度外。每一个教育工作者都应该是坚守课程方案，为学生营造自由成长环境的坚实力量。

真正明了坚守课程方案的价值并决心从自我做起实施课程方案之后，怎样坚守课程方案就成为有讨论价值的话题。就如前文所论述的，课程方案类似健康饮食指南，它的真正落实是在每一所学校中。从那些坚守课程方案取得成功的学校的经验来看，学校层面的新课程方案实施，应该至少做到以下几点：

第一，遵循教育规律。课程方案落实到学校的具体情境中，肯定会经过若干变形，因此也就有了很多歪曲的可能。少走弯路的捷径是遵循教育规律：学科知识、关于学生的知识、教学法、学校文化和社会文化、教学管理等等都有规律可循，这些中的每一项都会影响到课程实施的效果。教师在感悟、使用这些教学规律的教学实践中，如果他们积极主动地反思、建构自己的教学知识，那么他们的学科教学知识（PCK）就会增加，假以时日，他们就有可能成长为能够坚守课程方案的专家教师。如果不然，就像有些教师一直在做的那样，以考试作为教学工作的起点和目标的话，那么他们也许就会成为课程改革的阻碍者。

第二，树立正确的基础观。长期以来，我们之所以能够一再容忍那些不规范的办学行为，除了升学和就业的压力之外，还有一个有众多支持者的观点：基础教育是打基础的阶段，我们所做的一切都是为了帮助孩子们打下日后继续学习或工作所需要的坚实基础。有的学校甚至把"基础"二字作为办学理念或校训张贴在学校最显眼的位置。可是，相当一些校长和教师心目中的"基础"，往往是定位在扎实的"知识体系"中的"基础"。这种基础观固化了应试教育思维，合理化了师传生受的教学方式。如果要坚守课程方案，我们必须花大力气把校长和教师的基础观转变到培养学生的"能力基础"上来，即把培养学生的学习兴趣、质疑能力、探究能力、合作能力等能力体系置于"基础"的位置。

第三，保持反思习惯。学校层面对课程方案的坚守需要创造性地解决很多问题，而创造的过程未必一定能够做到方向正确，因此校长和教师们保持反思习惯十分必要。但是，如果反思的参照系不改变，那么即使努力反思，也反思不出所以然来。有效的反思往往与学习、思考、比较研究、修改以及建设同行。

当每一个教育工作者都把坚守课程方案作为自己义不容辞的责任的时候，我们才能够真正为学生创造充满着"选择"机会的学校环境，自由和尊重才会成为学生日常学校生活的常态，创新思维、保护内在激情、养成合作习惯等未来国际社会所必需的能力基础才会在学生身上生根发芽。在未来十年，能够充当榜样的好学校，应该是那些创造性地坚守课程方案，还学生自由成长空间的学校。

## (二)教师课程意识的理解与重建

在校本改革中，教师课程意识的逐渐培养十分重要。能否从教学走向教育，教师能否拥有课程意识至关重要。我曾与几位教师在《江苏教育》杂志 2014 年第 2 期就课程意识这个话题进行过一次笔谈。

### 1. 课程是"延展着的、没有终点的线段"

课程是什么？这恐怕是课程改革、校本培训、教师专业发展等领域的一个核心问题。对在每一间教室里忙碌着的教师而言，他们对"课程"的理解直接决定着他们的教育实践，是一切可以外显的教学风格、教学方法、教学模式的内在根源。这种理解与学者对课程定义的研究不是一回事，它源自教师个人从小的受教育经历、接受的师范教育、作为新教师时学校规定的入职方式、学校对教师的考评和晋升方式等，是一位教师几乎所有与教育有关的经历的累积性影响的结果问题。

很多人把"跑道"作为课程的隐喻。然而，不管跑道设计得多么舒适、多么人性化，不管在跑道上帮助学生的教师是多么和善，也不管天气是多么适合，"跑道"隐喻的课程观都无法摆脱这样一个困境，那就是教师会过于关注终点，从而忽视每一个独特的个体奔跑着时的状态和内部经验。"跑道"隐喻使我们教师对跑道的关注胜于对奔跑着的人的关注。

王开东老师在对语文教学的反思与重建中，悟出"课程是一条条线段"，有起点，有延展方向，有竹节一样的"阶段性终点"。[①] 王老师用"延展着的、没有终点的线段"作为他对课程的隐喻，这个隐喻比起"跑道"隐喻更接近教育的实践特征。以此隐喻看待课程的教师，会把课程看作是在学校里发生的能够促进个体成长的因

---

① 王开东：《课程之外无好课》，载《江苏教育》，2014(2)。

素所产生的综合影响；教师的责任，就是尽可能地理解、构建、实施以及协商能够对学生产生正向影响的教育活动；教师之间的差别，主要体现在他们在特定的时间里，针对法定的教学内容、特定的学生、特定的环境三者而创造出的课程的差别。这样的课程观必然是师生共同成长的，就如王开东老师所说的："当我们穿越了一段一段的课程，解决了一个又一个问题，积累了丰富的知识、情感和理性，我们的生命必然越来越丰厚，思想越来越饱满，眼睛越来越清澈，这就是课程给我们带来的成长。"

在威廉·派纳看来，课程应该被定义为"复杂的对话"：既包含了那些官方的元素，又包含着具体存在的人在真实的教室里所发生的事情……表现为对话的学校课程是多么复杂……正是课程活生生的体验，才是课程得以经历、实施和重建的地方。王开东老师对语文课的整体建构既体现出他所谓的"延展"性，也体现着派纳所言的"复杂对话"性。

**2. 课程意识就是对课程的"创生"**

如果课程是"延展着的、没有终点的线段"，那么"课程意识"是什么？美国20世纪六七十年代课程领域的论争可能有助于我们理解这个问题。

在20世纪上半叶，美国课程研究的主力是受到行为主义心理学深刻影响的学者。课程研究与实验心理学紧密联系，倡导效率，主旋律是课程开发，其辉煌的顶点是1949年泰勒《课程与教学的基本原理》的出版。这是一本薄薄的小册子，意在帮助教育系的学生更全面地理解开发课程时所涉及的问题，熟悉一些解决这些基本原理的技术。这本书成为注重程序和社会管理的传统课程的代表。随后，历史推进到20世纪50年代末，随着苏联卫星上天，学校和课程专家受到广泛的批评，因而在20世纪60年代，进行了一场以学科结构改革为核心的课程改革，各学科领域的专家而不是课程专家在改革中起了主导作用，课改资金和精力主要投入到了科学和数学课程，削减对人文学科和社会科学以及教师在职培训的投入。课程领域在教育外部面临着前所未有的危机，在教育内部，由于泰勒原理在实践中把课程转化为了目标和结果，因此开始受到广泛的质疑。

在一篇评论泰勒领导的八年课程研究的论文中，威廉·派纳认为，泰勒的课程与教学改革过于强调对目标的评价，导致了教育的封闭，"学习"被还原为行为变化和标准测验的成绩，因此教与学变得琐碎不堪。[①]

当时课程领域的学者可以分为三个类型[②]：一类是以泰勒为代表的传统主义者，认为课程学者应该为学校实践者服务，认为服务比研究或理论发展更重要。第二类是概念经验主义者，他们认为课程研究应该与社会科学结盟，认为通过创造一门课程科学，就可以服务于学校的实践者。实际上，他们的研究看上去像是要把课程领域变为社会科学母学科的殖民地。第三类是概念重建主义者，这类学者领导了20世纪70年代美国的概念重建运动。但是概念重建主义者们并非有共同的研究兴趣、观点或者方法，他们的共同之处在于拒绝把"接受的遗产"继续传递下去，开始"以新的方式"谈论课程。1995年，派纳等学者的著作《理解课程》中，把课程理解为历史文本、政治文本、种族文本、性别文本、现象学文本和后结构主义的、解构的、后现代的文本以及自传/传记文本、美学文本、神学文本、制度文本、国际文本。[③] 概念重建运动之后，单一的课程开发模式或者结构模式让位于对课程的多元理解，从此以后，课程领域真正进入了一个能够进行"复杂对话"的时代。

课程意识是教师的行为之源，所有课堂里的现实必先在教师的课程意识里有萌芽的想法或者清晰的观念。课程意识不是躲藏在某个地方有待于教师去发现的一套"正确观念"，而是从自己的具体实际出发，随着自己的教育实践而不断加深理解的、发展着的理念系统。从"复杂对话"的角度来看，课程意识应该是"创生取向"的，而不应该是大一统的"忠实取向"。"创生"意味着教师有自己的观点，能够意识到自己拥有创造的空间，有与学生共同创造课程的能力和勇气。

**3. 教师理解与实施课程："自身的阻碍"与突围**

在"多元对话"的场域中，教师需要从多种角度理解课程，从而更好地理解课程对教师和学生理智形成与发展的作用。从这个角度来看，教师理解课程，其实也就是理解学校教育在一个人成长史中的作用，是个体寻求自我解放的必由之路。

---

① ［美］威廉·派纳：《将课程曲解为制度性文本：学校实验与八年研究》，高振宇译，载《全球教育展望》，2012(1)。

② 此三类划分源自派纳，参见 Pinar, William, Notes on the Curriculum Field(1978). In W. Pinar, *Autobiography*, *Politics and Sexuality*, New York, Peter Lang Publishing, Inc, 1994, pp. 78-82.

③ ［美］威廉·派纳等：《理解课程》，张华等译，北京，教育科学出版社，2003。

史金霞老师质问："为什么我们的教与学，仍然是以考试为中心，以升学率为目标及考核要素，而不是一个多层的认知的文化的过程，不是一个社会的、政治的、伦理的、客观的、能在不断地冲突之中达成妥协的过程？"身为教师的她，认为教师们的课程意识，应该首先向内回转，回到自身，因为"课程实施之阻力，制度固然是障碍，教师更难辞其咎"①。

教师"传道授业解惑"的社会角色很容易把自己独立于成长之外。就是说，教师很容易把课堂变成一个对学生实施教化的地方，而自己就是实施教化的成年人，这样的话，教师很容易充当传教士的角色，只对学生进行派纳所谓的理智殖民。② 只要不持续地进行反思、理解和成长，教师对课程的理解自然也会停滞，会很容易变为只"忠实"地实施别人规定的课程。就如史金霞老师反思语文教师时所论述的，一位语文教师，仅仅冲破一个模式教语文的流行做法还不够，他还需要读书。但是仅仅做一个腹有诗书的语文老师也还不够，他还需要"掌握基本的教学方法，建立完备的教育观念，尤其重要的是，要有健全的课程意识"③。在这里，她已经把课程意识提升到"学科教学知识"的高度了。

美国教学论专家舒尔曼于 1986 年提出了学科教学知识（pedagogical content knowledge，PCK）的概念。PCK 是教师在面对特定的学科主题或问题时，如何针对学生的不同兴趣与能力，将学科知识组织、调整与呈现，以进行有效教学的知识。它是学科知识和教育知识的特殊合金，并融入教师的信念、价值观等，是教师个体的一个独特的知识领域，是教师对自身专业理解的特殊形式。它源于教师的实践智慧，经由教师教学、评价、反思与转化过程而获得，是教师个体在教学实际情境中通过与情境的互动而建构的产物。④

教师课程意识的提升，必须是在自我强烈的改进日常教育实践愿望的感召下，亲身选择与参与真实的改革，在行动中不断寻求理论的启发与帮助，从而逐渐建构

① 史金霞：《教师与课程》，载《江苏教育》，2014(2)。

② Pinar，William F，*Autobiography，politics and sexuality：Essays in curriculum theory* 1972-1992，New York，Peter Lang. 1994，p. 120.

③ 史金霞：《教师与课程》，载《江苏教育》，2014(2)。

④ 李斌辉：《中小学教师 PCK 发展策略》，载《教育发展研究》，2011(6)。

起具有明显个人特点的舒尔曼所谓的学科教学知识。在这个过程中，逐渐突破自身的障碍。威廉·厄尔认为，人类生活中重要的不是普遍存在的东西，虽然关于普遍东西的知识常常是有趣的和有用的。然而，这样的知识逃脱不掉肤浅。人类生活中深刻的东西仅仅可以在独一无二的领域找到……一千张照片放在一起也不会等同于一个走着的、思想着的和希望着的人。①

从课程意识到课程实践，就是从抽象到具体，从理论到实践的旅程。每一位教师都行走在这个旅程中，和学生们一起，和彼此一起。关于课程意识的"复杂对话"，老师们应该努力倾听彼此，相互理解、相互扶持，一起走向教育的希望之地。

### (三)综合实践活动课程实施中的几个规律性关系

2001年《基础教育课程改革纲要(试行)》提出，"从小学至高中设置综合实践活动并作为必修课程"，实现了我国基础教育课程体系的结构性突破。在中小学耐心实践了16年，积累了足够丰富的经验之后，2017年9月，教育部印发了《中小学综合实践活动课程指导纲要》，把综合实践活动课程的目标归纳为"价值体认、责任担当、问题解决、创意物化四个方面"。既体现了立德树人的政治方向，又回应了全球化时代和信息时代的挑战。配套的各类主题建议对学校有效开展综合实践活动是非常好的指导。

我曾经在2009年初对国赫孚校长②和他领导的天津中学进行了综合实践活动课程的专题研究，深入访谈了国校长和若干位老师，写了一篇长文，提出了当时高中开展综合实践活动课程所存在的几种规律性关系，发表在《教育发展研究》2009年第18期上。时至今日，当年提出的这些问题依然有意义。

#### 1. 综合性与专业性之间的关系

《基础教育课程改革纲要(试行)》指出，设置综合实践活动，是为了强调学生通

---

① Pinar, William F, *Autobiography*, *politics and sexuality*：*Essays in curriculum theory* 1972-1992，New York，Peter Lang，1994，p. 105.

② 国赫孚校长担任天津中学建校以来的首任校长，自2000年至2014年。从他担任校长开始，就在天津中学开展综合实践活动，2014年，天津中学的成果"走向实践育人的综合实践活动课程常态化实施研究"获得首届国家基础教育成果二等奖。

过实践，增强探究和创新意识，学习科学研究的方法，发展综合运用知识的能力，增进学校与社会的密切联系，培养学生的社会责任感。综合实践活动课程的开设目的、学习方式和培养目标决定了它的主要特征是综合性。学生从生活世界中一个引起他们强烈探究兴趣的问题出发，运用学过的多学科知识和技能，对该问题进行理性探究。同时，高中学生已经具备了超越学科综合地思考与解决问题的能力，他们的视野已经足够开阔，能够有意识地运用多学科的知识来解决问题。这种综合性地关注问题、运用综合的方法解决问题从而培养自己综合能力的特点，正是综合实践活动课程的最大优势所在。

然而在实践过程中，综合性却与学科教学的专业性之间产生了矛盾。各学校在实施综合实践活动课程时，普遍地采取自上而下或自下而上的方式。自上而下的方式指的是各学科教师罗列若干研究性课题，然后班主任把班级所有学科教师的题目汇总起来向学生公布，学生再根据自己的兴趣任选一个课题独立研究或者组成课题组进行研究。由于学科教师预设的研究课题都有很强的专业性，因此从研究一开始，学生的思维就被局限在特定的专业领域之中，无法以跨学科的视角对课题进行综合性研究。自下而上的方式指的是课题由学生个人或者小组根据自己的兴趣选取，通常由个人或小组申报，班级汇总之后，班主任或专门负责综合实践活动的中层管理部门根据学生所选课题的大致专业领域，把课题分配给学科教师进行指导。由于学校缺乏对教师协同合作的要求和指导，加上教师自身缺乏跨学科意识，因此导致简单分派的课题指导教师只能就其本专业的知识来指导学生，无法在学科交叉地带帮助学生扩展思维。

为解决综合性与专业性之间的矛盾，天津中学采用指导教师团队协同指导的方法，主要采取以下几项策略。

第一，课题指导教师和所有科任教师协同指导。学生在教师的指导下选定课题之后，学校会根据课题涉及的主要学科为其安排一名指导教师，负责指导学生课题进展以及接受学生咨询；本班所有任课教师则被要求必须接受所有学生的跨学科咨询。学生在参加综合实践活动的理论培训时，明白了综合运用知识的重要性以及遇到跨学科问题的解决方法。小组成员会分工合作，查阅、自学有关的理论知识。小组解决不了的问题再去请教学科教师。

第二，教师协同指导团队进行集体指导。每次为期一周赴综合实践活动基地进行实践之前和实践期间，不同的学科教师组成教师协同指导团队，负责在赴基地之前指导学生写出具体的实践操作方案，赴基地后指导学生调研、讨论。

第三，自建生态园培养学生综合运用各学科知识的能力。天津中学在校内建了一个4000平方米的生态园，分别规划出小动物饲养区、农作物种植区、气象观测区、果树种植区等区域，还专门建设了一个200多平方米的智能温室，用于组培实验。为了提高教师指导学生进行活动设计的能力、帮助师生掌握相关领域的研究方法和最新的研究信息以及跨学科选题的能力，天津中学聘请了天津农学院、农科院等单位8位动植物及气象专家为指导教师，定期指导教师和学生进行课题实验研究。这个生态园既有助于提高师生在某些专业方面的实地研究能力，又以实地研究为抓手，促使师生进行跨学科思考。

**2. 实践性与学术性之间的关系**

在综合实践活动的实践过程中，学生在教师的指导下，在探究课题的过程中，运用多种方法获得与自然和社会充分互动的经验。这个探究过程具有实践性的特征。但是这种实践性特征却不是综合实践活动的全部追求，学生在实践之中和实践之后还必须及时把经验提升到科学经验、艺术经验和社会经验的理性高度，在一定的研究方法指导下，不断扩展自己的思维视野，在预定时间内提炼出具有学术性特征的结论。也就是说，综合实践活动所要求的"实践"与作为日常生活的实践有着本质的不同，综合实践活动之"实践"的目的并非仅仅是实践本身，而是通过"实践"来综合运用各种知识和技能，探究个体所选课题的理性结论。

综合实践活动往往容易走向两个极端。一是肤浅地理解综合实践活动的"实践"性特征，为"实践"而实践。有些学校由于没有对指导教师进行充分的培训，因此无法有效地指导学生，导致学生从选题到实地调查或者实验过程中都比较盲目，如选题适切性不强、研究方案不周密、缺乏方法意识、小组成员之间缺乏有效的合作与沟通、课题结论缺乏理性升华等。这样表面上"实践"的热闹掩盖了师生对从事综合实践活动的深层意义的追问，肤浅的"调研"甚至会为学生将来从事学术性学习和研究埋下不良的种子。

另一个极端是过早地盲目走向"学术性"，强调间接资料的占有，学生以网上搜索资料或者图书馆查阅资料为主要探究形式，而很少或者几乎不在"自然"（这里的"自然"指的是学生能与之产生相互作用的自然和社会情境）中进行研究。这样做主要有两个方面的原因：一是因为学校受实践活动场所缺乏等条件的限制，没有对在自然中探究产生足够的重视。我们之所以强调要在"自然"中进行探究，是因为由于科学的过分专门化，学生从网络或书本上查找的资料会影响他们"全面了解"自然，有时可能会陷入盲人摸象的境地，破坏了自然的整体性。二是因为现行的课堂教学过于强调知识传授，导致无论是教师还是学生，都不善于动手操作，不注重组织活动能力的培养。

对于高中学生而言，综合实践活动中的"实践"是有着明确探究目的的实践，也就是说，"实践"必须具有学术性特征，"实践性"与"学术性"是综合实践活动内含的两个基本特征。只有这两个基本特征都得到足够的重视，设置这门课程的目的才可能实现。杜威曾经区分了四种知识：①如何做的知识；②了解的知识；③以语言为媒介而获得的信息；④理性的知识或科学。第一类和第二类属于直接经验的范畴，第三类和第四类属于间接经验的范畴。倘若人只有第一类和第二类知识，就会变得非常狭隘；如果只有第三类和第四类知识，就会变得僵化迟滞。这四类知识应当以个人经验为核心组织为一个整体。[①] 综合实践活动正是以个人经验为核心，通过"实践性"和"综合性"来整合学生在学科学习和日常生活中学到的各种知识、技能和经验。

天津中学采用基地建设与多层面渗透的方法解决实践性与学术性之间的矛盾。首先，他们采取建设蓟县综合实践活动基地、利用社区的高新技术园区资源、校内自建生态园等措施加强基地建设。其次，他们在校内设置六个培训项目加强学术性指导：媒体播放、研究性学习讲座、电子阅览课、图书阅览课、科技人文讲座、学生讲座。其中学生讲座特别受欢迎。学校安排上一届在研究性学习中表现优秀的学生为高一新生做辅导讲座，讲座根据研究领域分为几个专题，每学期举行一次，两个课时。这不仅有利于启发新生，同时对担任讲课任务的学生也是极大的鼓励与挑战。最后，他们对结题的研究性学习成果进行二次开发，进一步提升其实践性和学术性价值，提炼出对学生成长有意义的个性化体验。

**3. 综合实践活动课与学科教学的有机联系问题**

影响综合实践活动效果的一个重要因素是教师的有效指导。有些学校把教师指

---

① 张华：《经验课程论》，上海，上海教育出版社，2001。

导学生课题的数量和质量换算成课时量，给予一定补贴，以此来调动教师的积极性，也有学校对教师指导课题的数量做硬性规定，但没有任何补贴。在实践中，不管课题指导是否有补贴费用，教师指导的有效性差异不大。也就是说，给予额外补贴并不是调动教师积极性的最好方式。

其实，教师消极对待综合实践活动的深层原因是综合实践活动课程没有与学科教学形成有机的联系。有的学校在实践中把综合实践活动做成了类似课外活动的形式，与学科教学没有明显的关联，更别提对学科课程的深化了，因此教师对提高自己的指导能力以及努力指导学生不感兴趣，导致了学校课程体系的"两张皮"现象：一方面，因为未结合与利用学科知识，综合实践活动变得日益肤浅化、形式化、边缘化，其教育价值日益丧失；另一方面，学科教学依然固守机械传递、僵化训练学科知识和技能的既有传统，学生的学习生活未产生根本改观。①

因此，综合实践活动课程今后深化的重点将是如何与学科教学有机联系的问题。如果有一天教师们感到指导学生进行综合实践活动就是对学科课程的拓展和深化，那么无论是综合实践活动还是学科教学都会获得生命活力；如果综合实践活动与学科教学脱节，则大多数教师对提高指导能力和指导效果不会有兴趣。我们必须多途径解决综合实践活动课程与学科课程之间的有机联系问题。

对于综合实践活动课程与学科课程之间经常产生的相互割裂问题，天津中学采取多种途径使教师们认识到学生在综合实践活动中的探索是对学科教学的拓展与深化，是使用学科知识解决现实生活中的问题的过程，对课堂教学会产生有益的促进作用。对学生来说，在教师指导下综合性地探索现实问题，增强了他们的自信，使他们在探究中真切地认识到了学习理性知识的重要意义。正是因为着力解决了综合实践活动与学科课程的有机联系问题，因此天津中学的教学成绩也一直处于上升的趋势。

第一，教师结合研究专题提炼出课内、课外知识的结合点。学校要求学科教师结合学校的调查主题，在调查前尽力拓展学生的思维，使学生不至于走马观花；调查结束后，在学生总结调查心得的基础上，帮助他们提炼出一系列既体现本学科知识的实际运用，又体现本学科核心的知识点。这不仅有利于学生学以致用，而且有

---

①　张华等：《综合实践活动课程研究》，上海，上海科技教育出版社，2007。

助于深化学生对学科知识的理解。

第二，专题讲座促使教师打通学科与综合实践活动的桥梁。天津中学综合实践活动指导教师团队的老师在学生选题阶段，会根据需要开设专题讲座。这些专题讲座不同于一般的知识性讲座，备课的难度远远大于日常讲课。首先，他们必须引导学生学习专题研究的目的、程序和方法。如地理老师在讲植被调查时，要给学生介绍样方调查（五点取样法）和线路调查的方法，包括要准备什么工具，人员应该如何分工。其次，主讲教师要结合专题提炼出课内、课外知识的结合点。教师往往要翻看无数资料，既要充分了解基地的相关情况，同时又必须梳理出相关调查研究的详细方法和步骤，还必须提炼出各学科知识之间的综合点。

第三，学生在综合实践活动课程中的表现促使教师进行课堂教学改革。以往老师们在备课时会精心设计怎样调动学生的学习积极性，但都是从教师如何"教"的角度来设计，效果并不好。但是在指导综合实践活动时，老师们发现，学生们在责任感的感召下研究自己感兴趣的问题时，十分投入，效率很高。以往学校推行先学后教、教师少讲多给学生自主学习时间的教学理念，引起一些教师的反对。而学生们在综合实践活动中的表现使教师们看到了蕴藏在学生身上巨大的自主学习能量，使他们不知不觉地改变了教学理念。课堂正在成为师生共同成长的真正高效学习的地方。这正像陶行知曾经说过的："教师的成功，是创造出值得自己崇拜的人……先生创造学生，学生也创造先生，学生先生合作而创造出值得彼此崇拜之活人。"[①]

# 六、学校整体改革的内涵与实践维度

学校改革的内外促动因素越来越多，来自国家层面的改革政策、来自省级教育主管部门和学校所在的地区教育主管部门的改革要求和建议越来越密集，与来自学校内部发展的要求共同汇成了一股不同于以往的改革潮流。在这股改革潮流中，各学校在已经进行过的若干或大或小的校本改革的基础上进行，从梳理与反思本校改

---

① 陶行知：《教育是创造者的事业》，载《中国教育报》，2008-05-14。

革的"基础"和"历史"开始，已经开始具有整体改革特征。

### (一)学校整体改革的必要性和迫切性

一般来说，在梳理与反思本校教育改革所面临的情境时，可以从三个维度开始：第一是国家和地方的教育改革政策；第二是本校的改革历史和主要改革方式；第三是未来本校改革的目标。

以普通高中的改革为例，教育部从 2000 年启动研究，到颁布课程方案和各科课程标准以及出版新教材，到分省区进入新课程实验，到 2012 年最后一个省进入新课程实验，一共经历了 12 年时间。2014 年，国务院发布《关于深化考试招生制度改革的实施意见》，启动上海、浙江高考综合改革试点。2017 年，四省进入高考综合改革试点。中国内地所有普通高中都已经经历或者将要经历这两大改革，每一所高中的校本改革都或多或少地在呼应它们，几乎没有完全原地踏步的学校。真正使各校有所区别的，是面对改革时所选择的改革方式。

从总体上来看，我们可以把改革方式分为两大类，一类是模仿型，一类是探索型。模仿型学校倾向于使用不需深究的方法或技术，聚焦于末梢位置的改革，如改革课堂教学流程或者学生座位样式而不深入涉及影响课堂教学效果的其他更深层因素。这种类型的学校往往以不变应万变，核心课程、教师专业发展方式和学生学习方式改变甚少，但是国家或者地方改革所要求的核心概念却都齐全。探索型学校倾向于选择困难的任务：或者是转变体制机制的难题，或者是教师专业能力提升的难题，或者是面向育人模式转型的课程体系建设的难题，等等。如果以一年为改革周期，往往这两种改革方式不会有明显的区别。但是如果假以时日，比如五年，两种方式的效果就会呈现出天壤之别。这是因为模仿型的改革没有挑战师生既有的能力和习惯，改革的相关者主要是在既有能力范畴内很努力地进行添加式改革。探索型改革直面的是师生能力提升的难题，或是体制机制的突破等的难题，一开始会十分艰难并且不容易产生明显的效果，但假以时日，各项看起来微小的努力会产生复利效应[①]，几年之后，选择不同改革方式的学校就会呈现出巨大的差异。

---

① 成甲在其著作《好好学习》中指出，复利的本质是做事情 A，会导致结果 B，而结果 B 又会加强 A，不断循环。

校长领导教师们对本校教育改革方式进行诚实的梳理，是学校找到并规划下一步改革路径的前提条件。"诚实的梳理"意味着不仅要尊重学校的历史，而且还能发现学校当下各项工作运行背后的操作系统。以天津市首批 24 所特色高中最近五六年进行的学校特色建设①为例，学校都成立了特色学校建设的相关组织，明确了分工，建立了特色学校建设的相关制度，并通过课题研究和协同创新推进特色建设；重视课程建设，校本课程开发比较丰富；非常重视课堂教学改革，比较普遍的做法是在教学的模式和方法上进行改革，寻求构建适合学校的课堂教学模式；比以往更加重视教师专业发展，积极为教师发展搭建平台，制定教师发展规划，注重教师团队培养以及通过评价改革引领教师发展；注重学生社团建设，社团数量多，类型多样，以学生为主进行组织管理。② 以上这些是天津市首批特色高中经过努力之后所取得的成就，促进了学校育人模式的持续优化，但是如果考察这些学校的改革方式，会发现相当一些学校在阶段性改革中，底层的操作系统具有如下特征。

第一，校本的各项改革措施是分离的，学校的主要工作维度之间没有形成互相支持、互相强化的关系。例如，校本课程建设与课堂教学改革由不同的中层部门主持，分别进行。

第二，主要改革措施的创新性不突出，而且往往不是聚焦关键的维度进行改革，没有聚焦教师和学生持续的能力建设。例如，在进行课堂教学改革的时候，把主要精力放在设计并实施教学模式上，而没有聚焦教师能力提升的学科建设，如教研组长能力建设、教研整体改革措施上。

---

① 为了促进普通高中由标准化、规范化向高质量有特色发展，"十二五"时期，天津市教委在全市范围内分三批创建 50 所特色普通高中。2011 年 4 月下发《关于印发"2011 年天津市特色高中建设实施方案"的通知》(津教委〔2011〕39 号)，开展首批特色高中的申报。11 月 26 日，市教委下发《关于批准天津市 24 所普通高中启动天津市特色高中实验项目的通知》(津教委〔2011〕148号)，正式批准天津市首批 24 所普通高中启动天津市特色高中实验项目。2013 年 4 月，市教委下发《市教委关于批准天津市 12 所普通高中启动天津市第二批特色高中实验项目的通知》(津教委〔2013〕14 号)，批准 12 所学校启动第二批特色高中实验项目。2014 年 6 月，市教委下发《市教委关于批准天津市 14 所普通高中启动天津市第三批特色高中实验项目的通知》(津教委办〔2014〕61号)，14 所高中启动了第三批特色高中实验项目。至此，50 所普通高中开展特色高中实验项目。

② 陈雨亭等：《普通高中特色发展的深化路径研究》，载《上海教育科研》，2016(12)。

第三，忽视持续的资源建设。有效的改革需要方向正确，小步子，勤迭代。每一次迭代都要用行动研究的方式，有效记录所使用的行动策略、行动各方的反应和阶段性反思。一次较大的创新往往是由一系列迭代构成的。假如注重了过程的记录与反思，就意味着学校有资源建设的意识。以这种方式持续进行改革的学校，积累了丰富的改革资源，不仅本校的创新会越来越容易，而且还会惠及以其为榜样的其他学校。但是，总体上来看，学校往往仅重视积累诸如启动方案之类的资料，却缺乏操作性和反思性的翔实的过程性资料，导致积累的众多资料日后利用的价值很小。

### （二）教育目标需要校本具体化解读

"立德树人"是我国各级各类学校的教育目标，既是当下教育发展的愿景，也是开展教育活动的要求。但是它是一个"抽象"的目标，在学校层面，到底怎样才算是在落实"立德树人"，必须有"具体"的解读。这个"具体"的解读表现为学校发展的各类规划或计划以及确保这些规划或计划实施的措施。就是说在学校层面，无论是学校发展的目标，还是对当下学校改革出发情境以及过程性管理与领导方式的描述，都应该是"具体"的。

"具体"意味着对愿景或措施的描述与活生生的教师或者学生相关，是每一位学生、每一位教师在本校的学习和工作状态，而不是口号的堆积。"具体"应该成为我们研制各种发展规划时必须首先考虑的前提，否则我们很容易把抽象的口号作为对更抽象的口号的解决方案，营造已经或正在解决问题的错觉。戴维·史密斯曾经在21世纪初这样评价北美的主流教师教育："在关心儿童的名义下，当代北美教师教育最显著的事情也许就是……处于认知、发展和成就等理性主义的、抽象的话语覆盖之下，我们已经忘记了儿童。"[①]在"为了儿童"的口号中忘记了儿童，并不是幽默或调侃。

在学校情境中，"立德树人"指的是学校创造丰富、真实的教育情境，在实践中培养学生21世纪的品德与素养，因此它的校本具体化表达聚焦"情境"与"实践"。我

---

① ［美］威廉·派纳等：《理解课程》，张华等译，452页，北京，教育科学出版社，2003。

们可以借用"工"字来加以说明。"工"字的上面一横指的是学校发展的阶段性规划，例如，学校发展三年规划或者五年规划，或者是某一个学校需要集中一段时间、精力进行攻关的发展维度。这条边需要从一个个具体的学生或教师的角度进行"具体性"检验。例如，如果学校课程规划中设计了一项发展"STEAM"的计划，那么就要问以下问题："哪些学生有机会参与 steam 课程？""除了购买 steam 课程所需的设备外，学校还投入了什么来开发对应的软资源？""如果不是每一个学生都有机会，那么那些不能参与的学生是什么原因？他们有参与其他课程的机会吗？"⋯⋯这样问一系列指向具体的问题，学校发展规划就有很大的可能植根于具体。

"工"字的下面一横是对当下校本发展状况的诊断与描述。这是进行校本改革的基础。了解了从哪里出发，才能迈出走向理想的第一步。但是，情境中的人理解自己所处的情境非常困难，必须借助于参照系的改变。如果参照系不变，则基本上看不到改革的切入点。参照系可以是同行的创新；可以是借用新的分析工具（例如大数据分析或者小数据挖掘）获得的新洞见；可以是邀请相关领域专家帮助诊断。改革的前提条件是看到问题，承认存在问题。

"工"字的竖是校本改革的策略以及使这些策略得以实施的资源配置方式改革。校本改革策略类似于智能手机里的 App，而资源配置方式类似于手机的操作系统。App 的运行状况受制于操作系统，学校的校本改革受制于资源配置方式。很多学校在校本改革的过程中，过于强调策略改革，而忽视资源配置方式的改革，就像我们经常看到有人把飞机的翅膀装在拖拉机的轮子上一样。

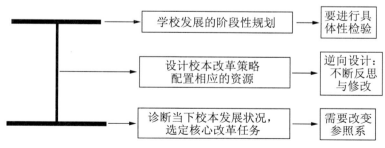

学校战备规划与实施的"工字"模型

"工"字的三画共同构成了一所学校校本改革的战略规划与实施过程，是学校改革与发展的基本功。过去十多年来，我们看到，若干在校本改革方面取得成效的学校，都是在基本功的稳步建设与推进上努力，而非聚焦奇招。

### (三)学校整体改革的内涵与基本原则

所谓学校整体改革，就是在教育环境迅速变化的时代背景下，校长领导学校及时更新学生培养目标，从现实问题出发，以整合、动态和系统的原则整体设计改革路径，聚焦师生能力建设和课程资源建设，在教师、课程、教学、管理等各个重要方面进行持续革新，使这些方面能够在横向和纵向上相互衔接、相互支持、相互推动，从而建立起学校持续发展的机制。

整合、动态和系统是学校整体改革设计行动策略时所遵循的三个基本原则。整合指的是学校改革总是发生在一定基础上，针对业已存在的多样的教育实践样态进行，因此需要通过能够使零散、多样的实践彼此衔接、互相支持的方式重新组合，最终形成有效、协同、有整体感的工作方式。动态指的是学校整体改革具有行动研究的特征，需要在复杂的情境中设计行动策略，推动行动的发生，然后记录和观察行动策略的实施过程，及时进行反思与修正。系统指的是学校的主要工作发生在一个复杂、相互影响的关系网络中，因此任何一个单项改革举措的设计都要充分考虑它赖以发挥作用的网络。

秉持"整合、动态和系统"观点的校长，不大可能采用自上而下的控制式的改革方式。他们相信，尽可能简化操作流程从而让系统中的人不用学习、不用思考就能照搬的改革方式不可能真正有效。学校教育的专业性和复杂性使得校长必须激励系统中的每一个人都参与、理解、行动。

学校整体改革，是一系列酝酿、设计、尝试、行动、反思、再行动的过程，是一系列革新发生的过程。革新指的是"进程中的一个显著变化，旨在更有效地实现组织目标或者促进新目标确立的制度或组织"[1]。是否有革新发生，是反思和评价学校整体改革效果的标准。

以校本教研的整体改革为例，校长要亲自领导，把教研改革的指挥部设在校长室，对课堂教学、教师发展、教研和科研、学科建设、针对性阅读等进行整体设计，

---

① 　Fullan，M，*The New Meaning of Educational Change*，3rd edn，London，Routledge/Falmer，2001，p. 87.

互相支持，互相推动。鼓励、团结所有教师自始至终参与到改革的过程中来，一起发现问题、寻求理论帮助、尝试新的教学方式并开发相应的教与学的工具，在一起改革中逐步加深对课堂教学方式创新的深度理解。之所以要进行整体改革，是因为所有与教学有关的行动都内在关联着。比如，邀请专家指导，不是让专家给出正确答案或者操作流程，而是专家首先要与教师一起诊断，然后再和校内教师研究团队一起研究怎样改革。教学方式的改革绝不仅仅是开发小组合作技术和课堂管理技术这么简单。它至少与以下因素息息相关：如何确定学科核心素养框架和培养路线图？如何对学情进行针对性分析？如何确定与分解单元目标？如何确定清晰明确的课堂教学目标？如何设计能帮助学生自己炼制知识的教学流程？如何设计稳定的、学生长期使用的学习工具？如何营造积极的学习文化，比如提高课堂学习的参与度？

### （四）重建校本整体改革的关键路径

最近十多年来，很多学校进行了各种各样的校本改革，改革的地下室里已经积累了很多经验。梳理与反思这些经验是我们下一步改革的起点。总体而言，由于缺乏持续的、针对性的专业支持，很多学校采用了零打碎敲的改革方式。这种方式对于添加式的改革来说是有效的，例如当学校从无到有开发校本课程的时候，或者当学校从很少有对课堂教学的要求到开始干预课堂时。但是当添加式改革进行一段时间之后，这种零碎的改革就很难再起作用了。目标不具体、目标没有落实到课程与教学的层面、没有同时设计相应的评价改革等，都会导致改革无法产生可持续的效果。

在走向深入进行校本改革的历史阶段，关键路径应该从研究制约学校发展的最困难的障碍开始，判断、选定核心任务—对阶段性任务的完成进行逆向设计—设计关键路径—匹配相应的资源—不断进行反思与修改。

例如，对很多学校来说，当下最困难的是真正转变育人模式，转变育人模式的瓶颈在教师教学方式的转变，转变教学方式的瓶颈在教师从观念到实践的一系列转变，概括起来就是教师要从"为考试而教"转向"为素养而教"，其中需要做出的关键改变有两个：一是教师从灌输式应试教学走向聚焦追求理解的教学设计；二是学生要从知识的被动接受者转变成为主动学习者。为了促成这两个关键改变的发生，学校需要首先进行校本教研的整体改革，把教研和教学进行整体性设计，然后进行相应的资源配置。

关键路径看上去很简约，但是在一个真实的学校改革情境中，操作起来却十分复杂，需要一系列问题的引导才能理清思路。以考试学科的教学改革为例，学校在发动改革之前需要回答以下问题。

第一，如何使教师能够集体地、专业地研究教什么，怎么教之后，再进入课堂？怎样才能真正实现"基于课程标准"的教学？怎样才能把跨学科的核心能力和学科核心能力内化到教学设计中？怎样在教师进行单元教学设计之前进行真正的学情调查和分析？单元设计时怎样实现"用教材教"？怎样才能让学生拥有自主的时间进行连贯的学习？

第二，怎样才能使每一位教师有逆向设计的意识，每一个单元甚至每一节课开始之前首先进行评价设计（真实表现性任务），然后根据评价设计开始设计教学流程？

"逆向设计"是威金斯团队提出的一个重要概念，指的是教师在进行教学设计之初，就要阐明预期结果，即学习的优先次序，以及根据学习目标所要求或暗含的表现性行为来设计课程。它包含三个阶段：确定预期结果、确定合适的评估证据、设计学习体验和教学。① 逆向设计是过去几年进行教学改革时，普遍被我们忽视的教学设计原理。对于在自己的学习和工作经验中缺乏"为素养而教"的经验的教师而言，怎样才能帮助他们进行如此的专业研究与设计呢？

第三，学生在真实的情境中主动加工知识才能产生深度学习，然而教师在自己并未有相关学习经验的情况下，怎样才能设计出真实的情境以及学生用于加工知识的学习工具？

随着对以上这类问题的追问，改革的具体措施就会慢慢浮现出来。

### （五）整体改革的实践维度

整体改革也是一种改革的思维方式。当一所学校成为改革主体以后，可以在任意一个时间节点上采取行动。它是一种改革的态度，而非某种现实的准备状态；它尊重学校既有的现实，寻求的是渐进式的针对性改革；它在众多改革线索中择出关

---

① ［美］格兰特·威金斯、杰伊·麦克泰格：《追求理解的教学设计》（第二版），闫寒冰等译，上海，华东师范大学出版社，2017。

键的少数几个维度，用整合、动态和系统的思维方式进行整体改革。

**1. 校本教研的整体改革**①

对学校层面规划提升教师教育力的整体改革措施而言，最简约的框架才可操作。特别是在教学改革的转型期，教师需要用较多的时间，在较多的情境下，尝试、实践、思考与讨论较少的关键性教学问题，才能真正提升自己的教育力。在最近几年的针对课堂教学的调研中，我发现应该首先重视聚焦以下两个问题的教研整体改革。

（1）确定清晰明确的教学目标。

随着课程标准的修订和为素养而教的提出，学校需要组织教师以教研组和备课组为单位专门研究如何确定清晰明确的教学目标。不仅确定学生学习之后行为或者能力的变化，如何找到测量变化的证据，在具体的教学过程中真正落实已确定的教学目标，而且要把确定教学目标的研究任务置于一个研究与确定"教什么"的系统之中，进行学年教学全程化研究。这个学校教研层面研究"教什么"的系统，主要包括五个方面。

第一步，是研究学科课程标准，重点研读本学科的学段学习总目标。这一方面应该是教研组设计全校学科教研活动的重要内容。它为教师设计具体的单元目标和课时目标提供整体框架。我在学校调研时，判断这一方面的校本教研状况时，我通常会看看学科教研计划中，是否设计了专门的课标学习时间，学习内容是什么。例如，如果一所学校的学科组只列出了课标学习，但是却没有对课标组核心专家或者本学科有影响力的专家型教师的相关论文、著作的学习内容，就基本可以判断该校对课标的学习不会很深入。

第二步，确定学科核心素养框架和培养的路线图。根据学科课程标准和本校学生的具体情况，把学科核心素养的内容框架和着力培养的时间进行横向和纵向的分布，确保把本学段应该培养的学科核心素养落实到具体的课时目标中。

第三步，对学情进行针对性分析。在每一个学习单元开始前，教师都需要使用专门的学习工具对学生的先期知识、与生活中相关观念的匹配情况等进行调查，以便对教学中可能遇到的障碍做出预估。

---

① 详细论述见本书"我的行动研究部分"的"教师教育力的养成维度"。

第四步，确定单元目标。

第五步，确定课时目标。

学校在制定三年规划时，可以把以上五个步骤作为提升本校教师教育力第一阶段的重点，在教研计划、课题研究内容、课堂教学改革中分别进行有关联的渗透和体现，以便逐渐建构一种教师在日常教育实践中持续进行针对性研究的氛围。

(2)设计能帮助学生不断加工知识的教学流程和学习工具。

一个教学流程的好与差，不能用一个模子来衡量，而应该看这个教学流程背后的设计理念。教师是秉持"灌输"的理念还是"学生主动加工知识"的理念，从教学设计中便能够分辨出来。教师们在教研中应该致力于研讨、设计能够保证学生拥有主动加工知识的机会，重点要放在确定精确的教学目标、根据针对性学情分析预估学生的学习障碍以及加工知识所需要的学习工具上。学习工具是教师选择或者设计的供学生在加工知识时使用的模板或流程。学生的学科核心素养只有在自己使用合适的学习工具主动学习的过程中才能逐渐形成。但是现实的困难是，教师们非常缺乏设计学习工具的经验。这一点在设计教研活动计划时必须予以特别的重视，例如，可以采用体验式培训或者针对性阅读来解决。

**2. 学校课程的整体构建**

那些已经有几年进行校本课程开发和实施经验的学校，已经普遍进入一个瓶颈期。一方面，学校虽然已经形成了初具特色的课程群，但是形成相对完整并且体现学校特色的课程体系并不多见；另一方面，学科教学与校本课程的内在关系没有打通、理顺，因此很难较好地处理校本课程的实践性和学术性的关系。教师开发课程经验的缺乏、时间的缺乏、应试的压力等，使得校长领导学校进一步提升校本课程质量的努力举步维艰。如果校长不在整体构建学校课程上下功夫，就几乎没有解决之道。

学校课程的整体构建，指的是学校把自己视为学校课程构建的主体，在对与学校课程有关的主要影响维度进行针对性分析的基础上，确定学校课程建设的关键目标和关键举措，然后整体动员学校资源加以支持，逐步向关键目标靠近。在这个过程中，有的学校会采用"破坏性创新"的策略，完全打破过去的课程构建方式。例如，潍坊高新区钢城现代学校，为了改变三所农村学校合并、生源流失严重的现状，决定从给孩子一个丰富多彩的世界入手。他们改变了传统的先根据教科书安排教学活动，最后通过测试等手段评估教学成绩的方式，开发了 UDP 课程框架。UDP 指的是通过实践发展理解力(Understanding Development by Practice)，是一种先确定教学目标，然后设计目标达成的证据，最后根据目标与证据再设计教学流程和教学方式的新模式。它打破学科边界，围绕"我与自然""我与社会""我与自己"三个超学科主题，对教学内容和学生学习方式进行设计。[①] UDP 课程属于典型的创造性破坏改革，新的课程形式与过去完全不同。有的学校采用"创造性再结合"策略，辨别系统中存在的并可以修正的元素进行重新部署，整合出新的结构。[②] 例如，重庆谢家湾小学的小梅花课程，就是创造了让教师的兴趣和特长有自主结合起来的机会，最终构建了一种虽然不是革命性但是却在教师和课程的核心成分之间建立了有机链接的体系。

整体构建学校课程，既可以采用革命性破坏的方式，也可以采用创造性再整合的方式。方式的选择取决于学校领导团队对学校准备状态的判断和未来发展走向的设计。从当下我国基础教育各学段学校的课程建设情况来看，两种构建方式都有若干成功的案例。

不管学校处于怎样的发展阶段，在进行学校课程的整体改革时，都应该对以下三个问题有所回应。

首先，研发学校课程建设方案。开齐、开全国家课程标准要求的必修和选修课程，基于本校特色和学生的特点，对其中的内容进行合理调整。对于课程方案中给学校留下的开发地方课程和校本课程的机会，应该找到适合地域特点、学校教师特长、学生兴趣的切入点，开发出足够的高质量课程。

其次，校本课程开发的重点应该放在对学生学习方式的转变上，以便使校本课程能够培养学生的思维能力。学校之所以被鼓励尽可能开发丰富的课程，是因为只有丰富，学生才能更自由、更自主地选择自己愿意投入其中的课程。然而，强调课程的丰富性，绝不只是为了迎合学生的兴趣和选择，而是要通过教师和学生都感兴

---

① 臧秀霞：《一门受到"质疑"的课程——山东省潍坊高新区钢城现代学校 UDP 课程实施纪实》，载《中国民族教育》，2016(8)。

② 转引自迈克尔·富兰、彼得·希尔、卡梅尔·克瑞沃拉：《突破》，孙静萍、刘继安译，北京，教育科学出版社，2009。

趣的课程来培养学生的思维能力。评判校本课程品质的主要标准应该放在它们培养学生思维能力的程度上，而非开设的数量或者类别上。聚焦思维能力的培养，意味着学校应该努力研发所开发课程的学习方式，努力培养学生的思考方式、产品意识、探究能力。

最后，建设一批稳定度和可信度高的校本课程。如果一所学校建设有一批稳定度和可信度均高的校本课程，那么综合素质评价就能够在记录与促进学生的发展过程中发挥更大的作用。以天津为例，天津在新高考改革的配套综合素质评价方案中，提出"学校要把学生综合素质评价与学校常规工作结合起来，将办学特色和学生身心发展统一起来"①。这里提到的"结合"与"统一"，需要中介性因素的介入，否则没有抓手可以做到"结合"和"统一"。目前来看，学校中能做"结合"和"统一"抓手的最可操作的就是稳定度和可信度高的校本课程。所谓"稳定度和可信度高"，指的是学校所提供的校本课程，在教学内容、课型与教学方式、评价标准、学生学习情况记录等方面具有稳定的、专业的设计与实施，能真正反映学生思维和品格的状况，因此学生修习某课程的过程情况和修习学分可以作为对学生综合素质发展评价的证据。校本课程丰富性、稳定性、可信度的建设过程，依赖于学校特色和学科组建设的水平。

### 3. 学校制度及资源配置的针对性创新

（1）围绕"成事"进行制度设计和资源配置。

在实施校本整体改革的学校，学校制度以及资源配置不是单独实施的某项改革，而是为改革发生所进行的支持性革新，是将学校看作一个自我启动进化进程的有机体，一切围绕"成事"来进行配置。这是一种逆向设计的工作思路，进程中要围绕长期目标和分解目标设计与实施针对性的措施。

例如，要进行校本教研的整体改革，其中一个分解目标是进行学科建设。对学科建设进行逆向设计的时候，培养学科带头人就会被列为第一项必须实施的任务。要成就"培养学科带头人"这件"事"，校长需要在以下几个维度开展工作：首先，在相关领域内调动一部分资源，如制定备课组长和教研组长遴选和工作职责方案，确

---

① 《天津市普通高中学生综合素质评价实施办法》，津教委〔2016〕18 号。

保把优秀又有奉献精神的教师分布到备课组长和教研组长的职位上去；第二，制定学科带头人的校本培训三年规划方案，设计体验式培训和针对性阅读计划（针对培训专题精选的论文或者著作），把每次培训设计为既是专题培训，又是教研观摩活动，使学科带头人能够在有限的时间内获得最大可能的发展；第三，制定学科建设的计划，教研组长带领学科组进行学科建设三年规划，并据此设计最近的年度教研计划，要求体现出对学科组现状的诊断和未来发展的操作性措施；第四，建立校际研究共同体，为学科带头人搭建校外学科带头人对话的平台。

在上述学科带头人的校本培养案例中，学校在为学科带头人配置资源的过程中，必须把添加式的培训内容与当下日常教研能力的提升结合在一起进行，否则难以产生真正的有效性，因此制度和资源配置就围绕"怎样做才能有效提升学科带头人的专业领导力"展开，在这个过程中，学校领导层会充分思考各主要措施与学校其他工作之间相互影响的关系。

（2）多维度、可持续地开展校本改革。

以整体改革的方式开展校本改革，面对的主要困难是一切聚焦"应试"的既成思维方式和工作习惯。一切围绕"应试"，是一种单维度的发展方式，只抓住一个维度来思考和解决问题，而不顾及其他维度的发展，实质上是一种不可持续的思考和工作模式。

在人工智能飞速发展、世界竞争力越来越体现为创造力竞争的时代，在人的发展越来越倾向于超级个体的时代，在人越来越寻求生命意义的时代，学校聚焦单一应试维度的发展方式会导致低水平的过度竞争，带来教师和学生均缺乏动力的后果。

学校整体改革在进行制度和资源配置创新的时候，以"成事"为目标，多维度思考与设计教师和学生的发展。这样做，也许步子会慢一点，也许过程会更加复杂一些，但是假以时日，整体改革带来的师生能力建设、社会兴趣提升和成功感觉会发挥合力。

在学校进行整体改革的过程中，教育主管部门提供自由的环境和支持的氛围，是支持者而非发号施令者。这就像是在高中理化生的实验教学中，教师要做的不是自己设计实验过程让学生照着做，而是把各种必要的实验材料放在学生的手边，让学生像科学家那样，自主体验从设计到实施到反思的探究全过程，逐步形成探究能力。每一层级领导者的领导方式，都应该从整体改革入手，最终促进每一个个体的自我转变。在这个过程中，我们所有人都需要转变，而不是仅仅让教师或者学生转变。

总之，从现实问题出发——而非从概念出发——才是学校整体改革的原点。而从现实问题出发，就意味着校长和教师不能把研究现实问题突围路径的责任外包给别人。改革的过程十分复杂，必须说服多重利益相关者，让他们认同并支持学校的改革。而多重利益相关者有不同的教育观点和不同的利益诉求，学校需要在核心价值观的引领下，用未来对人才需求的变化和对教育改革的呼唤来说服，走整体改革之路。

### （六）一个改革案例：UDP 课程的实践路径分析

以已经在北京、潍坊、德州、威海、滨州、岳阳等地十几所学校开展实验的 UDP 课程[①]为例，在小学阶段，它实施的是超学科的主题学习方式，打破学科边界，围绕"我与自然""我与社会""我与自己"三个超学科主题展开学习活动。它是一套以教师进行集体单元备课设计、学生在真实情境中进行深度探究的整体改革方案。

以小学的 UDP 课程为例，集体备课安排在暑假期间，培训与集体备课一体化同时进行，培训团队创设的集体备课情境与教师将要在自己教室里开展的 UDP 教学十分相似，即备课是一种真实的课堂情境，五天培训时间里，培训团队要与接受培训的教师一起备出一个学期三个单元的单元设计。备课使用 UDP 单元备课模板，包括四个阶段。第一阶

---

① 关于 UDP 课程的详细报道，请参考褚清源：《理想的课程是这样生产的——山东潍坊 UDP 课程框架本土创生记》，载《中国教师报》，2017-11-15。

段：目标——学生将获得什么样的学习结果？这一阶段要确定超学科的探究范围，聚合概念和单元网，学生将要达成的理解，设计怎样的引导性问题，学生将探究哪些概念性问题、激发性问题和事实性问题，将要获得哪些知识和技能。第二阶段：评价——如何收集证据以确定学生达到既定学习结果的程度？这里使用逆向设计的教学设计原则，确定学生需要完成的真实表现性任务以证明自己理解了所学的内容或者获得了关键知识和技能，为这个真实表现性任务的评价设计评价量规、其他评价证据以及学生本人的自我检查和自我评价。第三阶段：实施——哪些学习经验将表现出学生达到既定的学习结果？这一阶段设计学生的学习体验以及相应的学习工具，如各种记录表、思维导图、探究任务单等。第四阶段：反思——哪些问题或事件值得我们记录并改进？这一阶段留待教学进行过程中填写，供教师不断反思与改进。

UDP 课程通过创新教师培训和教学设计，运用一系列的工具和方法，通过观念聚合、逆向设计、真实情境和深度探究，围绕"我与自然""我与社会""我与自己"，把知识结构和过程结构统合起来，用设计思维改变教与学，从学习内容、教学方式、组织架构、学习环境四个方面对教与学进行系统化重构，引导学生进行深度探究，激发学生求知欲望，让学生的学习变得有趣有用，实现发展学生理解力的目标。

以上是 UDP 课程的主要设计。对一所学校的校本整体改革而言，仅仅选择 UDP 课程并重视对教师的针对性培训并不能达到整体改革的效果。要使 UDP 课程改革取得成效，还必须进行相应的操作系统改革。例如，教师配置方式完全不同了，小学采用包班制，一个主班老师，一个副班老师，副班老师是主班老师的助手，协助主班老师完成带领学生学习的任务。这需要对学校的教师配置方式进行跨度较大的改革。UDP 课程要求小班额；要求教室是资源教室，是学生学习、探究、分享、展示的场所，要有相应的资源支持；要求学校与家长和社区建立更加紧密的关系，把家庭和社区变成学生进行相应学习的场所；等等。

最近三年来参加 UDP 课程实验的学

校，其实经历的是一个解放的过程——校长等领导团队的解放、教师的解放和学生的解放。解放是一个回到原点的过程，每一个位置上的人聚焦自己最应该做的工作，不越俎代庖。研究者以对话的态度参与到课程开发的过程中来，教师聚焦教学设计，校长等领导团队聚焦资源配置，学生聚焦深度探究式学习。没有人充当传教士，只对别人进行理智殖民。理智殖民者的兴趣"是对一个人的领域中未开化的区域进行殖民化"①。

总之，什么样的学校可以称之为很好地落实了立德树人育人目标的学校，在我看来，不是设施的升级或者"甜点"的改进，而是以"正餐"的不断迭代为标志的整体改革，聚焦育人模式的转变，研发备课工具，提升教师培训的有效性，配置相应的资源，在真实的情境中为素养而教。

# 七、学校整体改革过程中的反思能力建设

刚刚成为改革主体不久的学校，在进行改革的时候，无论理念还是实践都有可能出现方向错误、过程管理不足或者配套评判标准缺失的问题，影响改革理念的实施和深化。因此，学校在进行教育改革的过程中，必须同时努力进行反思能力建设。

## (一)学校教育改革需要进行反思能力建设

在打算进行校本改革之前，很多学校会选择去改革名校看一看，学习一下同行是如何进行改革的，特别是前几年教学模式风靡全国时。那些当时全国闻名的教学模式一般都是由校长所领导，在提高考试分数的强烈愿望下，从本校教师教学行为的转变入手，采用改变学生课堂学习状态的方法进行的。在改革的过程中，它们一直是教育报纸、杂志、会议等对话平台讨论的热点。全国各地的中小学校长和老师掀起了赴改革名校考察学习的热潮，学习之后有的认为取到了真经，马上进行模仿性改革；有的认为这些名校的改革具有明显的校本特征，不具有普

---

① Pinar, William F, *Autobiography, politics and sexuality：Essays in curriculum theory* 1972-1992，New York，Peter Lang，1994，p. 120.

适性。

其实，这些饥渴的学习主要集中在外部行为上，很少对改革的内在原理进行深刻的反思，而且带有明显的功利色彩。人们饥渴地去学习那些据说能够快速提高考试成绩的教学模式、教学方法，但是却并不下力气研究这些具体模式或方法背后的理念和规律，而且也不关注经验的创造者对它们的反思性理解和态度，而这些理解和态度却是个体获得意义的最重要途径。就如舒茨所指出的："意义并不存在于经验之中。相反，只有经过反思性理解的经验才是有意义的。这种意义存在于'自我'看待其经验的方式。意义存在于'自我'对那些已经涌现的意义流的态度之中。"①

如果把一所学校的教育改革探索看作一个案例，那么它们的经验可以分为两部分，一部分体现为某种教学模式或者策略的具体做法，另一部分是这些具体做法背后的理念。在把理念转化为具体做法的过程中，学校的过程管理起着至关重要的作用。"理念、校本策略和过程管理"共同构成了学校的改革经验。但是，不管是在教育研究领域，还是在教育实践领域，都普遍存在着对理念和过程管理反思不足的问题。而向实践型榜样学习的途径应该是，在观摩了具体方法之后，再探究并揭示出方法背后所依据的理念和保证这种理念转化为实践的过程管理措施。校本策略和过程管理是情境性的，是根据某所学校具体的师资、生源、教育资源等要素开发出来的，因此它们未必具有普适性。但是，这些教学和管理策略背后所依据的教育学、心理学、管理学、教学论等规律却具有普适性特征，一旦人们在观摩榜样学校的过程中，真正学习和领悟到了这些规律，就有可能在他们自己的学校情境中进行适切的改革。只有以这种方式向改革名校学习，它们才能真正发挥榜样作用。就是说，借鉴先进经验要和学习相应理论结合，要以理论为指导，更要和本校实际结合。而且，借鉴不是简单机械照相式的复制，而是在结合本校实际基础上的创生。

另一方面，对那些已经有相当名气的校长或教师本人来说，需要经常进行诚实

---

① Grumet，Madeleine R. Existential and Phenomenological Foundations of Autobiographical Methods，In William F. Pinar and William M. Reynolds(eds)，*Understanding Curriculum as Phenomenological and Deconstructed Text*，New York，Teachers College Press，1992.

的自我反思，否则，就有过早陷入"功成名就"心理陷阱的危险，把主要精力用于为自己的立场和实践策略辩护，进入"被捕状态"——自己成为自己的俘虏。如果他们能够养成反思的习惯，就会不断超越自我，行走在徐碧美所描绘的"自我极限的边缘"。①

在推进校本改革的过程中，面对一些改革的新思路，有些学校不是进行研究性改革，而是满足于做表面化的尝试。例如，在特色高中建设过程中，有些学校把特色理解为学校的某个特色项目，有些则理解为空降一个理念；在促进教师专业发展、学生全面发展的校本评价改革过程中，有些学校也仅仅满足于为教师和学生设计成长档案袋以及构建一些表面化的措施。他们之所以热衷于做表面的工作，主要是因为受自己能力和经历的局限，没有在人才培养模式的变革、影响课堂教学效果的支持环境、学科教学知识（PCK）等方面进行持续、深入的校本探索，因此不可能创造出真正产生影响力的改革经验。这已经成为当前在学校层面深化教育改革的主要障碍。因此，在教育实践中，我们需要及时进行反思，以便发现、承认并下大力气解决瓶颈性问题。只有这样，才能形成改革的良好机制。然而，并非具有自我反思的意向就能够有效地进行反思并继而加以改进。就校长或教师而言，有效反思是一种不断成长中的能力，需要他们不仅掌握反思的工具，把握反思的方向，而且要提升进行鉴别、评议和评判的理性思维能力、形成与之配套的常规和制度。

教育改革是一个摸索着前行的过程，就如米兰·昆德拉所说过的："人是在雾中前行的人。但是当他向后望去，判断过去的人们的时候，他看不见道路上任何雾。他的现在，曾是那些人的未来，他们的道路在他看来完全明朗，它的全部范围清晰可见。朝后看，人看见道路，看见人们向前行走，看见他们的错误，但是雾已不在那里。然而，所有的人们，海德格尔，马雅可夫斯基……他们过去都走在雾中……看不见马雅可夫斯基道路上的雾，就是忘记了什么是人，忘记了我们自己是什么。"②我们的改革在雾中前行，因此特别需要经常性的反思来纠正那些在迷雾状态下可能出现偏差的理念或实践。

---

① 徐碧美：《追求卓越：教师专业发展案例研究》，北京，人民教育出版社，2003。
② ［捷］米兰·昆德拉：《被背叛的遗嘱》，孟湄译，222页，上海，上海人民出版社，1995。

### (二)反思能力建设的内涵及维度

"反思"是人类思维所独具的功能，是一种思维的自觉，是人不断自我超越的思维工具。从苏格拉底提出"认识你自己"之后，几千年来，无数哲学家、心理学家、社会学家、文学家费心竭力地探索认识自我的方法，使通往自我之顶峰的小径纵横交错，绵延不绝。就如倪梁康所说，在几千年思想运转中，"人类一再地摸索和徘徊于这个自知与无知的间域地带，并一再地通过这种方式而磨砺自己的精神"①。

"反思能力"就是个体在反思时主动使用理性思维的能力，就是说，反思不是从主观愿望出发，不仅仅拘泥于现象和意见，而是在理性地解释与评判过去的教育行为的基础上，及时调整现在的教育实践，以便为学生创造更好的成长环境。学校反思能力建设的目标是形成将反思贯穿于改革的谋划、实施、改进不断螺旋上升的全过程，由此使学校改革成为全员主动参与的理性发展过程。一般来说，学校的反思能力主要包括鉴别能力、评议能力和评判能力三个维度。

鉴别能力是指质疑、辨别的能力。在谋划校本改革的时候，校长和教师们要有质疑的习惯，冷静地反思当下流行的改革理念和措施。例如，如果我们对最近几年来涌现出的一些有名的教学模式或者教学特色学校进行认真鉴别，就会发现其中有一些并没有改变教师中心的传统教学本质，学生从预习到上课的每一个步骤和学习内容，都在教师的严格掌控内，自主学习的能力并没有得到明显提高。各种学习活动主要指向直接的考试内容，而与探究与体验有关的实验、研究性学习和实践活动则被弱化或者删除。教学形式上的巨大变化掩盖了本质上的未变。进行上述这样的鉴别能够帮助校长和教师们在纷繁复杂的现象中发现本质，从而避免把流行当真理的非理性实践。

评议能力是指经议论而评定理念或实践之优劣的能力。学校要通过组织各种形式的教师同伴研修活动，把反思置于对改革理念进行逐渐渗透，对操作步骤进行设计、尝试与修改的全过程。就是说，改革过程中的反思，所有参与改革的人都应该主动进行，而不是一部分人主动反思，另一部分人被动实施。在那些校本改革比较

---

① 倪梁康：《自识与反思——近代西方哲学的基本问题》，697 页，北京，商务印书馆，2002。

成功的学校，教师们通过听课、评课等议论形式，深度反思自己和同伴所持教育理念和实践的优劣得失。这种自下而上推进改革的反思方式，是民主的行动研究过程，是全校教师与自我、同事、校外同行以及教育理论的对话、互动过程，是各层面的改革措施逐渐澄明的过程。校本评议能力建设也是学校制度建设的有机组成部分。只有把校本同伴研修的组织、操作和评价形成制度，教师的评议习惯才能逐步养成，评议氛围才能创设成功。

评判能力是指制定与学校改革相适应的判定教师教育教学水平的标准和制度的能力，它是学校改革执行力的要素之一。教育改革过程中，最艰难的是改变教师们潜移默化之间形成的授受式教学"集体无意识"以及与此相适应的教学风俗习惯。要冲破这两者共同编织而成的传统教学之网，除了形成鉴别和评议的习惯和制度之外，还应该通过评判能力的建设，唤起、刺激与引导教师们反思自己的教育教学行为。有些学校下定改革的决心，设计了改革推进的步骤和流程，但是对改变课堂教学面貌却收效甚微，这是因为他们的改革执行力不够，没有同时重视设计和推行与改革理念相一致的评价标准与制度。例如，"怎样才算是一堂好课？""优秀教师的主要标准是什么？"起作用的标准是在多次评议性反思之后形成的，反映了学校改革的水平，是教师反思和修改自己的教育实践的参照标准。有了判断标准，再加上运作这些标准的适当制度，学校的改革理念和策略就能真正在微观、个性化的课堂上落到实处。

### (三)学校如何进行反思能力建设

在推进教育改革的过程中，学校应该把反思能力建设贯穿在全过程之中，以制度建设、研修网络建设、中层干部队伍领导力和专业力提升、有效反馈习惯培养、执行力贯彻等作为反思能力建设的主要途径。校本反思能力的建设，其实是立足校本情境，通过全员、全方位主动的校本学习和研究，以促进每一个个体的自我转变为着眼点，来逼近改革目标的改革方式。

#### 1. 以理论学习和具体观察培养鉴别能力

鉴别能力与人的理论素养和透过具体的教育现象看到本质的能力紧密相关。提升校长和教师鉴别能力的主要途径有两条：一是进行持续深入的理论学习；二是认真地观察师生具体的、活生生的学校生活。

　　理论的用处主要在于思想启蒙，不断地促进教育实际工作者在最根本的问题上追问自己，获得一种工作的方向意识、价值意识。① 理论为校长和教师提供了新的反思参照系。最近几年，致力于校本改革的校长和教师进行"理论学习"的热情很高，但是，很多人的学习主要局限于新课程改革的各种文本和名校的改革经验。这些都是能够较快学以致用、离实践最近的理论，但是它们的正确性和确切性，还有待历史的检验。如果仅仅学习这些，个人的鉴别能力将很难提高。校本改革过程中的学习，还应该指向经典的教育理论以及寻求真理和理解自我的知识。这样的知识往往使学习者远离功利，不强求学以致用，从自己感兴趣的领域出发，努力寻找理解自我、发展自我诸多可能性的途径，在此过程中，不断冲破影响个人发展的能力、社会和心理障碍。观察一些教育家的成长经历，我们会发现，他们中有的人从哲学出发，有的从教育学、心理学、社会学或者文学等入手，寻求理解教育的本质和彼时彼刻实现教育理想的可能路径。这些致力于求知的学习，正是校长和教师们作为公共知识分子的专业性之所在，是他们提升鉴别能力，拥有"慧眼"的根本路径。

　　旨在求知的理论学习将不断改变着校长和教师的参照系，使他们能够洞察自己管理或教学行为背后的理念，体验或预见到行为的意义，对管理或教学形成新的理解，从而重构自己的管理观、课程观和学生观。只有这样，他们在基于日常教育实践的改进而进行反思时，才能真正反思出所以然来，继而产生行为的转变。我们相信，世界上存在着一条有效的教育和教学的通道，这条通道是开放的，有很多方便的入口和出口。以学习提升反思质量的做法能够帮助我们迅速找到最近的入口，并在未来的行驶过程中不断进行自我监控，以保证方向正确，并且行驶在正确的车道上。

　　另一方面，抽象的改革目标必须在个人生活中找到根基才能真正变为现实。个体转型其实是个体在新的参照系下，通过回溯自己在职业生涯中的"过去"，展望可以预见的"未来"，从而更加明晰自己的"现在"并进行改进的过程。这个"现在"与改革目标之间的距离和矛盾会成为个体转型的契机。那么，如何鉴别与洞察"现在"的教育实践方式是否合适呢？把目光投向教师和学生具体的、活生生的生

---

　　① 　石中英：《教育学的文化性格》，太原，山西教育出版社，1999。

活就是好办法。如果抽象的改革理念在师生的日常学校生活中找到了相对应的具体改变，那么这样的改革就是有效的、适当的；否则，抽象理念就可能仅仅是改革的修辞。

观察学生如何学习

历史上很多著名的教育改革都是从每一个受教育者活生生的生活入手的。例如，在弗莱雷对农民进行扫盲教育时，他提出一个抽象概念"觉悟"作为解放教育学的核心词汇。在他的"解放教育学"的实践中，他不是用抽象的道理向农民灌输抽象概念的意义，而是把抽象概念与农民生活中的具体事件相联系，把社会的、政治的和经济中的矛盾问题置于个体的当前情境中，使农民很容易地理解这些抽象概念。只有这样，相应的解放实践才可能发生，农民才可能获得真正的解放。

进行教育改革的是特定情境中的校长、教师和学生们，因此他们具体的生活状况是进行反思的重要对象。校长和教师中的每一个人，都应该经常反思：受到我的教育实践直接影响的每一个人，他们的生活和个人发展都受到了哪些影响？他们的幸福感和自主性增加了吗？诸如此类的具体观察，有助于我们将反思的目标聚焦于我们个人行为所施与的对象，从而提升对改革措施适切性的鉴别能力。

**2. 以多元对话和研修制度建设培养评议能力**

在"盲人摸象"的故事中，盲人们每人摸到了大象庞大身躯的一个部位，然后在分享对大象的感觉时争吵不休，因为每个人都认为大象是他所摸到的样子。这则寓言故事启发人们看问题时不能以偏概全。但在现实生活中，又有谁能够真正建立起整体观念，不会犯以偏概全的错误呢？譬如对一座山的评价，我们似乎无论如何也不可能做到全面、"正确"的评价。巍峨的山，我们无法一瞥而见全貌；美丽的山，我们无法像诗人一样描绘它；富饶的山，我们无法像科学家一样研究它的物产和宝藏；难以攀登的山，我们无法像当地居民一样熟知它……那么如何丰富我对这座山的理解呢？唯一的捷径是参加到关于这座山的多元对话之中：我发表自己对它的看法，同时倾听其他人对它的看法。多元对话能够起到多棱镜的作用，多方位地折射出人们关于一个问题的观点，从而获得相对整体、全面的认识。

　　由于进行教育改革的校长和教师都十分忙碌，工作和生活往往局限于校本的小圈子，因此他们所进行的改革往往带有强烈的校本色彩或者个性色彩，如果不参加到多元的对话之中，没有机会充分倾听他人对同类改革的看法和做法，他们就无法在改革的进程中进行有效的反思，从而难以深化改革。

　　赵汀阳认为，"对话包括发言又包括倾听，发言和倾听应该构成不断循环和创新的思想过程，否则是无效益的对话。其中关键是倾听。我们倾听那些我们没看见而他人可能碰巧看见了的东西"[①]。重视倾听的对话帮助校长和教师在多元对话的情境中更深入地反思自己的"传记情境"，更好地确认自己的位置，避免使自己沉浸在某个角色中不能自拔。

　　多元对话氛围的创设需要构建有效的制度，以确保教师同伴研修能够发生。最近几年，在很多学校，同伴研修的形式已经丰富多样，如教研组活动、备课组活动、班级组教师活动、班主任小组活动、青年教师活动小组、骨干教师工程、各种形式的主题研修等。但是，因此，一方面，教师们由于需要参加各种研修活动以及完成研修作业而花费了大量时间，导致更加忙碌；另一方面，由于研修活动内容单调、各种研修活动之间没有内在的逻辑关系、缺乏有效的反馈等原因，而导致研修活动浮在浅表层次。这两方面的原因使得研修活动很难培养教师的评议能力，对深化学校教育改革贡献甚微。

　　将同伴研修制度化是解决这个问题的主要出路。但这里所说的制度化并不是像很多学校已经在做的那样，仅仅把研修的时间、形式、人员固定化，然后定期检查活动记录。简单化的制度设计往往导致被动应付的工作风气。能够起作用的研修制度建设意味着在学期初就进行顶层设计。就是说，从推进学校主打教育改革的角度整体设计各层面的研修形式、内容和递进式的活动安排。例如，某校本学期的主题教育改革主题是"提升学生的课堂参与水平"，开学前，校长就应该领导学校主要研修团队的负责人，如副校长、中层干部、学科组长、备课组长等，在专家的观察与参与下，在学习外部理论和实践经验以及挖掘本校经验和不足的基础上，制订出自己所负责的团队的研修计划。这些计划从不同的人员、不同的工作重点等层面研究

　　① 赵汀阳：《坏世界研究——作为第一哲学的政治哲学》，北京，中国人民大学出版社，2009。

和探讨学校的教育改革主题。教务处的突破口可能是通过精心设计青年教师讲课大赛和骨干教师示范课风采展示，把本校教师在"学生的课堂参与度"方面的经验和问题活生生地显示出来；科研处可能会设计如何提升学生课堂参与水平的小课题研究方案；教研组会结合本学科的教学内容，研究既适合本学科又能提升学生课堂参与水平的教学策略；备课组可能会聚焦于特定教学内容的有效反馈问题；班主任可能会设计系列主动学习策略的主题班会……这些研修计划必定也同时预先规划验收方式。如此设计与实施的全校多层面研修，既能起到全员、全程通过评议而深化改革的效果，又能逐渐提升中层干部的专业水平。

### 3. 以有效反馈和标准建设培养评判能力

提高评判能力的最重要意义在于以及时的评判唤起人们新的行动。真正起作用的评判能力，有三项关键特征：及时制定和修改与改革理念相配套的评价标准；有效地反馈评判结果；评判结果与执行力建设密切结合。

有些学校存在的问题表现为，没有在主要领域制定与改革理念相配套的评判标准。这就是为什么教师们介绍自己的设计理念时，会引用很多改革术语，但是在实际课堂上，却看不到他们所宣称的改变。以上文所假设的改革"提升学生的课堂参与水平"为例，学校应该组织各学科开发强调学生参与水平的课堂评价标准，其中，课堂上每一个学生进行有效学习的时间、教师所使用的主要教学方法的学习保持率、教师满足不同学生的学习需求的程度、合作学习的有效性将是关键标准。课堂评价标准的形成本身是改革的阶段性成果之一，是改革理念的落实，是教师学习、反思、尝试、修改的结果，一旦形成了标准，就表明改革已经开始有所突破。标准形成之后，听课、评课活动就有了观摩和评判的依据，改革理念就会逐步变为现实。此外，这些主要指标还应该以合适的措辞出现在"学生评教"指标之中，使学生也明了学校所倡导的课堂是什么样子。学生的评价帮助教师看到他们心目中的课堂与学生的实际感受之间的差别程度。

各种类型的评判活动应该形成常规，评判结果要以适当的方式进行有效反馈。例如，2006年，宝坻一中在进入高中新课程改革之后，为了帮助教师转变课堂教学方式，他们把以前处于"黑箱"中的课堂教学评价明确为包括职业道德、基本素质、课堂教学与管理、辅导和考试5个一级指标，18个二级指标的"18条"评价标准。每个学期进行学生全员问卷调查之后，教师很快就会收到密封在信封中的长纸条，上面清晰地列出每一个项目的评价结果。宝坻一中的学生评教之所以起到了应有的作用，是因为它有四个特征：一是尊重教师隐私，保密处理问卷结果；二是评教结果与评优和岗位聘任等紧密挂钩；三是对成绩排名靠后的教师采取帮扶措施；四是为学校发展积累重要数据。[①] 除此以外，宝坻一中还开发了备课组考核方案、搭班教师团队考核方案、师徒结对考核方案、教师个人科研水平考核等评价体系。这些关键领域的考核共同促使教师不断地根据考核标准评判和改进日常教育实践。

　　一项改革计划从提出、实施到最终获得认可、成为教育现实往往至少需要三年时间，因为计划必须在实施过程中根据反馈不断地进行修改与尝试，改革的过程就是愿景越来越清晰、越来越深入人心，实施步骤越来越细化的过程。改革比较成功的学校，都特别重视强化中层干部的执行力。如果每一位中层干部，都能在全校改革的蓝图中，努力带领老师们不断地进行问题鉴别、评议措施改革以及评判标准改进，使反思成为习惯，那么研究性教学和研究性管理就能深植于学校的日常教育实践，学校教育改革就能不断得以深化。

---

　　① 马长泽：《完善的学校评价体系是普通高中可持续发展的保障》，载《全球教育展望》，2010(6)。

# 我的行动研究

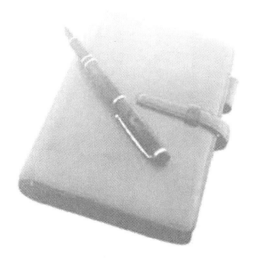

　　教育研究者受邀进入学校参与学校的某项改革时，说明他已经获得了学校的信任。我把这样的信任看作是获得了与校长和老师对话的资格。自此以后，研究者才可能对教育实践施加些许影响。本部分写的是我作为一名教育研究工作者，参与到一些学校的校本改革过程中的部分行动研究记录或报告。

# 一、理论与实践的对话：聚焦学习方式的变革

　　在学校教育情境中，理论与实践的对话总是围绕着"实践"而展开，一切"实践"的圆心是育人，不管圆心之外有多少层次的实践，最终都会聚集到育人方式上。育人方式涉及显性的和隐性的、课内的和课外的、正式的和非正式的等诸多划分，其中最重要的变量是教师的教学设计能力。如果说研究者能够对教育实践施加些许作用的话，那应该体现在对教师的影响上。研究者如果能通过与实践者的对话，使他们转换看问题的参照系，从而转变看待自己教育实践的视角，那么研究者对教育实践的影响就算是发生了。

## （一）让"教师学习"首先发生

　　很多学校从转变教师的校本教研方式入手进行校本改革，因为校长们认识到，如果教师本人不学习，不进入研究状态，那么针对课堂教学行为的改革要求便不会有实质的效果。因此衡量校本教研活动质量的标准之一应该放在是否促进了"教师学习"发生上：转变参照系，产生同伴学习，促进自我反思……学校整体改革视野中的校本教研，应该是聚焦关键改革任务的系列学习与研究行动。但是当学校还没有进入整体改革的步骤时，提高校本教研的有效性也是当务之急。我曾参与设计与推动三种类型的校本教研活动，虽然教研方式不同，但是目的都是为了促进"教师学习"发生。

**1. 深度主题式研讨课**

某小学定期举行深度主题式研讨课，例如，在一次主题为"如何提高课堂教学效率"的教研活动中，该校首先选出了一名大家公认的课堂教学效率较高、很受学生欢迎的英语教师承担讲课任务，同时邀请了一位有过英语教学经历的专业研究人员担任评课以及主题演讲专家，全校英语、语文和数学三个学科的60多位老师参加研讨活动。这次活动共进行了三小时，公开课之后先由主讲教师简短地说课，然后三个学科的老师分组讨论，每组派一名代表上台宣讲讨论结果。最后由专家根据公开课以及教师们的评课做"如何提高课堂教学效率"的主题报告。整个活动进行了全程录像，便于后续深入研究以及资料留存。

这次教研活动的最大优点是研讨与理论提升相结合，既解决了专家报告理论有余而实践不足因而难以获得教师认同的弊端，又解决了教师们自己进行研讨时通常缺乏深度的难题。由于主讲教师是自己熟悉的同事，因此老师们不但暗地里比较自己与他讲课的差距、积极参加对该课的评论，而且对专家如何评价这位教师的课十分感兴趣；由于专家全程参加公开课，因此在做相应主题的报告时，一直贯穿着对该公开课各教学环节的评价、改进建议以及内含的教育教学理论。美中不足的是这次教研活动没有策划后续活动，本来全程录像给后续活动留下了足够的资料，英语教师可以根据课堂教学环节把录像分段，然后集体研讨每一个环节的优缺点；主讲教师可以根据专家和同事的意见深刻反思自己的教学理念以及教学策略，与学科组老师们共同修改教案，然后择日再主讲一次公开课。这样不仅对主讲教师本人，而且对全体教师的课堂教学改革都是有效的促进。

比较有效的深度主题式研讨课一般包括以下步骤。

第一，提前布置主题。研讨课的主题最好与学校整体的学期任务式教研任务相结合，开学初即告知每一位教师，并要求进行相应的理论学习与实践准备。在每一个具体的研讨主题进行之前的一段时间，再组织各学科组进行相应的详细准备。这样做使所有教师都有了聚焦某个主题的心理上、知识上和实践上的准备。

第二，选定主讲人和讲座专家。主讲人可以根据研讨课的主题经由层层选拔的方式产生，也可以由学科组指定。讲座专家则根据主题的需要选择那些真正了解课堂教学、对该主题有深入研究的人。

第三，课前会议。在公开课之前，要进行一次简短的课前会议。课前会议的目的是让参与者了解主讲教师的课堂教学设计原则，以便听课的时候更加有针对性地观察教师教学目标的达成情况和学生的课堂参与、当堂达标情况。但是由于时间的关系，很多学校的公开课都省略了这个环节，使活动的针对性打了折扣。

第四，公开课。在组织公开课的时候，要注意提醒教师根据自己的观察主题而选择不同的座位。那些想观察主讲教师讲课行为的，可以选择坐在教室最后边；选择观察学生课堂学习行为的应该坐在最前面；选择观察学生详细学习过程的应该坐在学生身边。公开课应该全程录像。

第五，课后讨论。教师们在小组内报告自己的观察结果以及建议，这个环节要注意引导老师们少进行泛泛的好坏评价，多针对公开课中的具体教学环节或者教学细节进行评论。

第六，专家讲座。专家全程参加了课前会议、公开课以及课后讨论，不仅有了主讲教师课堂教学的第一手资料，而且通过倾听老师们在课后会议上的讨论，也掌握了该校教师课堂教学和理论素养的基本情况，因此专家在进行主题讲座的时候，所讲的与该主题有关的教育教学原则或者原理就有了第一手资料的支撑。理论与实践的这种结合才有影响实践者的可能，也只有这样，研究者才能找到与实践者对话的渠道。

第七，后续活动。由于整个活动进行了全程录像，这就为后续活动创造了条件。主讲教师可以根据同事和专家的意见，修改教案之后按照步骤三、步骤四、步骤五再进行一次公开课活动。这样就可以促使老师们在受到触动之后及时在实践上有所体现，真正体现"做中学，做中求进步"。

**2. 分课型提炼教学模式系列研讨会**

某省级示范高中规模很大，专任教师有 300 多人。该校从全面实施备课组集体备课和学案导学入手开始了校本教研改革，实施两个学期之后，开始提出各学科要分课型提炼教学模式，就是说各学科教师根据本学科的特点，把教材按课型分类，每一位教师都要在透彻研究教材的基础上，总结自己在讲授各种课型时所用的教学方法，然后，就同一个课型，备课组内的老师反复互相听课、讨论，在组内形成一种大致的备课思路。这时，学校会帮助他们邀请学科专家、教育专家和校内学科研究小组对有代表性的课例进行诊断性研究，反复实践和打磨课型模式案例。

例如，该校英语教研室提出各备课组教师按照听说课型、讲读课型、阅读课型、复习讲评课型等提炼教学模式。在为期半年的启动时间里，以年级为单位的备课组多次开展组内研讨、组内公开课等活动。在第二个学期里，该校举行全校性的公开课展示活动。展示课之前，召开简短的课前会议，该教师把自己总结的课型模式以及所依据的理论向所有英语教师说明，讲课过程中进行全程录像。公开课结束后，英语教研室主任组织有专家参加的研讨会（所邀请的专家也已经全程参加公开课的听课）。研讨会之前的一周，把公开课的录像放在校园网的一个交流区里供大家再次观摩。研讨会上，大家就教师们总结的课型优缺点展开热烈讨论。本校教师的意见交流结束后，再由专家提出意见和建议。研讨会后，公开课教师再根据各方面的意见进行修改，然后再次在备课组内深入交流讨论，择日再上一次全校公开课。通过这个过程总结、提升出来的课型就在一段时间内成为该类课型的模式，在全校推广。

这种教研模式以"课型模式提炼"为支架，把相当长一段时间内的教研活动与教师反思自己的课堂教学结合起来，使教师进行教育研究有了实在的切入点，营造出了全校人人研究课堂教学的氛围。

这种分课型提炼教学模式的系列教研活动比较适合超大规模学校，因为超大规模学校的教师往往年教龄结构、职称结构不是十分理想，同一年级、同一学科的任课教师较多，教学质量容易参差不齐。分课型提炼教学模式就成为提高课堂教学质量的抓手。一般来说，它包括如下步骤。

第一，个人分课型总结教学模式。这是一个总结、反思的过程，一般要至少持续一个学期。在这期间，各科教研组长应该搜集学科有效教学的理论资料和外地学校教师比较典型的各种课型的案例、课堂实录、说课稿、教学反思等，通过网络的途径为教师们提供理论上和实践上的支持。所谓的网络途径，可以是创建一个公用邮箱、博客、网络论坛、公众号等。如果缺乏这个有针对性的理论支持环节，教师们就无法进行有深度的总结和反思。

第二，级部公开课系列展示。超大规模学校一般每个级部都有若干班级或者有几个校区。因此，在教师提炼教学模式的过程中，应该以级部或者校区为单位进行公开课展示以及讨论。在全校公开课之前，级部可以举行选拔性的课型讲课比赛活动。

第三，全校公开课。每个学科公选出来的课型模式在全校展示，其间学校邀请专家也参加公开课的听课活动。课前会议期间，主讲教师把他所提炼的课型模式的详细教案(包括对课型的说明和所依据的理论)印发给大家。

第四,网上视频展示。把每一个学科各课型模式的全校公开课录像放置在校园网一个特定的区域,让该学科的教师在集中研讨之前再观看一遍录像,以便能够做出更加客观、全面的评价。这也为那些因为各种原因没有参加听课的老师提供了机会。

第五,集中研讨。集中研讨的时间应该在开学初就安排好,并且至少连排两节课的时间。研讨会上针对各课型模式广泛提出评论与建议,外请的专家则根据公开课情况、教案以及教师们的讨论提出建设性意见、澄清一些认识误区。

第六,固型与全校开放式应用。经过研讨修改后的课型模式推广至全校同一学科同一课型的教学中,但要注意这种推广应该是开放式的,因为课堂教学十分复杂,教师的个人特征也多种多样。推广的课型模式更应该是老师们教学的参照,是指导,每位老师根据教学实践不断地对课型模式进行完善。集体备课等教研活动为课型模式的后续完善提供对话的机会。

**3. 扩展型现场听课、网上研讨**

这种模式既适合超大规模学校,也适合片区教研联合体。某市为深入贯彻教育均衡发展政策,号召在市区范围内开展有实效的片区教研活动。教研片区由地理位置上临近的几所学校组成,一所公认的优质学校担任教研领导者。该市某片区的英语教研员已借助于信息技术,成功举办了几次网上研讨会。每次研讨会之前,他们会把主讲公开课的教师的说课稿放在网上一个设置了密码的讨论区内,然后用电子邮件通知各校英语教研室负责人。公开课上,片区内的英语教师都到现场去听课。整个教学过程进行全程录像并随后放置在网上公共讨论区。在事先约好的时间里,大家以学校为单位聚集在一起,由一位老师担任书记员,开展网上评课。所有的材料、录像和网上讨论都在一个加密的公共讨论区进行。评课活动由该片区唯一一位省级英语特级教师主持,她也是该片区的英语学科活动召集人。网上的讨论十分热烈,既有针对公开课本身的评论,也有由评论引发的更加激烈的争论。讨论结束后,由主持人整理、总结评课内容,放在公共讨论区,片区所有的英语教师随时都能够登录讨论区再次发帖进行评论。有一次,他们就如何在课堂上培养学生的阅读能力举行了一次为期两周的教研活动,最终主持人写的总结性研讨报告成了英语教师们经常翻看的教学指导材料。

对于超大规模学校和片区教研来说，这种"现场听课＋网上研讨"的方式值得提倡，因为如果大家聚集在一起评课的话，由于时间太紧，无法做到每个人都能有机会发言；即使发言了，又往往碍于面子，只说好不说差。而网上研讨则可以采取灵活多样的讨论方式，既可以在统一的时间里分组聚集，网上研讨，也可以在一段时间内个人自由上网参加讨论。这种教研方式充分利用信息技术的优势，细心地关注了每一位教师的可能需要。一般来说它应该包括以下步骤。

第一，确定主题和主讲教师。每一次活动之前相当长的一段时间内，应该公布教研活动的主题和主讲教师。教研员和主讲教师把相关理论资料以及教案、学案等材料置于事先指定的网络讨论区。这样，同一学科的教师就会抽空去看这些资料，并在日常教学中多注意自己在相应主题方面的体会。

第二，集中听课。听课时要全程录像，并上传至公共讨论区。

第三，网上研讨。如果要保证讨论的质量，最好至少分组进行一次集中讨论，及时把小组讨论结果上传至公共讨论平台。供讨论的专区应该是开放的，就是说，在专门的集中研讨之后，讨论区还应该是开放的，供大家随时进来阅读和续写评论。

第四，撰写研讨报告。这是十分必要的一个环节。在讨论进行了足够长的时间之后，由主持人进行讨论总结，撰写研讨报告。报告应该总结预定主题的研讨情况、本次讨论的主要亮点、今后大家努力的方向等。这样研讨的主题得到深化，并进行了资料积累，为后续活动打下基础。

## (二)营造"教师学习"的校本生态环境

在学校情境中，"教师学习"往往意味着会伴随教师教学行为改变的学习，因此受到诸多因素的影响。在那些教师学习持续发生的学校，校领导一般都营造了有利于教师学习发生的校本生态环境。

### 1. 主动规范教学行为

我们都有往水桶注水的经验。当水桶已经装满水的时候，我们是无法再往里注入新水的。能够装入新水的量，取决于水桶的容积而非体积。满满的水桶只有体积，没有容积。教师和学生的时间，就好像水桶的容积，我们期待教师和学生的新变化就好像要注入的新水。课堂教学改革，必须首先从确保水桶有适当的容积开始。那些已经成功开始进行课堂教学改革的学校，由于洞见了把师生的时间全部用来应试的危害，所以他们一般都是从规范教师在各个教学环节所用的时间入手。他们意识到，只有当教师有适当的空闲时间时，他们才有可能研究教材、研究学生，以研究如何帮助学生学习来代替过去以研究考题为主的教学方式；只有当所有教师都有了时间代价意识，备课组、学科组教师之间才有可能开始真正的合作；当教师都规范了自己的教学时间时，一些诸如研究性学习、社团活动、学科教学内的实验、实践类教学内容才有可能真正得以实施。

如何既能做到规范教师的教学时间，又能稳步提高课堂教学效率？这是校长们在领导教学改革的时候思考最多的问题。较为成功的改革路径一般是：首先，通过学习新理论改变教师的反思参照系，通过建设学校发展的新愿景重建学校的文化土壤；然后，组织全校教师讨论规范教学行为的必要性，制定规范教师教学行为的制度，与此同时，提供改革所必需的各种支持条件；最后，实施改革计划并进行研究性过程管理。

我们观察到，当学校首先把时间进行规范，其他问题就迎刃而解了。他们在课程方案规定的适当时间里，通过进行课堂教学改革来提高教学效率；通过鼓励研究性教学来提升教师的学科教学知识；通过因地制宜地开足、开齐课程来为学生的全面发展、个性发展创造条件；通过组织各种活动为学生搭建发现自我、锻炼自我、发展自我的舞台；通过与社区深度合作，在为学生拓展学习空间以及创造服务社会机会的同时，师生也充当着推动社区发展的积极力量……

与这些勇敢进行课堂教学改革形成鲜明对比的是，有些学校虽然已经在文化建设方面下了很大功夫，建立起了师生努力工作、努力学习的文化氛围，但是却不敢从规范教学行为入手进行艰苦的课堂教学改革，师生依然使用苦教、苦学的方法，专心应试。学校满足于升学率指标的突破，对于分数之外的各项能力培养却无暇顾及。几年过去了，持这种发展意识的学校普遍地感到已经进入了发展的瓶颈期，学习成绩也很难再提升。

主动规范办学行为，是全校领导和教师集体走向按照教育规律办学、进行素质教育的前提。这其实相当于首先设定了最重要的一条游戏规则，是保证整个游戏健康进行的关键。就是说，我们所提倡的课堂教学效率，是有时间限制的效率，是保证师生身心健康的效率。在这条规则成为现实之后，其他的游戏规则才可能起作用。

　　近年来，有些省级教育主管部门加大了对基础教育规范办学行为的干预力度，制定了若干减轻学生负担的政策，例如，规定学生的在校时间，周末和节假日不许补课，等等。同时，省级部门采用严格的行政措施规范办学行为，使得学校无法再像从前一样通过加班加点来提高考试成绩。这样便在省级范围内为学校教学改革建立起了较好的生态环境。如果学校能敏锐地抓住这个机会，则教学改革的难度会大为降低。但是，如果学校不是根据教育规律通过提升教师专业发展水平、把教师的教学理念由"灌输"转变为"帮学"，而是满足于实施一些简单化、控制性的教学模式，那么教学改革就不会取得明显的成效，因为这种改革思路无视教育过程的复杂性，更无视各科课程内容性质的不同以及学生学习状态的巨大差异，它所遵循的仍然是应试思维。

**2. 树立符合时代需要的"基础"观**

　　我们之所以能够一再容忍那些不规范的办学行为，除了升学和就业的压力之外，是因为很多人以这样一个观点合理化自己的行为：基础教育是打基础的阶段，我们所做的一切都是为了帮助孩子们打下日后继续学习或工作所需要的坚实基础。有的学校甚至把"基础"二字作为办学理念或校训张贴在学校最显眼的位置。可是，我们帮助孩子们打下的应该是怎样的一种"基础"呢？

　　假如我们把各学科的知识和技能看作是一棵大树的枝叶，那么学生将来服务社会和追求个人幸福生活的学习能力、实践能力、创新能力以及合作能力就是大树的树根。树叶的生命不是永久的，会在某些季节落下来，但是如果树根扎得深厚、茁壮有力，那么当树叶落了之后，新的树叶会在合适的季节生长出来。在学校层面实施的素质教育，就是以符合教育规律的方式，通过设计和实施教育、教学活动，使学生在学习、掌握"树叶"的过程中，习得在将来至关重要的能力。循序渐进地培育树根的课堂教学，才是在为学生打好基础。

　　如果校长和老师们把"基础"过度地定位在获得能够以考试成绩加以测量的知识枝叶上，那么树根的状况就会以各种方式排除在我们的视野之外。而"基础"状况不佳的树，不容易生长成为栋梁，特别是当世界经济越来越成为无国界的经济形态时。

　　王红教授在组织中美中小学校长双向交流活动时，曾经在美国范德堡大学安排中方校长与中国留学生对话。中方校长问得最多的一个问题是："你们觉得在美国留学，最大的挑战是什么?"留学生们的答案往往是:"学习方法、自主思考和解决问题能力的欠缺。"王红教授得出结论说，中国和美国的基础教育都在培养学生们形成未来生存和发展的根本能力，这一点看起来似乎是相同的，不同的只是两国的校长和教师对"基础"的理解。我们把"基础"定位在了扎实的"知识体系";而美国则定位在了"学习兴趣、好奇心、质疑能力、探究能力等'能力体系'"。[①] 很显然，对"基础"的不同理解，导致形成了不同的"学生观"和"质量观"，教学模式或教学方法则是这些观念在课堂教学里的具体实施方式。

对于"基础"的理解，是教育观念层面的问题，而观念是我们的教育行为之源。赵汀阳说过:"什么观念成为主导比什么人成为领导更重要，因为观念是行为、生活和制度的最终支配者。"[②]

然而，"基础"观的转变并不容易，因为我国传统教育中"授""受"式的习惯导致了中立化的知识观、独白式的教学方法和等级制的学科结构。这些稳定的观念和教学习惯与应试压力结合起来，使得课堂教学改革异常艰难，绝非发明几种教学模式所能解决。当前，迫切需要做的，是在展望未来社会所需要人才的特点的基础上，首先着手于教师专业生活的改变，以对话、合作、反思代替对教师的灌输式培训，因为成功进行课堂教学改革的唯一出路是帮助教师学会用自己的思想和理智去行动。

**3. 学习与运用教育、教学规律**

成功的课堂教学改革经验肯定是符合规律的，是一个教学团队在研究学科教学规律、课程标准、学生状况等关键要素的基础上，创造性地整合各要素的结果。

我们常说，"教无定法，贵在得法"，"教无定法"指的是世界上不存在一种最好或者最有效的教学模式，"贵在得法"是指教学中存在着若干规律，如果教师把某些规律与教学实际创造性地结合起来，那么他就得到了好的教学方法，他的教学就是有效的;如果某所学校用符合师生发展规律的方式进行教学改革，那么该校就能朝

---

①　王红:《对当前基础教育改革的反思——从中美教育比较获得的一些启示》，载《人民教育》，2011(9).

②　赵汀阳:《坏世界研究——作为第一哲学的政治哲学》，39 页，北京，中国人民大学出版社，2009.

着理想的教育目标不断迈进。

但是，由于教学原则和规律一般都具有抽象的特点，并且它们与具体的教学实践结合的方式十分复杂，因此理论往往并不能够直接应用到实践中，就是说，在理论与实践之间，还需要一些过渡环节，因此理论会以各种方式作用于教学内容的选择、学生学习起点的把握、教学设计、课堂组织方式、因材施教的方法、有效反馈的频度、对学生认知策略的指导、生生互动的激发与引导等。只有教师们有着强烈的主动性，才能积极地、持续地探索把原则和规律应用于课堂教学的方式。校长的领导学校教学改革的水平，主要体现在是否构建了一个鼓励教师们主动学习理论、积极尝试应用理论、乐于分享经验的环境。

我们在评价一所学校的教学改革时，一般从三个维度来观察，那就是理念、校本策略和过程管理。就是说，首先，我们要观察这所学校的教学改革是否是在先进理念的指导下进行的，该理念的核心是否是为了每一个学生的健康发展；然后，我们要看这所学校是否有一套详尽的校本策略来保证改革理念得以落实；最后，我们要看这所学校是否进行研究取向的过程管理，不断反思与修正改革理念和校本策略。

每一项成功的教学方法或教学模式的背后，都有一系列的支持性条件。我们学习别人的教学改革经验时，不能以直奔主题的心态，拿来榜样学校的"花朵"（如某种著名的教学模式），插在自家学校的花园中。凡是健康艳丽的花朵，必定是在特定的土壤、光照、肥力等条件下生长出来的。如果我们渴望自己的花园里也能开出这样的花朵，那么就必须去研究这些支持性条件，研究别人种植花儿的整个过程。

为什么人们容易"毫无思考地抛弃一种技术，轻易地接受另一种技术"？要改变这种现象，杜威提出，唯一的办法是教师要学会用自己的思想和理智去行动。就是说，学校必须从每一个老师现有的能力出发进行有特色的课堂教学改革，致力于解决自己情境中的问题。模式或方法是不是科学有效，关键要看它们使人做出个人的反应时是更加明智，还是诱使他不去使用他自己的判断。如果我们把一个所谓统一的一般的方法强加给每一个人，那么除了最杰出的人以外，所有的人都要成为碌碌庸才。

当从"是否使人做出个人反应时更加明智"这个维度来思考学校课堂教学改革的

时候，哪个模式更好、应该全校使用统一的模式还是允许多个模式存在等问题都容易回答了。不管从哪条路径开始改革，都无法回避让自己更加明智这个最艰难、最核心的目标。

让每一个人都"更加明智"的改革是一个能力建设与资源建设并行的过程。由于教学能力是教师主动建构的结果，很多属于默会知识的范畴，因此教师们很难确切地说出自己到底使用了哪些教学方法，也难以轻易地领悟高于他们现有学科教学知识水平的他人的教学智慧。这就好像是武侠小说中描写的武功招法和内力。真正的武功高手，即使他把招法传授给别人，别人也很难超过他，因为没有他那么深厚的内力。教师修炼教学"内力"的办法，便是进行研究性教学，把寻找管用的教学方法与研究教学内容和研究、学习国内外研究者和其他同行的理论研究成果紧密结合起来，理论与实践彼此促进，互相启发。只有教师们真正进行研究性教学，教学能力才能真正地逐步提升。这个过程中进行的各种经验积累就是一个校本资源建设的过程。

对于那些已经积累了很多课堂教学改革成功经验的学校或教师而言，最大的困难在于如何把个人经验或者学校经验表达出来，因为这些成功经验往往属于本能的或者个体性的知识，不能转移给别人。杜威建议说，如果想要表达这种经验的意义，必须有意识地考虑别人的经验。他必须设法找到一个立场，既包含他自己的经验，也包含别人的经验。否则，他传达的经验就不能被人理解。在学习表达个体经验的过程中，教师们会更加理性地思考自己的经验，会有意识地去研究同行的经验。这是不断突破自我局限以及不断把个体经验转化为集体经验的最佳路径。

如果学校一直持续不断地致力于使每一个人都"更加明智"的课堂教学改革，假以时日，这所学校必定会形成自己鲜明的特色。只有这样，进行改革的学校才能在人才培养模式的变革方面探索出有分量的经验。

**4. 校本教研要研究活生生的教学问题**

很多学校以小组合作学习作为提高学生课堂参与度的主要改革方式。小组的组成人员不等，有的 4 人一组团团坐，有的 8 人一组团团坐，有的只在合作的环节起立临时组成小组。但是一般来说，在小组学习和展示时，小组成员以集体统一的步调进行。由此，我们应该特别弄明白：小组内的每一个学生参与学习的程度到底如何？特别是优等生和学困生，到底在多大程度上有效地参与了学习？

合作学习的目标应该是促进每一个学生健康、自然的成长。在大班教学的情况下，解决可能的"平庸合作"的方法，应该是在每一个学生自主学习的前提下，再进行组内互学或者全班展示。就是说，在小组合作学习的组织方式成为常态的情况下，教师的备课着力点应该放在确定哪些内容需要学生自主思考和学习，哪些内容应该对话、合作。没有充分自学的小组对话、互学，就可能导致一到两个学习主动的学生主导对话过程，其他学生主要附和。这就相当于进入了一个不需要特别动脑的聊天会。

例如，在某校关于"一元二次方程"总复习的课上，有一个5~8分钟的教学任务段，教师让8人学生小组以组为单位编一道应用题，写在小组所属的小黑板上。学生接到学习指令后，马上投入到任务中。8名学生站起，头聚在一起商量怎么出这道题，很快就有一个学生拿起粉笔，开始向小黑板上写题。8分钟后，每一组有一个学生起立向全班展示黑板上编写的题，老师则引导大家观察这一道题属于本章哪一节的内容。

这一环节看上去参与度很高。但是，如果这种课型模式要获得同行的认可，则需要每一个上课教师以及教学领导都能回答如下这些问题。

小组编题的过程中，到底孩子们是如何参与的？出题的思路是哪个或哪几个学生的？每组内的数学优等生在对话中担任什么角色？数学学困生担任什么角色？执笔的学生是写自己思考编写的题呢，还是只是复制其他学生口述的编题思路？面向全班讲解编题思路的学生和执笔的学生是同一人吗？

如果进行课堂教学改革的老师或者学校教学领导，能够回答这些问题，那么说明老师们对小组合作学习的研究已经具体到了每一类或者每一个学生，这样整体的课堂教学才可能对每一个学生来说都是有效的。

拿上文的案例来说，如果8名学生一起在短时间内编写一道数学题，一般来说，很难达到每一个学生都积极思考的效果，因为既然要求学生编题，那么就意味着这个教学环节的设计目的可能是鼓励学生对一元二次方程进行整体性复习之后加以应用，就是说，让学生用自己的思维，在自己的情境中应用一元二次方程的原理。作为一个教学片段，应该是先让学生自己思考，自己写在自己的笔记本上，然后在组内交流，每一个学生在奉献出自己的成果的同时，也倾听同伴的思考。当然，每一个学生都编题的结果，很可能是数学优等生编的题目比较复杂、比较难，而数学学习困难的学生可能编写的题目非常简单。但正是这样的差异化思考，才使得小组内各类学生互为学习资源：优等生为一般生和学困生进行讲解或者点评时，会更有针对性，也会更加了解同学的思路；水平相当的学生也互相借鉴了思考问题的思路；如果课后老师能把各类典型编题在教室墙上的学习园地进行展示，则同组优等生或者全班不同组的优等生之间可以进行巅峰对决，互相激发。

在有些实施合作学习的学校或班级，经常产生一个尴尬的现象：合作后的平庸，即学生普遍提高了学习成绩，但是"尖子生"却不见了或者大幅度减少了。这很可能是因为，步调一致的小组合作学习没有给学生的自主思考预留足够的空间，导致合作学习期间的思维浅表化。

因此，不管哪种课堂组织方式，教师都应该适度放手，给各类学生预留足够的自主学习的空间与时间，然后根据学习内容的特点确定自主学习之后的交流展示方式：组内交流、全班展示、全班测试、小组表演等。

对于课堂上由于时间原因而无法充分思考、探究或展示的学习内容，有课程意识的教师会把它们整合到相关的校本课程、课外活动或综合活动课程的相关内容之中，一方面，提升这类课程的品质；另一方面，深化学科学习品质，特别是为有特殊兴趣的学生提供进一步学习和研究的机会。

在英语课上，合作学习的主要问题经常是课堂容量过小。由于过于强调任务的布置与完成，课堂上经常充斥着教师布置任务的声音，但任务一般只强调参与即可，参与即获得掌声，因此使课堂的容量过小，语言点和句型得不到足够频度的、融入任务中的练习，课下如果学生再直接进入到大量做考试相关的练习中的话，语言的输入就会严重不足。久而久之，学生的语言学习基础和学习能力就会迟滞。

杜威在论述"语言和思维"的关系时，指出在课堂上教师要帮助学生养成连贯的口语表达的习惯。然而，教师往往有垄断连贯叙述的习惯，特别是，课堂上规定课业的分量太少，而且讲课时又有琐细的"分析性"提问，因此导致学生养成零星的、不连贯的叙述习惯。他指出，历史、文学这样的课程，教师常常把教材细分为若干小段，打乱了教材所包含的意义的完整性，破坏了教材的适当的比例，结果，就贬低了完整的论题，不分主次地堆积一些不相联系的细枝末节。①

这启发我们，学校在鼓励教师选择小课题研究主题时，或者在设计教研活动时，应该引导老师们去研究课堂上这些活生生的问题。教师合作互助提高教学水平也应该有更加针对性的互助策略。例如，在小组合作学习成为学科教学常态之后，教师们应该合作进行这样的深化研究：在一节常态课上，对一个学习小组进行针对性录像，弄清楚每一个学生在整节课的学习中参与度到底有多少？在不同难度的学习任务中，各类学生的参与有效性如何？整节课上，小组内学生对于学习任务的落实程度如何？教师对学生学习状态的研究应该用数据说话，而非大致的感觉。如果教研时，以某一节课或者某一个教学片段的课堂实录作为研讨的具体资料，而非大家都凭主观印象，教研或者小课题研究就会踏实前行，就会有效得多。

总之，在学校层面，主动规范教学行为、形成适当的"基础观"以及针对性的校本研究与课堂教学改革相辅相成，互为条件。只有树立了时间意识，自觉规范教学行为，教师"基础"观的转变和课堂教学改革才有良好的生态环境；只有伴之以有效的课堂教学改革，才能为每一个学生的终身发展奠基。

# 二、基于整体教研改革的学校共同体建设行动研究

## （一）行动研究的缘起：校本教学改革遭遇瓶颈

从 2010 年起，我开始用质的研究方法对普通高中的校本教学改革进行研究，研究对象主要在天津和山东两地。选取这两地的高中作为研究对象是基于方便的原则。由于地理位置紧邻，我在两省市深入研究了几十所高中。在研究过程中，我综合使用了多种方法，如参与式观察、开放式和半开放式访谈、问卷调查与个案研究等。我进入研究现场的身份一般是帮助学校诊断课堂教学的专家，一般每次进入一所学校工作 1～2 天，跟随备课组听课评课，参与或主持教研活动或者聚焦主题的研讨

---

① ［美］约翰·杜威：《我们如何思维》，伍中友译，北京，新华出版社，2010。

会，阅读教师们写的教学随笔或者做的小课题研究，阅读学校的教学改革方案或者学科教研计划，对焦点教师进行个案研究，对校长等学校领导进行多轮次的开放式和半开放式访谈。一般一所学校至少研究一年时间，其间大概每月去一次，每次约2天。由于至少有一年的研究时间，因此就有机会进行多方式的证实与证伪：校长宣称的办学理念和改革思路与中层干部和教师们的访谈和观察到的实践相互映照，教师宣称的课堂教学改革重点与课堂上学生的学习状态和学习方式相互映照，学校规划和各种计划中的改革思路与现实中的实践相互映照……由于我还以天津市高中课改专家组成员的身份深入参与了天津市教委推进高中新课程改革的整个过程，参与或者主持过天津市基础教育的"十二五"和"十三五"规划，因此比较熟悉省级层面落实国家教育改革的方式。因此，我就有充足的背景性信息来比较、判断一所学校所宣称的改革举措是真正基于校本状况进行的渐进式创新，还是只是按照"上级"主管部门的要求做的"样子"。研究过程中，我会做大量现场笔记，随后认真阅读笔记，悬置自己的价值判断，让资料自己说话。在阅读资料的过程中，把有意义的词语、段落标示出来，收集"码号（资料分析中最基础的意义单位）"，在众多"码号"的基础上，寻找本土概念（被研究对象经常使用的、用来表达他们自己看世界的方式的概念），再对本土概念进行类属分析和情境分析，然后建构"理论"。① 这种研究方式，也可以称之为"基于参与观察法的观察记录"，主要是三个研究阶段的不断螺旋往复，第一个阶段："研究者的观察与探究"；第二个阶段："焦点化的研究"；第三个阶段，

―――――――――――――

① 我用质的研究方法做的校本改革方面的研究，写成的论文或者对校长教学改革思想的评论并非严格按照质的研究方法的格式。我在写作过程中，追求的是一种与实践者对话的效果，因此省略了若干有关研究方法与分析第一手资料过程的描述，代表性的论文有：（1）《普通高中如何实现素质教育转型发展》，载《当代教育科学》，2008（24）；（2）《校长怎样领导一场教育教学变革》，载《中国教育报》，2010-10-26；（3）《实验教学不能仅用"开出率"衡量》，载《中国教育报》，2011-03-04；（4）《学校教育改革中的反思能力建设》，载《教育研究》，2012（8）；（5）《让创新成为一种信仰》，载《山东教育报》，2014-10-20。（6）Chen, Yuting. From Follower to Creator：The School as a Reform Subject，In Pinar，William（ed），*Curriculum Studies in China：Intellectual Histories，Present Circumstances*，New York，Palgrave Macmilian，2014. pp. 69-82；（7）Chen, Yuting, Teachers' Professional Development in China：Toward Inward School-based Research，In Zhang，Hua & Pinar，William. F.，*Autobiography and Teacher Development in China*，New York，Palgrave，2015，pp. 249-251，151-162.

"一般性原理的探究"。①

在我研究的高中之中，持续时间最长的是山东章丘第四中学（以下简称"章丘四中"）和山东烟台第三中学（以下简称"烟台三中"）。章丘四中刘金水校长和烟台三中郭宏成校长是首期齐鲁名校长候选人，是专家型的校长，都一直致力于领导本校进行教学改革。

刘金水校长主持我的报告会

章丘四中自 2002 年开始，花了五年左右的时间学习与实践张熊飞教授的"诱思探究"教学法，之后又进行教研改革，探索集体备课的有效方式。从 2008 年开始以建构主义、合作学习理论为指导进行三案（课前预习自学案，课中探究拓展案、课后巩固提升案）导学下的"课内外一体化"教学改革，对教师和学生在课前、课上和课后的行为进行了设计，力求促进教师以学生的学为核心进行教学一体化设计，促进学生更有针对性的提高学习效率。在校本教学改革的过程中，学校在教研制度建设方面也有相应的尝试，例如实施"加强集体备课、优化个人设计、规范教学流程、提高教学效益"工程，通过对集体备课和个人教学设计的规范，强化教师对课标、教材、学生、教法的研究。

烟台三中 2008 年开始进行主题为"导学解疑，小组合作"的课堂教学改革，努力解决传统授受式教学方式下学生缺乏问题意识，质疑能力和合作能力不足的状况。"导学解疑"的具体操作主要是"三案（预习案、探究案、训练案）合一"。2012 年开始，学校引导老师们针对不同的科目和课型探索课型模式。2013 年提出"文理融合，文需先行"，开始在高一进行名为"大语文"的语文教学改革。

在考察类似章丘四中和烟台三中这样过去一直致力于教学改革的高中的过程中，我发现各省市普通高中推进课堂教学改革的方式十分相似，体现在以下几个方面。首先，都由学校领导层强势推进，目的性非常明确，就是要努力改变记忆型、授受

---

① Parlett，M.，and Hamilton，D.，Illuminative Evaluation. In Hamilton，D.，et al(eds). *Beyond the Numbers Game：A Reader in Educational Evaluation*，Macmillan，1976.

式的课堂教学方式，主要使用小组合作和学案导学两种强化生生互动和针对性学习的方式。其次，改革重点或者是发动本校学科组或者邀请外部专家设计普适性的教学流程（大家普遍称之为"教学模式"），然后用集体教研的权力通道使老师们在各自的教学中模仿、实施这些流程。最后，学校一般都提出了核心理念作为课堂教学的愿景，但是核心理念的内涵不够明晰，界定比较粗浅，因此导致教学改革的核心理念对教师们的解释度不够，不足以支持教师们进行个性化的探索。

　　一项对于天津市特色高中进行研究的报告中，课题组提出，由于各学校在探索教学模式的过程中主要聚焦在试图设计普适性的教学流程上，对于学科特点、课型特点以及学生的课堂学习状态的研究不足，因此导致设计模式的过程过于简单，不仅模式本身是否合适缺乏让人信服的论证，而且尝试与推广模式的方式也过于急切。我在判断一所学校所进行的教学改革时，一般采用交叉比较法：把一所学校正在进行的教学改革项目的实施方案、该校的年度校本教研计划、年度课题研究计划以及校本教研和课题研究的过程记录放在一起进行比较研究。如果这些文件和过程记录之间有内在的整体性，是互相支持，互相强化的，那么就可以判断该校的课堂教学改革是深入的、可持续的。

　　在我分别与章丘四中的刘金水校长和烟台三中的郭宏成校长进行长期校本研究的过程中，在大量的教研、课堂和学生学习方式等证据面前，我们终于认识到，过去多年里我们的课堂教学改革的主要问题有两个：一是课堂教学改革的理念太多而工具太少；二是过低地估计了教师在工作情境中以改进教学实践为目的的学习的复杂性。正是由于这两个原因，各学校在改革初期普遍感受到了课堂面貌的变化之后，再向前推进已经乏力。

　　首先，"理念太多而工具太少"主要体现在"以往我们经常以提出一套理念的方式来应对改革要求，而不是设计与实施一套改革的操作系统，所造成的直接后果就是，理念都迭代几次了，但实践几乎还在原地。理念每迭代一次，改革的难度就又增加了一分"[1]。特别是在课堂教学时，我们经常试图使用设计教学流程的方式来改变已经成为习惯的教学方式，但是这些流程却十分粗糙，并且每一个环节都几乎没有相

---

① 陈雨亭：《添一束花还是改一所房子》，载《中国教育报》，2016-06-08。

应的具体的教与学的工具来配套，所以环节往往成为抽象概念。且不说不同的教师操作起来差异巨大，就是同一个老师，也没有稳定的能够培养学生学科思维习惯和学习能力的工具。就是因为这样，教师们才会在教学改革措施与学生的学习成绩之间的关系上画上问号。

其次，教师的课堂教学改革本质上是一个持续的以不断改进为目的的专业学习过程，其中最重要的是教师对学生学习的研究、理解与干预。学校的教学、自习辅导、教研是时间和制度的存在，因此都会被嵌入到日程表之中，整体反映着一所学校的教学文化。如何利用这些被嵌入了的时间既是学校的传统，也与学校的教学文化特质息息相关。教师如何教，既受学校教学要求的影响，也受教师本人的学习和培训经历的影响，是一种已经习惯了的存在。在进行教学改革的时候，学校领导层囿于自身教学领导力和社会文化的影响，往往对教师所需要的专业支持的深度和复杂度估计不足，加上改革过程中学校与行政领导之间以及与社区之间的关系不顺畅等方面的原因，使得对教学改革质量影响最大的教师情境性学习力度不够。彼得·圣吉曾指出："识别出新事物并不一定会带来新的行动。要产生新的行动，我们需要更深层次的注意力，使人们能够走出传统的经验并真正感到超越了思维……只有当生活在持续改变的现实中的人们开始'看到'先前不可见的东西，而且看到自己在维护旧事物，以及在阻止或否定新事物的过程当中所扮演的角色时，堤坝才开始破裂。"[①]借用彼得·圣吉的洞察，我们发现，在教学改革的过程中，让老师们识别出新事物是容易的，但是让老师们看到自己在维护旧的教学方式的过程中所扮演的角色却非常艰难。这并非老师们不努力或者特别传统，而是因为如果要看到自己所扮演的角色，不仅需要有新的参照系，而且还必须有能激发个体从不同角度看问题的对话平台。

正是基于以上思考，2014年年初，我与刘金水校长和郭宏成校长研讨几次，决定成立一个联盟，邀请博兴二中（时任校长是王爱岭）和天津海河中学（校长是钱丽梅）参加。我们把这个联盟命名为"卓越高中联盟"，意为不断追求卓越的高中。我们计划在以往各校多年探索的基础上，把课堂教学改革、学科带头人培养、教研改革、

---

① ［美］奥托·夏莫：《U型理论：感知正在生成的未来》，邱昭良等译，4页，杭州，浙江人民出版社，2013。

针对性阅读整合在一起，采用"分头探索—集中研讨—专家参与—成果共享"的行动研究思路，一起探索深化校本改革的方式和方法。2015年，在博兴一中（原博兴二中校长王爱岭调任博兴一中校长）和大连第三中学（校长为刘长存，2016年秋季学期，他调往大连第四十八中学任校长，于是他带领大连第四十八中加入联盟）强烈要求下，四校联盟改为六校联盟。

### (二)共同愿景下的学校共同体建设

为了使联盟成为一个能持续进行的共同体，我们在联盟设计上有以下特点。

第一，每年举办3~4次研讨会，参会采用AA制，路费和住宿费各校自行负责，就餐在主办会议的学校的食堂。

第二，每校每个学科选择2名教师参加，采用自愿参加与学校遴选的方式，学科组长尽量参加。

第三，每次研讨会2~3天，基本议题是同课异构、教师分组研究成果汇报、全体教师论坛、校长论坛与专家报告。每一位教师全程深度参与各种活动。每次会议都发现与设计下一步的努力方向与努力途径。

第四，外请专家与自培专家相结合。联盟成立三年来，我一直以"专家"的身份全程参与联盟活动，我把自己定位为一个对话者和参与者，以我对普通高中整体改革的研究经验推动联盟进行渐进式改革。六所学校中每校都有对自己的学科领域特别有研究的优秀教师，我们根据各校学科发展的程度，为每个学科选了一个既有学科造诣又有领导能力的主持人，负责本学科联盟教师活动的组织和研究的推进。

第五，联盟特别强调行动研究。联盟活动本身就是按照行动的思路设计的，每次研讨会之后都设计将在下次研讨会上进行主题交流的行动策略。这样，每所学校、每位教师日常的探索与联盟的研讨就无缝对接在一起了。各校的日常探索是对行动策略的实践与记录，联盟的研讨是行动研究中的"反思、修正与再设计"。这样，"教师成为研究者"才能成为现实，研究者与实践者的"合作研究"才有意义，教师的研究与教学才能合为一体。

第六，联盟是学校层面的探索，整个过程由校长亲自领导，联盟的研讨活动校长亲自参加。联盟活动时提出的行动策略为各校的日常教研提供了方向上的引领，下一次联盟活动又督促学校在日常教研时加强过程的记录、监察与反思。这种设计使高中学校经过十年多来的校本探索之后，逐渐建构起了校本改革与发展的主体意识。"成为主体意味着学校努力建构起能够可持续发展的生态环境，其中最重要的是教师基于日常教育实践的研究与交流机制的常态化，就是说，教师能否进行研究型教学是任何形式的学校教育改革的核心，也是学校成为改革主体的最重要标志。"[①]

联盟的定期研讨使六校不断思考与聚焦校本教学改革和教师专业成长的核心，这与社区建设也有类似的地方：当整个社区都了解了自己的核心，了解了为什么大家会走到一起来，其他的问题就会随之消失，内心共有的明确目标解放了我们，让我们放开心胸寻找可以帮助自己实现目标的伙伴。

### （三）基于针对性研究的学校共同体建设

联盟长期聚焦少数关键问题进行持续的共同探索。在联盟第一次研讨会期间，我和几位校长达成了共识：改变过去那种设计一个评课量表作为老师们上课和评课依据的做法，改为问题驱动。由联盟专家组根据各校普遍存在的课堂教学难题，遴选少量教师们经过研究可以解决的问题，交给各校联盟成员重点研究，同时校长也把这些问题带回到本校校本教研中。每次联盟研讨会上，各校共享大家研讨出的有效策略，再用于改进本校教研。

#### 1."三个维度"的提出

在第一次研讨会上，我们提出先研究解决课堂教学中普遍存在的三个维度的问题：一是课堂参与度低；二是学科特点不明显，缺乏学科精神；三是教学目标不清晰或者不能很好落实。这三个维度的问题在高中教学中普遍存在，如果加以解决，就能显著提高课堂教学质量。于是，"三个维度"就提出了：在普遍实施小组合作学习的课堂教学中提高学生的参与度；研究学科精神，根据学科特点选择教与学的方式；教学目标清晰明确，每一个目标都能在教学中加以落实。

关于参与度，我们达成了这样的共识：课堂参与度高指的是课堂里每一个学生

---

① 　陈雨亭：《学校成为教育变革主体：趋势与要素分析》，载《中国教育学刊》，2013(7)。

在每一个教学环节中都能积极思考，都为回答问题做好了准备，能及时记录自己或他人精彩的或存在问题的思考。参与度高并非仅指获得公开表达机会的同学的数量多，而是指教师用倾听、记录、多元互动、反思与修改等策略提高学生加工知识的机会。在课堂小组合作学习中，"伪参与"经常出现。如个体学生回答问题时，教师并不给予全体学生思考时间，而是提问问题后接着叫起个体学生回答，这样其他所有学生就失去了思考并组织自己的答案的机会；个体学生回答问题时，教师往往并没有采取措施引导所有学生倾听该同学的回答，导致对话成为教师和个体学生的对话，其他学生成为看客。"浅表参与"也普遍存在于课堂教学中。例如，讲解英文单词或者汉语解释的时候，学生只是静听或口头表达，没有随时记录下来或者接着创造情境加以使用。学习一部分内容之后，教师也没有给予学生消化、整理的时间；数理化教学中，教师在提问学生的推导过程时，往往叫起一个学生空说，或者让学生集体回应，而没有引导学生记录和整理自己的或者同学的思维过程，导致思维浅表，既不利于知识掌握或者能力形成，也不利于知识的保持。

学科精神指的是学科的核心特点。在应试和最近一些年流行的导学案的双重影响下，高中的课堂普遍缺乏生命活力，主要原因是很多教师忽视了学科精神。我们强调，教师在研究参与度、课型模式、教学目标的叙写等关键维度都要在学科精神的引领下进行。我们力求通过研究学科精神，使老师们能找到课堂教学改革的原点，能回到根据学科和学生的特点设计教学方式上来。

课堂教学目标要清晰明确。教学目标的重要性不言而喻，但是老师们往往比较随意地对待目标的设计，经常存在目标不清晰从而无法落实，更无法评价的现象，或者几个目标之间的逻辑关系不明，更为严重的是教学的环节设计没有体现对目标的落实，导致目标在很大程度上只是形式上的目标；或者目标没有体现课标的要求。尽管教学目标的设计是一个老问题，但是我们认为，学校还依然重提这个话题，需要把它作为联盟努力研究的一个维度。

每次联盟召开研讨会时，教师们在讲课、说课和评课时，都会围绕这三个维度进行；教师们日常所做的小课题研究，也围绕这三个维度选题。凡是课堂教学中普遍存在的问题，几乎都涉及理念与行动策略相互制约的难题，不可能一蹴而就，不仅需要教师个体持续不断的研究与尝试，而且需要来自教师实践共同体的针对性对话。

**2. "学科思维能力培养"的提出**

我们本来预计用两次研讨会的时间研讨以上三个维度，然后再挑选其他的维度继续研讨。但现实是不那么乐观的，我们发现参加联盟的老师们尽管十分努力，然而在实际教学中却经常割裂这三个维度，主要注重具体策略的模仿与创新，很难取得整体性的实质突破。这时候我和几位校长认识到，在相当大的程度上，联盟老师们在内心深处还只是把三个维度作为更有效的"教教材"的维度，而不是在更高的层面"转变了关于学生的学习观念"之后而采取的针对性行动。认识到这一点之后，在第三次研讨会上，我们提出在三个维度的基础上，要聚焦学生学科思维能力的培养。我们决定把杜威的《我们如何思维》作为联盟成员共同的理论书籍，教师们努力首先在理论上搞清楚如何培养思维。读书采取自主阅读的方式，联盟活动时以学科组为单位交流读书体会和应用案例。每位参加联盟活动的老师都写了若干读书笔记，各校联盟教师分别在本校中进行了多次定期交流。

在阅读并交流《我们如何思维》这本著作的过程中，老师们有些明白自己日常教学中的困惑的根源了。一旦明白了根源，解决的策略居然就显得十分简单。但是也有一些困惑在理论上弄明白了，可在实践中还是找不到解决的策略，特别是在培养学生学科核心思维能力方面。例如，文科中培养学生的批判性思维能力十分重要，要培养批判性思维，首先学生得有充分的连贯的口语表达机会。但是在实际教学中老师们的很多教学行为恰恰阻碍了学生养成连贯的口语表达习惯。杜威说："规定课业的分量太少，而且讲课时又有琐细的'分析性'提问，这也会造成同样的结果。像历史、文学这样的课程，这种弊病更是登峰造极，常常把教材细分为若干小段，打乱了教材所包含的意义的完整性，破坏了教材的适当的比例，结果，就贬低了完整的论题，不分主次地堆积一些不相联系的细枝末节。更有甚者，教师并不了解，他的头脑里装载着完整的意义，并提供给学生，而学生得到的却是孤立的残渣碎片。"[1]老师们读了以后深以为然，感觉自己确实是这样阻碍学生连贯表达习惯的。但是该如何改进呢？老师们又陷入了新的困惑。

于是，在第六次研讨会上，我们顺势提出要努力设计学生长期使用的、能培养

---

① ［美］约翰·杜威：《我们如何思维》，伍中友译，153 页，北京，新华出版社，2010。

学科思维能力的学习工具，参考的工具书是《深度学习的 7 种有力策略》。联盟强调老师们把理论与实践相结合的重要性，也强调老师们要体验自己的学习过程，提炼自己的学习方法，让读书为我所用、理论为我所用，在实践中激发智慧，重点突破"谁在学习"的命题，探索出适合自己所教学生的学情的"深度学习"方式。

在第六次会议上，我们达成了共识，要继续探究、提炼能够培养学科核心素养的教学方式，主要聚焦学习策略和学习工具的设计，以便让学生在不断加工知识中习得学科思维能力。这属于针对性研究，针对的是我们普遍缺乏设计学生使用的工具的意识，有效地提升学生的学习品质。为了使老师们把学习工具思索透彻，也为了方便各校教师交流，我们设计了老师们开发学习策略和工具的格式：设计的策略或方法是什么？主要作用？理论依据？操作流程？然后附上一个具体的案例。

例如，章丘四中地理组的老师们在上"区域地理"时，使用"项目研究"作为主打的教学方式。设计"项目研究"这种教学方式是为培养学生对区域差异进行比较和概括、对空间相互作用和空间分布格局进行觉察的能力。他们开发了确保"项目研究"效果的若干学习工具：为了让学生检查自主学习效果的"自主学习评价表"；引导小组合作过程的"活动—反思策略单"；对城市功能区进行分析时使用的 SWOT 分析表；项目结束进行反思与总结时使用的"意义加工清单"；等等。这些都是学生在学习、合作、探究过程中使用的工具。

### 3. 设计"稳定的学习工具"的提出

第一到第六次研讨会，我们采取的参会策略都是每校每个学科选派两位善于思考善于尝试的教师参加，并且提倡历次参会教师要有相对的稳定性。但是从六次参会情况来看，各学校重视每次参会，也重视对参会教师的督促和指导，但是校本教研改革的成效并不理想，主要原因是对校本教研没有进行整体改革，只是添加了联盟的研讨主题，因此不足以引发转变。校本教研的整体改革是一个大工程，不可能一蹴而就，而且经常需要先做若干整饬土壤的前期工作。我们的联盟活动应该为学校教研的整体改革酝酿情绪，展示改革的路径。基于这样的考虑，在第六次会议期间，我们讨论修改了第七次参加会议的人员要求，提议参会人员中必须有一位是教研组长，各校在会上进行教学策略的交流时必须以学科组为单位。

2016年4月，卓越高中联盟第7次研讨会在
烟台三中召开，老师们在体验康奈尔笔记

在第七次研讨会上，交流各校设计的学习策略和工具时，我们发现，老师们开始有了设计工具的意识，有的工具看上去还非常好。但是从总体上来看，存在着所设计的工具只适合偶尔使用，而不适用于日常教学的现象。为此，我特意写了一篇短文发给参加联盟研究的所有老师，强调了学习工具的研发与培养学生的学科思维能力的关系。我们强调的是，要通过三个维度的研究，从整体上实现培养学生学科思维能力的教学目标，在教学中，每一个维度的实现都需要设计学习工具来实现。具体如下。

（1）谁在学习。

第一，教师要努力营造课堂积极学习的氛围。

第二，教师要详细了解学生的已有相关知识（需要设计工具）。

第三，教师要详细了解与设计学生主动学习的习惯和能力（需要设计工具）。

（2）学习什么。

教师要确定教与学的目标（根据学情；把学习内容从课标要求转化为具体可测的学习目标）。

（3）学生怎么学习（需要设计学习工具）。

教师要根据学习内容的特点和能力形成目标，设计学生使用的学习策略和工具（特别是加强学生的动手练习和连贯思考），这些学习策略和工具决定了教师如何组织教学。

这里特别要强调的是，在大班额学习的情况下，教师习惯于用讲授的方式把知识"讲完"，甚至连能力目标也要通过"讲"的方式"告诉学生"，这是典型的"定型化设计"。"定型化设计"是把教学视为旨在实现教育目标有效达成的一种"系统"，并谋求最优化的一种思考方式，借助揭示一般可控的少数要素，生成一定的关系，来解释对象的性质与行为。"定型化设计"从目标出发，旨在传递既知的知识及其知识体系。在定型化设计中，执教者作为儿童学习之外的客观存在，在观察、评价、控制着儿童的学习。与"定型化设计"相对是"情境化设计"。"情境化设计"把复杂性和混沌性视为教学的本质。教学是人类的一种活动，是拥有多样的生活方式与经验的每一个个人共同拥有的，富于变化的、发展的"场域"。[①] 在从"定型化设计"向"情境化设计"转向的过程中，老师要从怎样让学生在课堂上获得最大程度的学习机会的角度来思考和尝试。《深度学习的 7 种有力策略》中提出："知识的学习不是来自阅读内容，而是来自加工、思索或反省内容。"[②]什么是"加工"知识呢？"加工"的同义词有：沉思、思索、认知、反省、巩固、联想、意义形成、联结、详述、复述、提取、编码……

（4）教师怎么评价学生学习状况（需要设计知识加工工具）。

把评价内化到学习的全过程，对每一个教学环节都设计一个学生整理与反馈知识的时间，而不是仅仅在课末设计一个检测环节，这样学生就经常有机会在自己的情境中自主建构知识。

### （四）学校共同体建设行动研究的阶段性反思

对卓越高中联盟三年的行动进行反思，是为了第二个三年共同体行动研究更有针对性。认真盘点三年的行动研究过程，我们发现真正有效果的行动有以下几个特征：面向实践，校长领导校本教研的整体改革，建设共同的话语体系，设计教学流程和学习工具，对教师进行体验式培训。

#### 1. 努力建设面向实践的教研共同体

从现实问题出发——而非从概念出发——才是教师校本培训的原点。而从现实问题出发，就意味着我们校长和教师不能把研究现实问题突围路径的责任外包给别人，就意味着我们必须建立一个持续面向实践的教研共同体。这个教研共同体的主体是校长和教师，研究对象是日常课堂教学和学生的健康成长。为了使教研共同体聚焦持续的专业对话而非表层性、寒暄式的聊天，共同体的氛围必须由"一个人默默奋斗"转变为"大家的共同追求"，持续对话，这样共同体的话题才能"接着说"，而不是一直在原地寒暄。

---

① 钟启泉：《课堂教学的特质与设计》，载《中国教育报》，2017-05-04。

② ［美］Eric Jensen，LeAnn Nickelsen：《深度学习的 7 种有力策略》，温暖译，上海，华东师范大学出版社，2010。

　　从我们联盟近三年的实践看来，这个"校本＋校际"的教研共同体一直持续地对话与探索，在这个过程中，作为教育研究人员的我，与他们一起，有时候戴着放大镜观察他们的教学实践，有时候我们又一起离开课堂，在一段距离之外再观察教学实践。这是一个由内而外的过程，是一个首先把教师看作专业人员而后再设计专业成长方式的过程。在这个过程中，我们逐渐形成了这样的信念："当若干个个体都致力于自我发现、致力于学生自我成长的时候，教育领域就会呈现出不一样的气象。个体的努力不仅能够解放自我，重建个人经验，而且能够改善乃至重建整个领域。"①

　　**2. 校长领导校本教研的整体改革**

　　联盟活动是正式的对话平台，相当于小组合作学习的交流环节。这个环节的有效性主要取决于各个小组成员是否经过独立学习和思考。我们联盟的校长们无一例外都把校本教研指挥部设在校长室里，努力进行校本教研的整体改革，通过做好减法和加法，使教研的几个维度发挥合力，共同对教师的教学改革发挥作用。

　　首先，在时间上做减法，树立"'用自己的时间教自己的课'的老师才是好老师"的榜样标准，从理念和舆论上杜绝通过挤占学生自主时间来"提高"学习成绩的做法。

　　其次，对推进改革的方式做减法。改变过去校长们主要使用"说明书式"的教学改革推进方式，即不花精力进行学科建设，只请少数人设计一个模式，让多数教师照做的教学改革方式。这种"说明书式"的改革方式之所以不成功，是因为没有充分考虑到课堂教学的高度复杂性。教学改革必须依靠每一位教师的专业性和投入度。联盟的校长们开始简化"规定动作"、去"统一模式"，他们在联盟提出的课堂改革问题和方向的基础上，提出本校内涵清晰的课堂教学改革愿景，然后鼓励教师们进行个性化探索。

　　最后，校长在领导整体校本教研改革上做加法。教研必须与学校的教学改革、教师专业发展、学科建设和小课题研究结合起来，切入方式就是对教研组长的年度教研计划进行干预，要求教研组长把围绕如何从三个维度入手培养学生的学科思维能力来设计具体的教研活动，要求主题教研必须与针对性读书和小课题研究相结合。老师们逐渐达成了共识：提升教研有效性，不做没有效果的教研活动。

---

　　①　陈雨亭：《教师自我的发现与重构》，载《全球教育展望》，2014(1)。

**3. 通过针对性阅读建设共同的话语体系**

成员们有共同的话语体系是一个教研共同体之所以能称之为共同体的重要标志。如果成员没有进行针对性的理论学习，研讨时就只能使用产生问题的话语体系。产生问题的思考方式不大可能产生出问题的解决方式。很长时间以来，教师们一直在迷雾中前行：过于专注于自己的课堂使得老师们很难看到自己的问题；偶尔请专家来进行讲座式培训，专家所讲的理论又很难正好能够解释老师们的实践困惑。我们联盟的老师们三年来坚持进行针对性的专业阅读，已经初步建立起了理论与实践对话的行动研究习惯，逐渐地理解了同行的见解对他们自己专业提升的作用，就如克莱·舍基所言，"一项职业，对于这些从业者来讲会变成他们理解世界的一种方式。专业人士通过同行们创造的镜头看世界"①。

**4. 设计能培养学生学科核心素养的教学流程和学习工具**

联盟活动以及日程学校进行校本教研时，我们比较聚焦教学流程和学习工具设计的适切性。教学流程的设计主要强调教师要把着力点放在学生的"学"上，围绕学生有尽可能多的加工知识的机会来设计。我们之所以如此强调学生的加工知识的机会，是因为"学习源自个体炼制知识体系的过程，他将新信息和被调用的先有概念进行对照，生产出能够回答自己疑问的新意义……学习者理解了一种新模式，也就意味着他的心智结构发生了重大变化，他的提问框架被重塑，参照网格也会在很大程度上得到重新炼制"②。

当教师把教学从"教"转向"学"之后，最大的挑战就是如何既给学生自主学习的机会，同时又能够引导学生用形成特定的思维方式的学习方式来"学"。这个挑战的出路是设计若干学生加工各类知识时长期使用的学习工具。教师设计学习工具的目的，就是让学生借助于自然的思维能力，经过长期使用学习工具之后，逐渐形成连贯的学科思维能力。

目前，我们联盟各学校的老师们，已经以学科组为单位，探索了若干学科学习

---

① ［美］克莱·舍基：《人人时代——无组织的组织力量》，胡泳、沈满琳译，49 页，北京，中国人民大学出版社，2012。

② ［法］安德烈·焦尔当：《学习的本质》，杭零译，62 页，上海，华东师范大学出版社，2015。

工具，有些学科甚至已经拥有了学科工具群。这种以部分教师先行研发，然后通过示范带动同学科的教师一起研发与尝试的路径，是非常有效的课堂教学创新方式。当然，教师设计学习工具的最大困难是他们自己缺乏这类经验，因为他们自己是静听各学段的老师讲课而成长的，他们参加的职后培训多数时候也是静听式的。我们联盟之所以能够开始有成功的尝试，就在于我们创造了一种机制，能帮助老师们弥补教育理念和教学实践之间的鸿沟。

**5. 对教师进行体验式培训**

要建立面向实践的教研共同体，在进行教师培训的时候，就要把过去那种灌输式的教师培训改为体验式培训，用少量体验式案例引发教师对教学关键问题的思考。我们联盟的每一次会议，都以体验式学习贯穿始终，让教师们在亲身体验中反思自己的教学实践，揣摩他们读过的那些教育理论。

有效教学中的"少即多"理论，在教师培训中也同样适用。我们不能让抽象概念的海洋覆盖教师的头脑，重要的是让教师思考，找到努力的方向，焕发研究和尝试的热情。

在创建面向实践的教研共同体的过程中，我们不经意间收获了一个"有机团队"：我们合作的力量来自共同体中的每一个成员，有共同的研究与实践主题，一直都在进行真正的对话，每一个人的发展之和促成了团队的整体发展……

# 三、教师教育力的养成维度

任何促进教师职后发展的措施（不管是校本的还是其他若干校外的）都必须经由教师的自我建构才能起作用。当教师们抱怨"培训不管用"的时候，其实他们说的是"外在的培训没有对我起作用"，原因是多方面的：就个体教师而言，如果没有一个清晰的自我成长目标，那么外在的培训很可能就是强加的、碎片式的，不能起到连续的累积作用，就只是零星的干预；就校本培训而言，很可能是因为没有把影响教师专业发展的关键领域进行整体建构，分头进行的各类改革很难对本校每一位教师起到稳步提升的作用；校本以及各级教育主管部门组织的各种类型的教师培训，更难以对教师起到建构作用。我根据最近一些年参与若干学校的校本教师专业发展所做的行动研究，总结、归纳了教师教育力养成的若干维度，供教师们进行自我职业规划时参考。学校在规划本校教师专业发展方案时也可以参考这些维度。

### （一）秉持"为素养而教"的教学价值观

不管处于职业发展何种阶段的教师，形成与拥有"为素养而教"的教学价值观都是作为教师的第一性原理。这是一名教师的最基本信念，位于教师所使用的教学技术和所拥有的教学艺术的底层。教师的教学技术和教学艺术是多姿多彩的，受到教师的教学条件和个性特征的深刻影响，但是在多样化的背后，我们会发现教师可以被大致分为两类，那就是"为素养而教"与"为分数而教"。这二者并非泾渭分明，打眼一看从表面上就很容易加以分辨。它们的背后，至少包含以下这些区别。

首先，"教与学"是教师基于自己的所教创造条件促进学生自主成长的一段经历呢，还是教师尽可能排除一切干扰让学生掌握能在考试中用得上的知识与技能。如果是前者，教师会在学段课程标准的引导下，认真研究自己学生在知识、能力和态度上的特点，把知识和学科关键能力根据这些特点进行螺旋式设计，为学生自主建构他们自己的知识和能力体系提供稳定、可靠的、阶梯式的支持系统。他们的教学有时候看起来没那么有序，因为在很多时间里，学生在自主学习或者小组合作学习。如果是后者，教师会主要围绕学科课程标准和学校面向全校设计的课程表设计"教"的进度和教的方式，"教"的逻辑是教师的和教材的，而非基于学生自主建构的。

其次，"为素养而教"的教师会想方设法创新并尝试能够稳定地培养学生某项核心素养的方法与工具，并随着教学时间的增加而累积一整套有自己特色的学科教学理念、方法和工具。这是一个教师对自己的教学能力不断进行刻意练习的过程。"为分数而教"的教师的首要考量是学习或者模仿一套能"确保"学生获得高分的方法，而较少关注这些方法自身的连续性和促进学生自主建构的有效性。我们常常会发现有些教师工作十分努力，但是他们从教15年时的教学能力和教龄5年时没有本质区别，他们是一些"有经验"但是"没有思想"的教师。

最后，我们常常发现，"为素养而教"的教师同时能有效地培养学生的品格，这是因为他们信奉在打铁中学会打铁的常识，学习的同时就是品格养成过程。稳定的学习方法和学习工具同时也是培养学生品格的方法和工具。而"为分数而教"的教师往往把"德育"作为实现学生努力进行接受学习的辅助手段。

"为素养而教"还是"为分数而教"是区分不同教师教学策略选择的根本，表现在具体的课堂上，就是教师讲完了自己的知识结构还是学生在教师设计的学习方式的引导下自主习得了知识结构。当然，即使是秉持同一种教学价值观，不同教师的教学水平有区别，同一教师的不同职业发现阶段也有区别，因此具体的课堂会千姿百态。如果不把是否"为素养而教"作为教学自我诊断或者同行教学研讨的重点，则很可能就滑落到诸如教学风格之类的枝枝蔓蔓上去了。

秉持了"为素养而教"，若干教师个体的努力就能汇聚成帮助学生自主成长的力量。教师不可能代替学生成长，但是教师的种种努力可以成为学生成长的土壤。就如诺丁斯所言："教育不是对已经发生过的事物的重复。教育是在教师的指导下的一种探索。教育是评估、修改、比较、分享、交流、建设，以及选择。严格地说，教育没有什么最后的产品——没有什么人接受教育后能够成为完美的人；但是，教育会培养出那些向我们展示进步和成长的人。"[①]

### (二)确定清晰明确的教学目标

"教学目标清晰明确"应该是教师进行课堂教学的底线要求，是无论教师规划自我专业发展还是学校规划教师校本研修的起点。但可能正是由于太基础了，反倒没有引起教师们足够的重视。无论哪个发展阶段的教师，都普遍存在着教学目标不清晰不明确的情况。所谓教学目标不清晰不明确，主要有两类问题，一是教师从"教"的立场出发，只写了自己干什么，没有设计学生学习之后行为或者能力会发生怎样的变化，如何测量这种变化；二是虽然教师设计了较为清晰的教学目标，但是在具体的教学过程设计中，却没有落实所设计的教学目标。就是说，虽有目标，但是却没有设计学生经过哪些具体的学习以至于能力能够发生切实的预期变化。

教师在教案上写上清晰明确的教学目标相对容易，只要对设计教学目标的技术程序稍加学习，再研究一下课程标准和教师教学参考资料就能写出。但是教师所提出的教学目标能够在本节课中得以落实却是一个艰巨的任务，决定着学生课堂学习的有效性。

---

① [美]内尔·诺丁斯：《学会关心——教育的另一种模式》，于天龙译，210页，北京，教育科学出版社，2003。

　　王荣生教授曾经给语文教研提出这样的建议："反思自己想教与实际所教之间的关联，审议自己所教与学生实际所学之间的关联，反思和审议自己想教、所教、学生所学与语文课程目标的关联，应该成为语文教师校本教研的主题，应该作为语文教师专业知识发展的主要途径，也应该作为语文课堂教学研究的主要任务。"[①]他提出的"想教""所教""学生所学"这三点应该是所有学科的教师在自己整个教育生涯中都应该经常重点反思的内容。在教学设计阶段，教师明确自己"想教"什么至少需要研究以下一些内容。

　　第一步，学习学科课程标准，重点研读本学科的学段学习总目标。即使是学段的第一年，教师也应该明确了解学段的学习总目标，因为它为教师设计具体的单元目标和课时目标提供整体框架，教师本人就能明晰对于特定的知识和能力学生应该达到怎样的学习程度，应该鼓励学生使用哪些更好的学习方式。

　　第二步，确定学科核心素养框架和培养路线图。教师应该根据学科特点和学科课程标准明确本学科的学科核心素养有哪些，这些学科核心素养在该学段的学习过程中该如何分布。凡是能称之为"学科核心素养"的素养，必定既对学生未来发展至关重要又特别难以培养，不仅需要培养的工具而且需要相当长的培养时间，因此教师需要根据经验判断培育学生学科核心素养的先后顺序和需要的时间。根据学科特点和学生特点，把学科核心素养的内容框架和培养时间进行横向和纵向的分布。就是说，除了以教材为依托的课时目标，教师还应该把学段重点培养的学科核心素养也落实到具体的课时目标中。

　　第三步，对学情进行针对性分析。教学设计时进行的学情分析，不应该是笼统地交代一下学生的学习动机和大概的知识掌握情况，而应该针对性地掌握学生对于将要学习的内容已经知道了什么，特别是那些很久以前学过但现在学生有可能遗忘了的内容。除了针对性的铺垫性知识，教师还应该对学生与将要学习的知识相关的生活经验进行深入了解。学情分析需要设计调查学情的工具，例如，是非小测验、维恩图解或者 H 图解、历史事件网络、字母头脑风暴、段落写作。[②] "教师了解了学

　　① 　王荣生：《听王荣生教授评课》，369 页，上海，华东师范大学出版社，2007。

　　② 　[美]Eric Jensen，LeAnn Nickelsen：《深度学习的 7 种有力策略》，温暖译，40 页，上海，华东师范大学出版社，2010。

习者的先有概念后，就可以划出学习者所掌握的思维范畴，特别是，得到这些信息后，教师可以对教学中可能遇到的障碍作出预估。"①

第四步，确定单元目标。教师设计的单元目标不同于教材上的"单元"。教材的单元是教材编写者根据课程标准编写的一个内容单元，而教师备课时所设计的应该是一个"学习单元"，是为让学生经历一个完整的学习体验而设计的学习单元。教师设计单元目标的直接依据是课程标准、本单元的聚合性大概念、学科单元概念网，在此基础上，把课程标准拆解为知识目标、技能目标和理解力发展目标。确定单元目标时，最值得教师思考的是杜威曾经指出的："教师的问题不在于掌握一个主题，而是将一个主题调整为对思考的培养。"②

第五步，确定课时目标。根据课时和单元目标的需求，把单元目标拆解为课时目标。设计能够帮助学生进行深度学习的教学流程和学生使用的学习工具。

确定教学目标以及在实际课堂教学中落实这些目标是教师最核心的专业能力。无论是新手教师还是专家教师，都应该经常性地反思这个问题。

### （三）设计能帮助学生自己炼制知识的教学流程

该不该模仿某个"著名"的教学模式？自己该不该也设计教学模式？这是很多教师曾经纠结过的问题。在当下我国教师的教学实践中，很多所谓的教学模式其实称之为"教学流程"更合适，就是说，其实只是一个规定了的相对稳定的教学流程。评价一个教学流程是不是合适，关键看教师对教学流程的选择或设计缘由。就是说，教师所使用的教学流程的着力点是放在教师的"讲"上，还是放在帮助学生的"学"上。这是我们评价一个教学流程的最根本维度，具有源头的意义。

当教师真的把学生的学习看作是"个体炼制知识体系的过程"，那么他们在设计教学流程时，就会重点考虑以下几个问题。

第一，本课时的学习目标，也就是本节课要学习哪些知识，主要培养学生怎样的能力。不同类型的知识有更加适合的学习方式，不同的能力培育需要不同的工具。

---

① ［法］安德烈·焦尔当：《学习的本质》，杭零译，45页，上海，华东师范大学出版社，2015。
② ［美］约翰·杜威：《我们如何思维》，伍中友译，169页，北京，新华出版社，2010。

　　第二，学生的先有概念，也就是上文论述过的具体的学情。教师要根据学生的先有概念评估学生学习可能会遇到的障碍，怎样的学习方式能够最大限度地帮助学生解决那些障碍。这是教师们拥有多彩的教学艺术的原点。

　　第三，学生自己炼制知识所需的条件。在课堂学习环境下，教师设计怎样的学习情境？准备哪些学习工具？在哪些环节为学生设计足够的加工知识的时间？

　　只有当教师在真实的课堂教学情境中围绕这些问题进行教学设计，不断提高他们帮助学生炼制知识的能力时，他们每天的努力才算得上"刻意练习"。

　　例如，山东章丘四中的高一历史老师于梅梅在设计"资本主义政治制度在欧洲大陆的扩展"一课时，为了更好地培养学生透过繁杂的历史事件把握历史发展规律的能力，打破了一般历史教师通常按照教材的历史事件发生的逻辑顺序设计教学流程的做法，采用整合的方式，提炼出了"变"这个学习线索，按照"大事趋变"（背景）、"变而不同"（过程）、"殊途同归"（结果）、"历史启示"（评价）的逻辑线索设计学习流程。于老师根据不同的学习内容和环节，设计了若干学生使用的学习工具来帮助学生深度加工知识，如"资料卡片""题字图解"（把两国宪法的内容分别列出要点并画出示意图）、"H图解"（一个"H"形状、学生用来进行同异对比、学生需要自行归纳要点的图）、"手掌控制器"（一个学生用于记录自己梳理所学问题的解决方案，同时也记录其他同学解决方案的知识加工工具）。

　　学生的学科核心素养只有学生在自己使用合适的学习工具主动学习的过程中才能逐渐形成。但是真正的挑战在于教室里有几十名个性化的学生，杜威曾指出："训练必须从学生们的自然倾向中找到出发点……必须是在人们自己本来就有的自然思维能力基础之上进行训练，训练目的不是创造这种能力，而是让这种能力运用得当。"[①]个性化的学生与教学必须从学生们的自然倾向出发设计教学流程，这二者的组合构成了对教师真正的挑战。很多时候，教师们知道什么是好的教学方式，但是真正的痛苦在于如何把理念转化为实践。

　　章丘四中为老师们搭建多元对话的平台，进行教研改革，聚焦每一位教师的针对性阅读、模仿性设计以及原创性经验的共同影响，逐渐优化与提升日常教学

　　① ［美］约翰·杜威：《我们如何思维》，伍中友译，北京，新华出版社，2010。

习惯。于梅梅老师的历史教学设计就是借鉴了学校教研的必读书目之一的《深度学习的 7 种有力策略》中的一些深度加工知识的工具。

教师在设计教学流程时还有一个很大的挑战就是"多"与"少"的取舍。课时总是有限，知识和能力的培养点又总是很多。在这样的矛盾中，很多教师不得不选择了大容量、快节奏、浅层次的讲授型教学方式。"让学生自己炼制知识体系"的前提是教师必须相信"一粒沙里有一个世界"。"每一门学科都有其内在逻辑，这种逻辑如此精深，以至于每一块关键组件都包含重组整体所需的信息。……（例如）在历史的每一个时期中，都有一件大事，当你深入理解它时，不但明白历史学家如何工作，而且对那个时代的一般动态会有更清楚的认识。"①教师只有选择"少即多"（用较多的时间对较少的内容进行深度学习）才能给学生设计出足够的加工知识的时间。对知识的加工可以是通往理解、领悟、深层、实用的道路，也可以是通往作为副产品的记忆的道路。

### （四）设计稳定的、长期使用的学习工具

最近几年我阅读或者倾听过若干中小学教师进行小课题研究的成果，发现他们在自己提出的研究问题与实际研究的解决方案之间有鸿沟。他们试图进行行动研究，把自己的研究与教学结合起来，但是最终却往往还是割裂了，理念与实际行动似乎很难融合。正因为历年的研究都缺少真正的研究型教学，因此有些教师即使拥有了各种专家型教师的头衔，教育思想也是捉襟见肘，这是因为教师以"讲"为主的教学方式，使得学生多数时候只需要静听，安静地记笔记或者专心做题即可，因此教师们普遍不重视设计学生使用的学习工具。

但是，如果把学习看作是教师帮助学生自己炼制知识的过程，教师就必须设计若干停顿，预留足够的时间让学生"加工"知识。而学生在"加工知识"的过程中，必然需要使用各种类型的学习工具。教师在设计学生使用的学习工具时，主要需要考虑以下几个方面。

第一，符合所加工知识的习得规律。例如，主要为了培养学生养成"负责任的

---

① ［美］帕克·帕尔默：《教学勇气——漫步教师心灵》，吴国珍等译，123～124 页，上海，华东师范大学出版社，2005。

烟台三中语文教师王丽萍在分享作文写作工具

表达"能力的学习工具，与主要为了培养学生探究能力的学习工具是非常不同的。这需要教师研究学科特点、知识分类以及各类知识的主要习得条件。这方面的基础知识可以通过阅读安德森等编著的《学习、教学和评估的分类学》来达成。

第二，研究学生的认知特点。无论是教学流程还是学习工具，都需要考虑主要与学生的年龄相关的认知特点。例如，在深圳南山外国语教育集团，同样是开设利用英语电影片段学习英语的校本课程，小学的教学流程是"赏—析—模—演—配—画"（欣赏—分析—模仿—表演—配音—绘画），而到了中学则改为"赏—析—模—演—配—编（改编）"。

第三，学习工具必须长期使用。"长期"是一个模糊概念，那种教师偶尔使用（例如公开课时）的工具不在本文讨论范围之内。有些学习工具与个人加工知识的习惯有关，例如有很多学习者一直把康奈尔笔记作为自己记笔记和整理笔记的工具，甚至在大学毕业后的工作中也一直加以使用。有些工具是为了帮助学生形成某种能力而把本来连贯的动作拆分成几个步骤，让学生遵循步骤完成知识加工任务，

六盘水教研员培训班上请老师讲讲使用学习软工具的感受

从而强化他们对这种能力的觉知。这个过程也许需要一年，也许需要更久。

教师设计学习工具的最大困难是他们自己缺乏这类经验，因为他们自己是静听各学段的老师讲课而成长的。他们参加的职后培训多数时候也是静听式的。就是说，当教师被要求改革课堂教学方式时，并没有一种机制能帮助他们弥补教育理念和教学实践之间的鸿沟。

教师培训最有效的方式是体验式培训——期望教师怎样进行课堂教学，那么培训者就用怎样的方式培训教师。假如培训方式还没有改变，学校的校本研修也还没有做到真正有效，那么教师就应该把研制教学流程和学习工具的重任自己扛起来。其实，即使是有外在的帮助机制，教师也无法期望别人把所有的工具都设计好供自己使用。教师对自己的教学流程和学习工具的设计是课堂教学改革走向深入时不可能绕过的门槛。

我参与的卓越高中联盟设计了日常学习和研究与联盟活动交流相互配合的机制，对教师进行的针对性阅读、小课题研究、教学设计、同课异构以及经验交流等几组活动进行相互呼应的设计，以鼓励教师设计与尝试更加有助于学生炼制知识的教学流程和学习工具为主。这个研究和探索的过程很艰难，但是很多老师已经走出了第一步。

在联盟学校召开研讨会分享教师们设计的学习工具时，很多教师认识到自己过去设计的一些工具其实还不具备真正能够让学生形成某种学习能力的效果，需要再前进一步。例如，天津海河中学的邢彤彤老师对作文教学进行了改革，让学生使用思维导图来设计作文的写作提纲。经过研讨她认识到，思维导图如果真要对学生的写作能力有提升，还必须设计进一步的学习工具：提纲列好之后，每一个论点该如何展开论述呢？她还应该设计一个类似"SEEC"那样的段落写作模板。

还有，教师的小课题研究应该主要聚焦学习工具的设计、尝试与分享，勇敢地去碰触复杂的教学。就如佐藤学所言："正是因为这种宿命般的客观情境的复杂性、问题的复合性、技术的不确定性，才使教师这一职业可能成为新的专业职位。"[1]只有当教师进行真正的课题研究时，校本教研才可能有可交流、可分享、可研讨的活生生的内容。

### (五)营造积极的学习文化

一旦我们把教师的责任看作是帮助学生炼制知识，那么教师除了设计教学流程和学习工具，还需要营造积极的学习文化，因为学习是一段很长的旅程，学生必须

---

[1] ［日]佐藤学：《教育方法学》，于莉莉译，92页，北京，教育科学出版社，2016。

对学习有积极的态度才会激情投入。对教师而言，真正的挑战在于，无论学校的历史文化传统多么丰厚，也无论教师个人在过去的教育实践中多么善于营造积极的学习文化，他们每一天面对学生的时候，一切仍然都必须从头再来。"文化的效应无法被'放大'，因为文化本身并不是一种终端产品，而是一种行为过程。"①本文把学习文化看作是一种师生相互影响的动态行为过程，只论述几个当下教师们特别需要有所改进的方面。

第一，探索提高课堂参与度的教学组织方式。课堂教学组织方式类似于手机或者电脑里的操作系统，经常被视而不见但是却构成了学习文化的底色。学生静听的课堂不可能有高的参与度，未经精心设计和培育的小组合作学习也不能解决参与度不足的难题。提高学生课堂参与度的基点应该放在教师如何组织教学才能确保每一个学生能够自主学习、多元互动和及时获得有效反馈上。例如，很多教师鼓励学生举手回答问题，这种提问方式的出发点是鼓励竞争以及教师掌控课堂，无形之中使懒于思考的、不想在公开场合表达观点的学生失去了积极思考的机会。而如果教师改单一的举手回答问题为多元的思考与交流方式，如独立思考与随机提问相结合、独立思考与小组分享相结合、小组讨论与个人对小组讨论观点总结相结合、项目学习与项目汇报交流相结合等，则每一个学生都积极思考的学习氛围就能建立起来。把一个教师与个别学生之间一问一答变成能在房间内到处反弹的复杂公共对话。当我把学生的眼睛从只看着我转向彼此互相注视时，学生会学到更多。在参与度高的课堂上，学生时时处处卷入到积极学习的行动中。这是积极的学习文化的基础。

第二，每一个学生都获得关注。以往在大班额授课和应试倾向的教学中，教师跟学生的互动往往是一对多的告诉式、讲解式或告诫式。从教师的角度来看，这是最省时省力的师生互动方式；但是从学生的角度来看，这却是让多数学生在多数时候很少获得关注的互动方式。营造了"积极的学习文化"的课堂意味着每一个学生都获得了足够多、足够有效的来自教师和同学的关注。

除了设计教学流程和学习工具来促进学生自己炼制知识，教师们还需要借助各

① ［美］多弗·赛德曼：《未来领导者》，陈颖译，229页，广州，广东省出版集团，广东人民出版社，2012。

种技术来提高每一个学生获得基于学习过程的足够多的关注。多少学生在缺乏关注的学习过程中，逐渐丧失了积极学习的动力。

在过去几年，已经有很多学校使用移动互联网进行更加深入的课堂教学改革，提高对学生学习过程关注。例如，使用微课翻转传统课堂、使用移动终端促进学生针对性学习等。我曾经访谈多位进行这类改革的教师，他们一方面觉得移动互联技术为改变传统课堂带来很多便利和可能，另一方面又觉得实质的改变貌似也还是十分艰难。在进行课堂观察时，我发现问题在于很多教师把移动终端当作了一个迷你黑板，主要用于教师发布指令，如出示让学生阅读的材料或者让学生做的习题，移动互联技术对学习过程进行数据分析的功能被简化成为统计做题结果的简单计算功能，因此本来可以预期的借助互联工具而能够对学生实施的针对性指导实际上无法实现。一方面这是因为教师"为素养而教"的理念还没有与实际的课堂教学实践互相启发与成就，另一方面也是因为互联网技术在学校教育中还没有发展成为人们视若无睹的基本工作条件。克莱·舍基观察到："只有当一项技术变得普通，普遍，直到最后无处不在而被人们视若无睹时，变革才真正到来……我们正在经历人类历史上表达能力最大的一次飞跃。更多的人可以就更多的事与更多的人交流。"[①]相信随着使用互联网技术的能力在教师中的提升，关注每一个学生的学习过程就会成为教师工作的常态。

第三，教师对知识和能力的积极态度是学校学习文化的底色。在一个终身学习能力成为个人硬通货的时代，教师通过自身的榜样作用影响学生形成的终身学习态度最为重要。教师学科知识的丰富程度、是否关注本学科的前沿研究成果、知识的广度以及由热爱求知而带来的幽默风趣等品质都深深地影响着学生。

第四，课堂是安全的。安全感是提高课堂参与度，让每一个学生都全程积极投入地学习的前提。这需要教师有足够的耐心与专业性培养学习共同体，引导学生互相成为学习伙伴。如果没有这个前提，课堂可能就会成为某些孩子逐渐丧失自信和兴趣的地方。在阿德勒的研究视野中，他发现问题儿童首先是心理上的失败，始于自信心丧失。缺乏自信的儿童会回避有意义的行动和任务，寻求自由自在之道和便

---

① ［美］克莱·舍基：《人人时代——无组织的组织力量》，胡泳、沈满琳译，84 页，北京，中国人民大学出版社，2012。

捷的成功。① 营造有安全感的课堂的关键在于教师和学生真心认为学习过程中出现错误十分正常，大家都能耐心地等待与倾听同伴表达自己的观点。

# 四、以整体改革建设走向未来的学校

随便翻翻最近几年的教育类报纸和杂志，我们会发现新技术已经在相当一些学校越来越面向未来了：3D 打印、stem 教室、ipad 教学、"智慧教室""未来教室"、各种类型的学科教室或者培养创新力的教室。有相当一些学校或者区域开发或者引进了基于人工智能和移动互联网技术的教学系统，融跟踪管理、学生学习全程干预、家长和教师无缝隙合作、教研等于一体。可以想象，随着物联网的普及，新技术支持的学校管理、教学系统会越来越"智能"。我们能不能乐观地认为，这些拥有大量新技术元素的学校就能被称为未来学校了呢？我认为显然还不能。

如果把教师可以用于备课和上课的各种资源和手段看作是 App 的话，那么使这些资源和手段成为随手可用的工具的校内外设备和设施就是操作系统。当操作系统已经发展到随时可以人物互联、物物互联、内外互联并且数据可采集、可挖掘时，教师的工作方式一定会发生变化吗？在相当长的一段时间内，仍然会有相当多的教师把飞机的翅膀装在拖拉机的轮子上。面向未来的学校，应该从现实出发，聚焦关键任务进行校本改革。

## （一）未来学校应该聚焦关键任务进行校本改革

我们可以把那些或强调考试分数或注重活动展示但不重视学生思维能力培养的教学方式称为传统型，把重视学生思维能力培养的教学方式称为创新型。两种类型的教学方式各有其浸润其中的教学文化，各有细密的支持性系统。从传统型向创新型转变，不仅需要其中每一个人都有转变的意识，而且需要学校聚焦关键任务进行校本改革。

---

① ［奥］阿尔弗雷德·阿德勒：《儿童的人格教育》，彭正梅、彭莉莉译，7 页，上海，上海人民出版社，2011。

什么是学校的关键任务呢？学校的关键任务是根据本校的实际，通过设施资源和人力资源的配置、调动和优化提升，全面落实立德树人的根本任务。能称之为"未来学校"的，是那些建立了新的管理和领导模式从而在新的操作系统上更好地落实了立德树人根本任务的学校。这些未来学校，大多数不可能是在某个理想的时间空降到某个理想的地点，有一批理想的教师教育一批理想的孩子。与此相反，每一所学校都必须以现实主义的态度，在自己现状的基础上进行艰苦的校本改革。

那么，当前我们最大的"现实"是什么？最大的现实就是，在学校层面，校长领导教师们努力进行各种各样的局部改革（如增加校本课程数量、进行校园环境文化建设、课堂教学模式改革等），但改革的效果总是捉襟见肘。我们发现：校本课程的数量和形式增多了，使用导学案几年了，或者强力推进某种教学模式几年了，但学生的总体学习方式并没有明显改变。特别是，对学生关键能力（如创新能力、表达能力、合作能力）的培养效果并没有让人信服的证据。这是由于学校的日常运行方式已经织就了一张维持当下教育和教学方式的网，所有人都缠绕其中，任何局部的变革都不足以撼动这张网的运行方式，因此，只要学校的关键任务没有明确，行政领导方式和资源配置方式基本不变，我们就不能期待真正的变革会发生。

### （二）确立"大课程"在未来学校改革中的核心地位

新课程改革十几年来，教育实践者特别是校长和教师，对"课程"这个词汇的内涵有了越来越深入的理解，其中最为重要的变化是，校长和教师不再把"课程"当作"上级"规定好了的、学校和教师不能改动的一套教和学的材料。在三级课程框架下，很多学校开发了若干校本课程，甚至有的学校构建了特色的校本课程体系，标志着在一定程度上，学校已经成为发展的主体。但是，就学校的管理方式来说，多数学校把课程与其他日常工作如管理、教学、德育、后勤等并列，是平行的关系。这种管理方式是造成校本改革进行一段时间之后无法再深入进行的主要原因。

学校各项工作都很重要，但是却并不都是学校工作的核心目标。学校的核心存在价值是育人，因此它的核心目标就是不断优化立德树人的课程。就如天津师范大学的和学新教授在最近发表的一篇论文《特色高中建设中的课程改革问题探讨》中所指出的："管理、教学、课程、德育、体育卫生、校园环境、学生工作、后勤工作等之间并不是平行的关系，其中的课程是中心或核心。学校的各项工作都是围绕着学校课程价值的实现这个核心目标来进行的。"①

当我们说"课程"是学校工作的核心时，我们所指的"课程"其实是"大课程"。所谓"大课程"，指的是学校各类课程加上它们的实施方式，也就是说，它涵盖了出现在课程表上的所有科目、教师团队为准备这些科目而进行的集体备课方式、每门科目的教与学以及评价方式等。以饮食作为比喻，"大课程"就是一家人有关饮食的主要安排，而不仅仅只是食物本身：正餐和甜点、饮料、水果、零食等家庭提供的所有吃和喝的东西，这些食品和饮品的制作方式，不同的家庭成员的饮食偏好和禁忌的实现方式，一家人饮食的方式以及环境安排，等等。以往学校把注意力主要放在食物本身上，对课程的实施方式设计和研究不足。新课程改革以来的经验已经表明，把课程主要看作是课程体系本身不可能真正实现学校课程的价值，就如一家人的饮食不仅仅是为填饱肚子，它同时是为了实现一家人交流感情、体验成长和幸福以及通过合理的饮食习惯实现健康的目标。

校长的领导力体现在确立"大课程"在学校工作中的核心地位，然后尽可能提供各种各样的支持和资源，用制度创新和资源配置方式创新来支持"大课程"不断走向深度改革。就是说，面向未来的学校是一个启动了自我进化进程的有机体，一切围绕核心目标的实现而行动。

### （三）未来学校要"为素养而教"

当我们把学校工作的核心确定为"大课程"的设计与实施时，我们又如何界定"大课程"本身的工作重点呢？从我最近几年对一些一直致力于校本改革的学校的调研来看，当下最为急迫的问题是达成"为素养而教"的共识，然后探索为素养而教的整体性实施路径。

当前在小学阶段，有些学校在探索分科式国家课程＋地方课程和校本课程＋活动课程的方式；有些在探索以添加为主要特征的初级形态的整合课程；有些在实施以拼盘主题式为主要特征的中级整合课程。在中学阶段，有些学校在探索以走班教学、每个学生一张课程表为着力点的学生课堂组织方式的变革，有些聚焦以建构教

---

① 和学新：《特色高中建设中的课程改革问题探讨》，载《课程·教材·教法》，2017(8)。

学模式为核心的课堂教学改革，有些在进行考试学科教与学的方式基本不变但是添加校本课程的方式进行改革，等等。尽管这些改革都不同程度地带来了令人欣喜的变化，但是它们的总体改革特征是局部的、片段式的，因此无法实现大课程的所有设计和实施都是为培养学生的核心能力的理想状态。

由于校长领导课堂教学改革时，没有一套能同时回答以上问题的解决方案，就不得不从一个局部切入进行片段式改革，因此尽管十分努力，但是并不能从根本上解决问题，特别是无法实现有指导的集体备课，从而有效解决上面提出的这三个问题。

解决之路是彻底反思教师培训模式，由课程理论研究者、校长和教师共同组成的实践性研究团队，借鉴世界上有影响力的课程与教学研究成果，开发出一套教师使用的、类似于备课模板的备课和教学工具，然后学校的所有其他资源，都被用来保障教师学习、研究和实施这些共同开发和研究过的教学设计。学校制度建设和资源配置等一整套学校改革举措是一种整体改革思路，它遵循的是整合、动态和系统的学校改革原则，以学生理解力的培养为目标，聚焦教师的课程开发与落实以及德育渗透，所有的改革措施在横向上和纵向上都相互衔接、相互支持、相互推动。这样建立起来的是一种持续发展的学校改革与发展机制。

# 我的案例研究

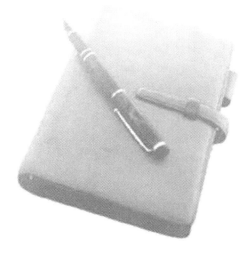

　　我一直认为，与个人所做的一个又一个人生决策一样，每一所学校的校本改革也都是活生生的，是多因素妥协、互动的结果，是情境性的。每一位校长领导力的发挥，既受制于学校已经形成的文化，又对既有文化施加着影响，逐渐改造着文化。类似的改革措施在不同的学校实施，往往会产生十分不同的效果，原因便是这复杂的情境性。从某种意义上说，教育研究者进入教育现场是危险的，因为作为一位外来的闯入者，倘若他心怀笃定，以为自己一眼便看到了学校的问题或者解决路径，往往他就过于乐观了。考虑到教育情境的复杂性和各学段孩子们的独特性，教育研究者应该秉持对话者的身份和态度，在充分倾听的基础上，理解教育实践。

# 一、传记分析法

　　研究一位校长和他领导校本整体改革的过程，其实就是研究他的工作传记，即他的学校领导和管理思想是如何形成的以及可能有怎样的发展方向。研究他人的思想和工作方式的形成与研究自我发展史非常类似，都不可能进行简单的归因。威廉·派纳的自传研究方法叫作"存在体验课程"，通过这种方法，"研究者、教师和学生能够以引起自我转变的方式来研究学校知识、生活史和主观意义之间的关系"。借助于多学科的多种研究方法，存在体验课程帮助人们理解现在的自我是如何形成的，自己的哪些内在自我被压制，在哪些方面自我成了社会的同谋。一个人一旦理解了自己的理智兴趣与传记情境存在的深层互动关系，那么他就拥有了理智自由的可能性。派纳在研究自我的时候，采用四步研究法："回溯—前进—分析—综合"。通过自由联想、悬置等方法，个体回到过去，想象未来，描写现在，然后把对过去、未来和现在的三幅画像并置，综合分析，发现过去、现在和将来之间的复杂关系。[①]在这个过程中，个体开始以不同的方式思考和看待自己，理解了自己是如何在工作情境中成长为"现在的我"的，因而扩展了自我的内在空间，增加了行动的自由。这

---

　　①　陈雨亭：《陈雨亭：教师研究中的自传研究方法》，北京，首都师范大学出版社，2012。

是意识改变的过程，个体能够培养自己对自我理解而言非常重要的"洞察力"。"行为之源的转变意味着行为本身的改变。于是实践就被改变了。"①

对"存在体验课程"等自传研究方法的研究使我意识到，每一位教育工作者都是逐渐成长的，每一个教育主张背后都有漫长的生活史，不可能被轻易改变或者干预。如果不理解这些，就不太可能产生基于复杂教育情境的有效对话。尽管每一个人的成长都有自己独特的轨迹，外人很难真正还原或者模拟。研究者作为对话者，如果秉持对个人成长经历独特性的敬畏，多花时间耐心地倾听与追问，那么不仅能更多、更深地理解实践者，而且对话的过程能够帮助实践者更好地理解他们自己。在这个过程中，研究者本人也能扩展自己对教育实践的理解。我一直努力营造的，就是这样一种互相启发的对话关系。

在校本改革的情境中，当对话基于教育实践而连续展开，研究者收集的资料就会是丰富的，多向度的。解释"别人的"资料，与分析自己的传记资料在方法上非常不同。自我分析强调的是发现自己在无意识中或者被压抑的区域中的"意识"，让它们浮现出来，从而融化自己意识中"受阻"的区域。而在众多"别人"的传记资料中分析别人，考验的则是研究者"透视"资料的能力。

我在进行案例分析时，参考了迈克·厄本的传记分析法②。

第一步：收集四类资料。辨认特定事件；辨认特定事件的地方情境；辨认特定事件及其地方情境发生的更广阔的社会背景；找到一些个人的或者公共的正式资料。

第二步，诠释收集到的资料：把事件置于地方情境和社会文化背景下进行想象、理解和诠释。研究者在收集和解释资料的过程中，与资料对话，心智被资料激发，不断把被研究者的特定事件与研究者本人、与这些特定事件所发生的地方情境和社会大背景进行交织诠释，形成一个诠释的循环。

我用传记分析法处理案例研究中收集到的资料，会比较费时费力。我常常沉浸在资料中很久，感慨自己慧眼不够，不能够文思泉涌，一下子看到字里行间的意义。

---

① Pinar, William. Currere: Toward Reconceptualization, In William Pinar(ed), *Curriculum Studies: The Reconceptualization*, New York, Educator's International Press. 2000, pp. 412-413.

② Erben, Michael(ed), *Biography and Education: A Reader*. London: Falmer Press, 1998, p. 11.

在做案例研究的艰难过程中，我努力从真实问题出发寻找解决的路径，而非从抽象概念出发。

我在自己做过的案例研究中选取了三位校长，选择的论文是当年发表时的原样，没有进行修改，因为这样读者可以从当时的分析中看到在某一个特定的历史背景中，校长可以领导学校整体改革到什么程度。

# 二、曹红旗：带领一所大规模学校进行整体改革

## (一)在三驾马车拉动下前行①

### 1. 启动教学改革：自主高效优质课堂

教学是学校的中心工作。潍坊一中以课堂教学改革作为自己重生的起点，引领全校教师精心打磨课堂，努力实现课堂教学的转型。他们认识到，教学是高度自主的专业，不可能进行全程高度监控，只能在学校层面鼓励、督促与提供策略帮助的基础上，实施个人以及小组层面的自我管理与自我改革。

(1)人人参与提出课堂教学改革目标。

2005年暑假，潍坊一中开展了"基于问题解决、致力创新共享与课堂教学改革大讨论"。他们发现全校课堂教学中普遍存在的问题是"六多六少"：平铺直叙多，创设情境少；教师讲得多，学生活动少；随意提问多，激发思维少；低效互动多，当堂落实少；重复作业多，分层布置少；继承传统多，自主创新少。

为了解决"六多六少"的问题，潍坊一中明确提出构建"自主高效优质课堂"的课堂教学改革目标。"自主"是内容，就是在教师的指导下，学生能够自己做主和自觉主动地学习、探究、合作、交流；"高效"是标志，指的是课堂教学的一切活动都要围绕着学生的发展和思维活动展开；"优质"是目标，指的是追求全面品质的提升和注重过程绩效与附加价值。

---

① 原文发表于《当代教育科学》，2008(24)。

教学改革目标的明确仅仅是改革课堂的第一步。他们在学习与研究的基础上，进一步提出了实现目标的策略：突出两个中心、构建六项有效教学。"两个中心"就是在师生关系上，要以学生为中心；在教与学的关系上，要以学习为中心。"六项有效教学策略"则是先学后讲；三讲三不讲，即重点讲易错点、易混点、易漏点，学生已经学会了的不讲、学生通过自己学习能够学会的不讲、教师讲了学生怎么也学不会的不讲；及时矫正、反馈；三布置三不布置，即不布置重复性作业、惩罚性作业、超过学生合理学习限度的作业，布置发展学生思维的作业、引导学生探究的作业及迁移拓展、提高能力的作业；创设有效问题情境；删除无效教学环节。

"六多六少"十分具体地点明了课堂教学中普遍存在的问题；"自主高效优质课堂"指出了全校课堂教学改革的愿景；"两个中心"和"六项有效教学策略"则提出了实现愿景的途径。这些愿景与策略就像是一面镜子，每位教师几乎每天都会去照一照，有的教师甚至把它们手抄下来压在办公桌或家里写字台的玻璃板下，备课之前先读上一遍。

（2）构建生长取向的学习型团队。

课堂教学改革十分复杂，既涉及教学理念、学生观、教学手段、外部环境，又涉及教师自身的教学习惯。要使教学改革在课堂里真正发生，就必须促使每位教师都创造出自己的关于新教学实践的理念。

学校提出，每个教师都要有课型意识，要在透彻研究教材的基础上，总结自己在讲各种课型时所用的教学方法，然后，就同一个课型，同备课组的教师反复互相听课、讨论，形成较完善的备课思路。学校帮助教师邀请学科专家、教育专家和校内学科研究小组对有代表性的课例进行诊断性研究，反复实践和打磨课型案例。最后，各科公选出有代表性的课型案例，以公开课的形式对全体教师开放，并将课型教案或教师的说课稿发表在校刊上供

曹红旗在 UDP 教师培训会上讲课

教师们讨论、学习、借鉴。这样，各科以备课组为单位形成了一个个学习型团队。在团队的各种互动对话中，学校提出的"六项教学策略"有了真正落实到课堂中的可能性。

(3)反思促进教师不断超越。

学校当初要求教师们提炼课型模式和教学模式的时候，有些人觉得很为难，因为虽然自己天天都在上课，但是自己的讲课风格到底有什么特点，某些课型为什么那样处理，却很少有意识地去思考。特别是进入新课程改革之后，高考的压力并没有减轻，但是教材却变化很大，很多教师难以适应。用老办法教新教材，不但教学进度难以完成，而且不容易调动学生的学习积极性。传统的教研活动和集体备课很难真正解决这些问题。

当一中的教师们硬着头皮开始思考课型模式和教学模式的时候，他们实际上有了一个反思平台。教学反思不再是漫无边际、无法把握的空想，而是有着具体目标的聚焦式反思。学校适时通过精心组织的备课组活动、专家的诊断与引领、校刊讨论专栏、各种讲课比赛等为教师们对自己课堂教学改革的反思与重构提供帮助与支持。

现在，当教师们回首过去三年，感受最深的是提炼课型模式与教学模式为全校课堂教学改革带来了深刻变化。对新教师而言，过去自己往往需要若干年的艰苦探索才能成长为有经验的教师，是有组织的课型模式和教学模式的提炼，大大缩短了他们的成长周期。对那些教学能力稍差的教师而言，这个过程也迅速地提高了他们的教学水平。而那些教学能力强的教师则把这个过程当作激励自己总结经验、为备课组贡献才智的机会。

潍坊一中三年致力于课堂教学改革带来了明显的效果。教师们在课堂上讲得少了，多则讲15分钟，少则讲4分钟，而学生的学习成绩则大幅度提升。由于提高了课堂教学效率，学生们去图书馆看书的时间多了，参加社团活动的时间多了，发展兴趣爱好的时间也多了，学校正逐渐成为真正对学生进行素质教育的地方。

**2. 重建管理机制：五会四部七中心**

在进行深度课堂教学改革的同时，潍坊一中还积极构建现代学校管理制度，在内部管理机构设置上，实行"五会四部七中心"；在管理的价值导向上，实施淡化竞争、培育团队的策略。

（1）创新组织管理，打造级部管理实体。

按照决策与领导、管理与执行、服务与反馈三个系统，潍坊一中把内部管理机构设置为"五会四部七中心"，形成了扁平化管理和项目制管理的新格局。另外，学校还设置了若干个学术性组织，作为学校内部管理机构的辅助和支撑。

第一，决策与领导系统：设置"五会"，即党委会、校务委员会、教代会、行政办公会和办学委员会，主要负责学校重大事项的决策，全面领导学校的改革与发展，确立正确的办学方向，构建共同的发展愿景，制订学校中长期发展规划和发展战略，为学校筹集资金，保证学校健康、稳定、持续发展等。

第二，管理与执行系统：设置"四部"，即高一教学部、高二教学部、高三教学部、艺体教学部，分别负责各年级的教育教学和教师、学生的管理工作，艺体部则负责全校师生的艺术和体育教学。

第三，服务与反馈系统：设置行政服务中心、课程资源中心等七个中心，一切职能都是为研究、指导、促进师生的自主和主动发展服务。

潍坊一中"五会四部七中心"的管理模式解决了两个困扰很多超大规模高中的难题。首先，它的目标是把级部打造成为真正的管理实体，以解决过去学校管理层级过多所导致的工作效率低的问题，真正实现学校的低重心管理。其次，它改变了过去各部门与各级部职责交叉、分工不清，管理过分追求精细化所导致的人人忙于事务，无法梳理、分析问题，因此使学校管理工作总是在低水平徘徊的局面。

（2）改革考评机制，营造通力合作气氛。

潍坊一中在校本管理改革方面的另一个重点，是改革对教师的考评机制，把班级建设作为工作组、把备课组作为作业组，实行捆绑式评价。

工作组的组织者和责任人是班主任，任课的学科教师是责任人。如果学生的学习或者心态出现了问题，任课教师会在一起分析原因，讨论如何解决。作业组的责任人是备课组长，组内所有任课教师捆绑在一起进行评价，因此备课组长在规划备课组的活动时，会充分考虑团队建设，尽最大可能提高教师集体备课的质量，促进经验的共享。

以班级为单位的工作组考评解决了一个班级的各科教师之间难以形成教育合力的问题，以备课组为单位的作业组考评则促进了教师之间的深度对话与合作，有助于学习型团队的建设。

（3）疏通管理流程，完善再造机制。

组织得到重塑之后，是否具有不断再生的力量是考验组织领导力的关键问题，秘诀在于是否能以开放、研究的心态对待组织运作过程中不断涌现出的新问题。三年来，潍坊一中迅速崛起的原因之一便是它管理流程的再造机制。这种再造机制是通过息息相关的三个机制共同组成。

"问题发现征集机制"。从教师、班级、年级、教研组到学校不同层面，学校每年面向这些群体征集具体问题，建立重点问题资源库，着重解决对学校教育教学质量提高有重大影响和带动作用的突出问题。

"问题梳理研究机制"。引导全校教职工围绕学校各类问题，立足现实，进行深度思考和不断反思，提出并实践具有针对性和实效性的解决措施。

"研究成果推广机制"。通过教师论坛和班主任沙龙等形式，确保将每项经验成果尽快落实到每个部门和教师，真正转化为全面提高学校教育教学质量的现实推动力。同时，对发现征集、梳理研究的问题和成果及时收集整理，并进行标准化总结，将这些创新成果进行汇编，结集出版。

**3. 构建"关心型"德育：过程体验自主德育体系**

"自主高效优质课堂"教学改革激励教师们努力提高课堂教学效率，"重塑组织，再造流程"的校本管理制度改革使学校成为一个注重团队合作、基于问题解决的学习型组织，以"学会关心"为特色的过程体验感悟式自主德育体系的构建，则为学生的发展奠定了一个比较明亮的人生底色。

（1）"六走进"：强化实践育德。

"六走进"指的是走进社区、走进企业、走进农村、走进高校、走进军营、走进自然，利用课外活动、周末和假期引导、组织学生以研究的态度去观察、体验社会。学校首先编制了"六走进"指导书，详细说明观察、体验的意义、内容和要求，然后采用多层面、灵活多样的活动方式，除学校定期组织部分学生到指定单位参观、考察之外，学校还以级部为单位，让学生自由组成小组，以社会实践活动或者研究性学习的方式在周末和假期实施。

潍坊一中还把"六走进"与对学生课外生活的引导结合起来。今年是山东召开全省素质教育大会之后的第一个暑假，学校不再像以往那样利用部分暑假时间给学生集体补课。家长忧心忡忡，怕孩子暑假中处于"放羊"状态，很多校长和班主任也担心学生是否能过一个有意义的暑假。为此，潍坊一中编写了《2008 暑假学生社会活动自主学习指导手册》，以可操作的方式对学生暑假中的自主学习、研究性学习、社会实践活动进行指导。手册既具有指导功能，又具有记录功能。

设计的活动既有个人自主学习，又有小组活动，其中的社会实践活动涵盖了"六走进"的内容。这一创新举措既把暑假还给了学生，又发挥了学校的正向积极引导作用。

(2)"六大节日"：着眼文化育德。

在潍坊一中，每两个月就有一个全校性的节日，它们是读书节、艺术节、科技节、英语节、文化节、体育节。每一个节日都有专门部门负责，有详细的行动方案，全体学生都会参与其中。这六大节日不仅丰富了学生的学校生活，而且为所有学生提供了一个不同于课堂、能够展示自我的平台，为培养他们的综合素质打下了基础。

(3)"四个体验"：让德育深入心灵。

在潍坊一中，"四个体验"贯穿在所有德育活动中。一为"校园体验"，学会乐群、学会自律；二为"社会体验"，学会做人、学会思考；三为"家庭体验"，学会生活、学会劳动，把在家里帮助父母做各种家务劳动当作家庭体验的主要内容；四为"心灵体验"，学会反思，学会感恩。学校组织学生写道德日记，进行公民教育、自我反思评价，让学生在心灵体验中达到自我教育的目的。

特别值得称道的是潍坊一中在组织各种活动时，通过提供各种角色扮演的体验机会而使德育具有了实效性。学生在活动中与周围社区的环境、与教师以及与家庭形成一种"关心型"的关系；活动中的体验，使学生们在寻找榜样、与周围环境对话、实践道德行为以及证实自己的道德信念的过程中，获得了各种机会去练习关心的技巧。

三年来，潍坊一中坚持在教师中培养学习性文化，使用研究取向的工作推进方式，创立个人创新与组织创新互动的机制，在教师与生源不变的前提下，在推进素质教育的道路上探索前进，为我们提供了一个普通高中转化与重生的典型案例。

### （二）普通高中如何实现素质教育转型发展[①]

如何在普通高中实施素质教育一直是一个沉重的话题。时至今日，很多学校已经意识到素质教育只能通过内涵发展来实现，特别是在山东省从 2008 年 1 月开始实施严格的措施规范办学行为，也就是所谓的"素质教育新政"以后，无论是区域教育主管部门，还是各普通高中自身都开始自觉地进行校本管理改革，以期通过提高自身内涵来应对挑战，实现学校良性发展。在这一背景下，潍坊一中的经验也许会对广大高中学校的转型发展有所启发。

2005 年夏天，始建于 1913 年的潍坊一中掀开了学校发展历史上新的一页。由市财政投资 4.5 亿人民币，占地面积 1259 亩，建筑面积 22 万平方米，可容纳 6000 多人的全日制、寄宿制的一中新校正式竣工启用。对潍坊一中来说，这注定要面临着一场严峻的挑战与考验，为此，市教育局及时地调整充实了潍坊一中的领导班子，由时任潍坊教科院院长的曹红旗出任校长。如何在新校优美的环境、高质量的硬件设施的基础上，尽快使这一超大规模普通高中实施素质教育有新的突破，跻身一流名校之列，成为摆在新领导班子面前的重大课题。三年过去了，潍坊一中为我们提供了一个普通高中如何通过校本改革、实施素质教育来完成自身艰苦蜕变的典型案例。本文尝试提取潍坊一中成功转型的基因，以便对其他学校能够有所启发。

#### 1. 整体设计校本改革

以素质教育为核心的校本管理改革是一项系统工程，无法通过单项的、零打碎敲、修修补补式的改革来取得预期的目标。潍坊一中从校本管理中最重要的三个领域开始，整体设计改革思路。

首先，他们把教学领域作为重生的起点。通过"基于问题解决、致力创新共享与课堂教学改革大讨论"，每位教师都反思自己与其他教师在课堂教学中存在的问题，发现全校课堂教学中普遍存在的问题是"六多六少"。为了解决这些问题，所有教师都群策群力提出了构建"自主高效优质课堂"的课堂教学改革目标以及实现这个目标的策略："突出两个中心，构建六项有效教学策略"。潍坊一中三年来致力于课堂教

---

① 原文发表于《当代教育科学》，2008(24)。

学改革带来了明显的效果：老师们在课堂上讲得少了，多则讲 15 分钟，少则讲 4 分钟，而学生的学习成绩则大幅度提升，由于提高了课堂教学效率，学生们去图书馆看书的时间多了，参加社团活动的时间多了，发展兴趣爱好的时间也多了，学校正逐渐成为真正对学生进行素质教育的地方。

其次，他们改革了管理机制，实施"五会四部七中心"的扁平化管理模式，淡化竞争，培育团队。在"决策与领导"层面，设置"五会"，负责学校重大事项的决策；在"管理与执行"层面，设置"四部"，即高一教学部、高二教学部、高三教学部和艺体教学部；在"服务与反馈"层面，设置"七中心"，负责研究、指导、促进师生的自主和主动发展。

再次，他们构建了以"学会关心"为特色的过程体验感悟式自主德育体系，主要通过"六六四工程"来实现。在各种各样的"际遇"中，充满关心的人际关系建构起来，心灵因而得以感化。潍坊一中的德育体系，正是通过活动中的体验，使学生们在寻找榜样、与周围环境对话、实践道德行为以及证实自己的道德信念的过程中，获得了各种机会去练习关心的技巧，因为学校组织的各种活动，都是从培养学生关心他人的态度的角度进行设计的，而不只是为了培养他们一些简单的服务技巧或者只是学习观察事物。学生们在学习、实践关心的过程中，打下了良好的精神底子。

通过教学、管理机制和德育三大领域的改革，潍坊一中清除了阻碍学校发展的制度障碍，提升了教师的素质，培养了学生的积极人生态度，为实施素质教育提供了全面的保障。整体建构校本改革使得潍坊一中形成了以学生为中心、以教师发展为保障的积极的学校氛围。

### 2. 运用分享式领导策略

潍坊一中的教学和管理机制改革过程是一个授权与责任分担逐渐明晰的过程。扁平化管理必然意味着充分的授权，因为"学校需要成为一个成人也能生长、改变和学习的地方。一个校长能够在一个生长取向的环境中生存的唯一方法是，在许多方面放弃控制，而让人们以他们自己的方式进行工作。通过让其他人作决定和解决问题来放松控制，实际上最终是增强了校长的力量。"[①]潍坊一中在充分授权的同时伴

---

①　转引自［美］托马斯·J.萨乔万尼：《道德领导：抵及学校改善的核心》，冯大鸣译，上海，上海教育出版社，2002。

随着清晰的目标与责任。例如，教师的校本专业发展形成了个人、小组、学校三个相互影响的层面，每一个层面都被赋予了挖掘自身潜力、充分发展的权力，同时也都有自己相应的责任。

在个人层面，教师在学校提供的各层次行动学习中努力增进自己的教育教学能力，在学校实施鼓励团队合作的考评制度下充分与同事合作，更加积极、有效地承担起自己的教育、教学责任。当学校提出个体教师要进行课用型设计和建模的时候，教师们积极反思自己的课堂教学模式，在观摩同事以及与学校聘请的学科专家对话的过程中，逐渐形成了自己的教学特色。由于实施了鼓励合作的捆绑式评价方法，教师们逐渐形成了谁都有责任在第一时间里帮助学生的习惯。例如，今年高考前十多天，一位学习非常好的男生把自己的桌子从教室前面搬到了最后面，表现异常。该班任课教师赵东华在当天的自习课就找那位学生谈了两个多小时，发现他的异常行为是由于压力太大，加上不会处理同学关系和师生关系导致的。在赵老师的启发下，该生思想放松了，笑容回到脸上，顺利地考入了上海交通大学。

在小组层面，班级任课教师组成的工作组的责任是以集体合作的力量帮助学生在学习上和心理上取得最好的效果。工作组内教师的捆绑式评价解决了一个班级各科教师之间难以形成教育合力的难题，不但任课教师在对待有问题的学生时会通力合作，而且以往个人竞争气氛下，任课教师之间在争课时或者布置作业数量等问题上产生矛盾的可能性减少了很多；同一年级同一学科的老师组成作业组，其责任是以团队的力量促进组内所有教师教学能力的提高，提高的主要途径是集体备课、集体编制学案、组内公开课等。由于采取捆绑式评价，因此备课组长在规划备课组的活动时，会充分考虑团队建设，尽最大可能提高教师集体备课的质量，促进经验的共享，想方设法帮助教学经验不足的老师提高水平。为了团队的荣誉，备课组内的老师们也会尽最大努力提高自己的教学水平。

在全校层面，校领导的责任是通过提供资源、创造机会、制定制度等方式，为校本教师专业发展营造充分的发展空间，促进全校资源的利用，培养教师和学生的归属感。

潍坊一中对于七个服务中心也有明确的授权与考核目标。这样，全校就逐渐转向了在现代学校制度下围绕学校的发展愿景工作，而不是只追随校长一个人。愿景是学校大多数成员所共享的价值观，在学校的追求目标、各项政策和日常活动中体现出来，它相当于学校文化的黏合剂，使学校师生员工围绕着学校发展愿景团结起来，给每个人以一种身份感，为教师的工作提供意义与目的，激励他们努力成为更好的自己。香港学者郑燕祥的研究发现，若学校成员对教育目标、过程及管理有共同的看法及价值，则他们日常的习惯及表现会呈现较强的行为规范及情境文化。反过来说，由强势文化而产生的情境诱因对个人、课堂及学校层面的教育运作及效能都可能有更强的效应。正是由于这个原因，现在的学校管理十分强调建立共同的愿景及使命，通过使成员共同拥有愿景、信念及价值的历程发展出学校的强势文化，从而影响及巩固每个成员的工作态度及表现。[①]

对于领导这样一所超大规模高中的校长来说，正是分享式的领导策略使得自己能够把更多的时间和精力放在对学校办学方向、教师发展和学生的素质教育这样一些最重要的问题上，而不是把自己完全陷入到日常事务中。

### 3. 在教师中培育学习性文化

校本改革成败的关键是能够引发各级领导和教师的学习，因为不伴随学习的改革最终往往沦为技艺性或者概念性的改革。潍坊一中通过生长取向的学习型团队建设促进了教师之间的相互观摩、学习，由此引发了教师之间的深度合作。

首先，他们通过课型设计和建模比赛等活动"点燃"教师进行教学改革的热情，创造一种人人都参与改革的氛围，帮助教师把改革的着力点聚焦在所教学科的具体课型上。在进行课型设计的基础上，备课组深入研究高中新课程教材和本校教师在该学科教学中存在的问题，提出本学科的基本教学要求。学校分学科组成了研究小组，按照本学科的学科规律、学校提出的六项有效教学策略以及国内在该学科领先的实践探索，提出本学科的课堂教学建议，为教师们正在进行中的课堂教学改革提供学科性的策略帮助。例如，语文课堂教学研究小组提出了如下建议。

第一，要选用与课文相关、相似、对比或者延伸性的文章三篇以上。

第二，如有背诵要求，在背诵完成之前，教师一般不做过多分析。一般文章，学生不读两遍不要分析。

---

① 郑燕祥：《教育领导与改革新范式》，上海，上海教育出版社，2005。

第三，每堂课，诗歌、散文学生朗读不少于五遍，其他文章不少于三遍；重要的是全班都朗读，而不是一人读大家听。

第四，教师讲课一般不超过 15 分钟。

第五，有具体教学目标的，一定要当堂检测；且最好当堂反馈结果。

课型设计模式、学科性教学策略建议的提出与全校课堂教学目标相互补充，为教师提供了真正有用的帮助。在此基础上，学校开始鼓励教师进行自主创新，并以自己的名字来命名课堂教学方法。例如，"张君成语文课自学分步实施法"：整体感知—分类自学—总结反馈—积累升华，各步都是在教师指导下学生自学，教师则准备丰富的素材，为学生解决问题提供帮助。张君成老师语文教学的民主、高效得到师生的广泛认可，他根据自己多年致力于课堂教学改革以及在新课程改革中所迸发的思想撞击提炼出了这个教学模式。学校多次请张老师讲公开课并进行课后研讨，为其他老师提供了难得的借鉴。

最后，他们在学科教学策略建议的基础上，总结提出了"潍坊一中三段六环节"的教学模式。"三段"指的是学习—巩固—应用；"六环节"指的是定向自学—展示交流—反馈矫正—典题点拨—归纳训练—拓展迁移。他们以学案作为贯穿课堂教学六环节的抓手，与老师们的个人教学模式相辅相成。

在潍坊一中围绕教学改革所构建的生长取向的学习型团队中，每位教师既能获得细致的专业支持和鼓励，又拥有能展示自我创新的空间。在个体、备课组、学科组围绕备课、讲课比赛、论文比赛、现代技术支持下的案例分析等等活动不断深入对话的过程中，有效教学的理念和实践策略渐渐在每位教师的心中生长开来。教师专业素养的培育是一个十分复杂的过程，他们对改革的认识、在新思想激励下的探索、尝试过程中的困惑等等都是宝贵的财富，是产生真正转型的动力源。理想与现实、理论与实践的鸿沟问题无法通过理论的阐释得到解决，只能在实践中通过不断的对话来跨越，教师的能力也只有在这些对话中才能建构起来。

潍坊一中营造的是一种能够触动成人的求知、探寻和反思精神的学习型组织。郑燕祥认为，教学是高度自主及松控的专业，教师履行职责时往往比较自主，校长通常只能进行低度监督。潍坊一中通过围绕课堂教学改革而进行的诸项校本活动触动了在成人学习中极为重要的探寻、反思和对话精神。在这种学习文化中，造就了进行自我学习和自我管理的教师，一旦教师能够依靠自己的智慧和自信而工作，他们才会有能力培养依靠自我素质、发展自我素质的学生。就如杰克·韦尔奇所言，一个组织的学习能力，是其竞争优势的核心。对一所学校而言，符合教育规律的策略与教师学习文化共同成为这所学校成长的基本战略。

三年来，潍坊一中从校长到全体教师在学习外部的理论和实践智慧的过程中，拓展了视野的高度和深度。在学校内部，他们创造性地营造书香校园。按照"把资源放在距离老师和学生最近的地方"的工作原则，他们为教师和学生的学习创造了触手可及的条件。为了让教师能够以最少的时间精读各领域的名篇，潍坊一中专门为教师编写了两卷本《打造我们共同的精神家园》；他们规定，教师外出时可以自由购买各类对教育教学有帮助的书籍；校领导读到了特别好的著作，会及时为所有老师都买上一本，有些老师的家人都成了一中所赠图书的受益者；他们改造了学校图书馆，把图书室和阅览室合二为一，学生进入图书馆之后，不管是图书还是杂志，都可以随时坐下来阅读。

### 4. 采用研究取向的工作推进方式

校本改革是一个在过程中不断完善的推进过程，其成功与否与其推进方式紧密相关。潍坊一中采取的是研究取向的推进方式，因此三年的改革是一个不断螺旋上升的过程，而不是各种改革措施的累加。

虽然潍坊一中在教师中培育了学习文化，但是如果不与研究相结合，学习便不能够产生创新，而且如果教师以研究的态度来对待校本改革，那么不但会减少对改革的抵触心理，而且会尽最大努力去尝试解决推进过程中的难题。这样一来，研究取向的工作方式就会既减少了失误率，又会在改革过程中不断完善预先的规划。

研究取向的教育改革需要在过程中同时进行能力建设和资源建设。在教师能力中，最为重要的就是进行行动研究的能力。在潍坊一中，无论是校长、中层干部，还是教师，都已经习惯采用问题工作法，把改革的过程看作是研究和学习的过程。这样，改革就具有了可持续发展的意义。他们在全校推广使用三种再造机制来发现、解决问题："问题发现征集机制""问题梳理研究机制""研究成果推广机制"。在很多高中学校，一般也都会遵循问题发现、问题研究、解决方案落实的工作思路。潍坊一中的可贵之处在于把这一思路制度化，并成为学校各管理层次的基本工作思路。

七个中心在为全体师生员工做好服务与反馈的过程中，逐渐提高自己部门的能力，特别是课程资源中心、学生发展中心和教师发展中心，三年来逐渐把自己打造成为研究部门和智囊机构。例如，学生发展中心，主要负责团委、学生会、校级社团组织、学生文体、艺术、科技等教育活动的设计和组织等工作。他们并不参与具体的学生管理，而是在深入调研的基础上设计各种制度和活动计划。在过去的管理模式下，这些工作基本上是根据经验年复一年地重复来做，而自从成立中心之后，中心工作人员加强了调查研究的意识，在做出各项制度和计划之前，召开学生座谈会，发放学生问卷、教师问卷，对教师教学成绩进行分析，访谈级部主任等，然后根据调查得来的信息进行设计。他们还对各项活动进行跟踪研究，及时发现与总结典型经验，并在全校范围内传播这些经验，如组织观摩某位班主任的主题班会。这些中心还为学校管理层提供有效的调研信息，使校领导在决策时，既有来自级部层面的实践信息，又有来自各中心层面的研究信息，这样，学校做出各项决策时所依据的信息才会尽可能全面。潍坊一中的三个机制使得管理流程能随时再造，不仅仅保持了学校组织领导的活力，而且还产生了一个意料之外的收获：全校师生对学校的认同感更强了。

潍坊一中还十分重视资源建设。最近三年来，他们出版、印制了大量文本，把探索过程中的重要脚印都固化下来。公开出版的校刊《新课程实践与探索》成为促进教师学习与对话的平台。围绕山东省"十一五"重点课题和教育部"十一五"规划课题"新课程背景下构建自主高效优质课堂的实验与研究"，以及学校发展过程中的制度建设，他们印发了一系列文本，如《书卷年华》《青春大视野》《自主合作高效优质课堂研究成果丛书》《学校制度汇编》《高中生学习方法指导》《德育手册》《科研手册》《流金岁月》《奉献手册》《给你一个金点子》等校本材料。适当的文本建设起到了"固化"探索者脚步的作用，这些文本可以让新加盟者迅速了解学校的方方面面；可以让老师们从另一个角度了解、理解同事；可以在老师们之间引起复杂的对话。

**5. 构建个人创新与组织创新互动的机制**

一所学校的转型与全面发展需要全体教职工的努力，而教育改革的过程极为复杂，不可能有简易的办法很快实现集体转型，一些教学上的创新措施首先会由部分个体教师率先实践，然后通过一些对话机制，个体教师的创新实践才会转变为集体共享的资源。根据温恒福的研究，"个人创新只有在突破了'个人创新阈限'的时候，才能对组织的行为和主流思想产生影响和挑战，才能变成组织的创新。个人创新阈限有三种表现：一是空间的阈限，也就是组织中接受个人创新的人数，当个人创新被组织内一定数量的人数接受以后，个人创新就会变成组织创新；二是时间阈限，个人创新坚持到足够的时间，待创新的实效日益显现，就会被组织接受；三是影响阈限，只有当个人的创新对组织目标的实现或组织的发展有较大的正向影响时，才能转化为组织的创新。"①

潍坊一中通过构建"生长取向的学习型团队"，通过改革考评机制，营造通力合作的气氛等措施加快了个人创新与集体创新的转变速度，实现了教师们由"我"向"我们"的转变。作为个体教师的"我"，在教育教学中的创新性探索及时通过团队中的观摩、对话转变为团队中新的创新资源；由于指向相同的工作而团结起来的"我们"，在组织创新中又扩大了"我"的能量，增强了"我"的创新能力。不断互相促进的"我"与"我们"，逐渐形成了一个有着共享的价值观、思想和理想的共同体。共同体中的每一个人都会感觉到自己必须对彼此、对学校承担义务和责任，由此便形成了一个道德权威居于重要地位的道德共同体。这个道德共同体中的全体教职工紧密围绕着在三大领域的改革中体现出来的学校发展愿景，以对自己有意义的方式，在自己的岗位上创造性地追求着这些愿景，这样，个人创新与组织创新的机制便建立起来。由此，个人创新便有可能突破空间限制、时间限制和影响限制而成为组织创新的一部分。

## 三、郭宏成：致力于"自我的发现与成全"的校本改革

### （一）"发现自我，成就自我"是学校管理的出发点和落脚点②

读了中国教育报 9 月 20 日五版对烟台三中教育改革的报道，深有感触。在当前我国基础教育深化教育改革，努力转变育人模式的时期，烟台三中"发现自我，成就

---

① 温恒福：《教育创新组织的领导与管理》，35 页，北京，教育科学出版社，2006。
② 原文发表于《中国教育报》，2011-09-27。

自我"的教育实践为学校的管理改革提供了很多启发。

**1. 倡导做"最好的'我'",满足师生个性化发展的需求**

郭宏成校长以农民经营菜园和农田的方式来领导学校。他通过倡导做"最好的'我'",致力于学校中教育土壤的改良,致力于观察、研究教师和学生,致力于保护和引导师生自身已经存在着的生长力量。这样的领导方式,满足了师生个性化发展的需求。

首先,倡导做"最好的'我'",激起和呵护学校每一个成员内心深处发现自我,成就自我,进而超越自我的渴望。每个人内心深处都有一颗能成长为大树的种子,但是由于环境的累积性影响(特别是以考试成绩作为主要衡量标准的评价方式的影响),在成长过程中,这颗种子经常被蒙蔽和漠视。因此,学校应该采取措施保护和珍惜这颗种子,同时,还应该对它进行"解蔽"和"除尘",使个体能够重新发现自我。烟台三中采取在常规

郭宏成校长与我在研讨会上

教学内外,设计多主体参与的多样化活动的策略,不着痕迹、波澜不惊地引导着师生通过挑战自我、设计自我、奉献自我来"发现自我,成就自我"。这种策略,符合自我的成长和发展规律。

波兰诺贝尔文学奖获得者切斯瓦夫·米沃什曾经说过:"我们集体作品的生命力来自个人的热望和决断,那是最私人、最隐秘的燃料。"不管什么类型的学校,只要能够保护、珍惜和引导师生"最隐秘"的燃料,就会是一所充满着生机和活力的学校。

其次,面向每一个个体是深化教育改革的落脚点。在改革开放后的30多年教育改革中,一些美好的关键词屡次被提起,甚至被写进重要的改革文本中,例如"一切为了孩子""素质教育""全面发展""培养学生的主体性"等。但是这些修辞所对应的教育现实还是依然如故,有些甚至恶化了。这是因为,在过去的改革中,这些改革修辞都是以"抽象概念"的形态出现,没有相对应的"具体存在"。我们一面高喊"一切为了孩子",一面漠视孩子们之间的差异,提供给他们工厂流水线一样整齐划一的教育。我们也往往倾向于忽略教师之间的差异,进行步调一致的教师研修培训和教学改革。

烟台三中在"每一个"的问题上下足了功夫。他们通过奇思妙想俱乐部培养学生们的创造发明兴趣，使有创造潜能的学生得到了高水平的培养和提升；他们通过让学生自主设计学校大大小小的活动，使很多学生得到了领导力的锻炼和提升；他们通过导师制，使每一个学生都受到充分的关注。教师们的个性化也得到了充分的尊重与引导。珍惜"每一个"、为"每一个"创造机会的改革态度显示的是一所学校教育公平的高度。

**2. 运用管理与领导智慧，引导教师自主构建有机团队**

新课程改革以后，学校普遍意识到了教师之间合作的必要性，但是最近几年很多学校采用的促进教师合作的措施，都属于捆绑式合作。就是说，制定合作评价制度，把年级组、班级组和备课组的教师们捆绑在一起进行评价，用评价小组的集体工作绩效代替以往主要以考试成绩对个体教师进行评价的方法。虽然捆绑式评价在一定程度上促进了教师之间的合作，但是这种合作从本质上培养的是人造团队，而非有机团队。

人造团队和有机团队之间最大的区别是合作力量的来源不同。人造团队的合作力量来自外部，主要来自捆绑评价的制度力量。有机团队的合作力量来自内部，是团队成员之间的主动诉求。合作力量来源的不同带来了合作质量的巨大差异：人造团队的合作是有章可循、边界清晰、分工明确的，很难有创造性的观念或行动方案产生，合作成果的质量往往最多达到成员的中位水平；有机团队的合作则边界模糊，往往没有正式的规则、程序和直接监督，团队成员围绕共同的愿景展开工作，合作中常有意想不到的精彩观念诞生，合作成果的质量往往高于任何一位成员的个人能力水平。

烟台三中的"3E成长班"让我们看到了在学校情境中生长出有机团队的可能性。四位不同年龄、性别、性格、职业发展阶段的教师，在"培养'3E学生'（即既拥有高情商又能享受学习快乐、不断追求自我超越的学生）"这个共同愿景的感召下，自主合作，向学校申请成立了"3E成长实验班"。在短短一年时间里，四个班进行了"3E成长班"的标志文化建设，组织了系列走出教室，走向社会，挑战自我的活动。四位班主任毫无保留地分享着彼此的教育智慧，将四个班视为一个整体，共同成长代替了传统的分数竞争。这种桃花源般的有机合作能够出现的最重要原因，来自教师们被鼓舞起来的教育理想，来自鼓励实验、鼓励创新的宽松学校氛围，来自关注每一个学生的学校信念。在烟台三中，"3E 成长班"只是有机合作的一个例子，还有其他很多有机合作的幼苗正在破土而出。

**3. 践行分布式领导，扩大学校教育力量**

为了应对教育规模过大所带来的管理难题，很多高中校几年前就开始进行各种方式的扁平化管理改革，意在减少管理层级，使信息更容易畅达，提高管理效率。在实践操作中，一些学校运用精细化的态度进行扁平化管理，把学校的方方面面都管理得滴水不漏，以至于形成了精细有余，活力不足、创新欠缺的局面。在烟台三中，他们运用分布式领导的理念来应对大规模学校的管理难题，扩大学校的教育力量。

分布式领导是 20 世纪末出现的一个概念，它主要指的是在一个知识密集型的组织中，必须在组织成员中分布领导职能，否则便无法有效完成类似于教与学这样复杂的任务。就是说，学校的领导权力必须分布于学校的各个层面。

烟台三中的师生在诸如阳光班、"3E 成长班"、各种俱乐部和社团、青年教师联合会、塔式名班主任培养工程等平台上，主动、投入地行使着部分领导权力。哲学家赵汀阳曾经说过："如果一个东西不是我们自己创造的，那么我们永远只能获得在'看'的意义上的所谓真理，而无论'看'得多么清楚和真切，毕竟所看到的只是我们眼中的画面而不是事物本身的道理……只能当'看'和'做'成为一体，才能够到达真理。"分布式管理，使烟台三中的师生走出了做教育改革旁观者的尴尬处境。

**(二)忍不住的突破**[①]

在课改进程中，我经常会发现这样一种有趣的现象：有人说自己原地踏步，是因为环境中的其他人没有改变，导致个人不可能有所作为；还有人说，尽管做了很多努力，可是仍然无法超越自己，因而看不到努力的曙光，就放弃了；更多的人说，以升学率考评学校、考评教师的做法不改变，真正的课堂教学改革就不可能发生。总之，真正的课程改革太难了。

---

① 本文系为郭宏成的《复光教育》(首都师范大学，2014)所写的序言。

但我们欣喜地看到，不管在教育的哪个领域都有人进行着不懈的努力与探索，尽管困难重重还是不停止。吸引我一直持续关注、研究这些乐观的人的动力，是强烈的好奇心。是哪些因素支撑他们能够坚定地保持着探索的勇气呢？

任何改革，哪怕只是头脑里想象的改革，都可能造成个体的不适，因为改革的实质是改变当前大家已经习惯了的思维和行为方式。教育领域中的任何一个人，虽然都与课程改革息息相关，但是有不同的工作方式和利益诉求。我们每一个人都有可能成为试图解放别人而认为自己是"已经得到了足够的解放，从而不再需要自我解放"的人。一个一直站在原地却试图去评判、指导甚至领导别人的人，最有可能成为改革的障碍。

改革，对于身处其中的个体来说，实际上是一场艰难的自我解放。世界上不存在已经解放了的人，然后由这些人去对其他人实施解放。我们认真地去观察、倾听甚至模仿那些改革的先行者，实际上是在与教育的各种可能性对话。借他人已经想到或做到了的可能性，我们反思、发现自己的局限，从而实现自我解放。只有自我解放了，真正的改革才会发生。

在我的研究视野中，那些毅然走在改革之路上的先行者们受到的是来自内心深处的感召，是无论如何都要放手一试的豪情，是在深刻洞见基础上的自信和笃定。在纷繁复杂的日常教育实践中，他们明智地把促进学生长远的发展放在首要位置，然后把一切教育教学活动以这个目标为标准进行判断与设计。有这样教育情怀的人总是忍不住要突破任何可能之处。

烟台三中校长郭宏成就是我的研究视野中那些"忍不住要突破"的校长中的一位。我最欣赏他的，不仅是他的勤奋好学，而且是他善于自我反思、自我解放的个性。他深深地理解个体怎样才能突破自我，因此他选择进行"没有痛的变革"。他就像一个农夫，总是舒畅地走在校园里，观察匆匆而过的师生们；他会用各种方式——面对面、电子信箱、微信、QQ——和老师们对话；他会欣然地应邀参加学生们组织的各种活动，跟学生分享他自己的经历；会把那些感动、启发过他的著作和故事以不经意的方式放置在老师和学生必经的路口。他总是戴着"放大镜"，认真地、乐观地去寻找、发现那些在既有的结构中已经萌芽的改革种子，然后给予鼓励和推动。我欣赏他的这种现实的乐观主义（用郭校长自己的话说，是"在自己的现实中寻求符合规律的路"）。

　　我第一次应邀访问烟台三中是在 2011 年 6 月。当时，烟台二中、三中、十中、开发区一中和莱阳九中共 5 所学校（这 5 所学校的校长都是齐鲁名校长）联合举办骨干教师培训班。我应邀为他们讲课一天，顺便空出了半天时间访问烟台三中。吸引我后来一而再、再而三地踏入这所学校的最初原因，是我在这所面积不大的校园里发现了我寻找很久却一直没有发现的东西——一种教师基于自我需求而构建的真正合作。后来，我在写给《中国教育报》的一篇点评文章中把这种合作称为"有机团队"，也就是"3E 团队"：4 位不同年龄、性别、性格、职业发展阶段的教师，在培养"3E 学生"（即既拥有高情商又能享受学习快乐、不断追求自我超越的学生）。在这个共同愿景的感召下，他们自主合作，向学校申请成立了"3E 成长实验班"。当时，我十分好奇。我想：需要怎样的制度建设才能培育出如此美好的有机团队呢？

　　后来，我发现，他们还真没有特别的制度来奖励老师们形成团队。在我访问"3E 组合"的 4 位班主任时，他们一直聊他们如何紧密合作，带领孩子们扩大学习空间和学习方式；聊家长们如何支持他们，在孩子们远足时开车给孩子们送水；聊校长和其他干部有时候参加他们的活动，让孩子们受到鼓舞；聊孩子们爬长城时的默契和文明……4 位老师热切的眼神让我感动不已。

　　还有一次，我组织了 20 多位青年教师座谈，聊课堂教学改革。聊着聊着，就转向对语文教学的批评上了。一位历史老师说，她在历史课上培养学生们的质疑和批判精神，哪知道学生们解读历史材料的能力实在幼稚；一位物理老师说，有些学生甚至不会审题；一位数学老师接着说，数学课上，也有很多学生不会审题……我后来听说，在那次座谈会之后，郭校长又访谈了若干教师；再之后，他在烟台市的一次教学会议上做了题为"文理融合，文需先行"的报告。2013 年秋季学期，语文组开始提出"大语文教学"改革，从课内、课外两条线索重新审视语文教学。一学年下来，语文组的每一位老师都进行了认真的反思，在一年探索的成功和失败基础上再出发。

　　还有一位有 20 多年教龄的"老"教师段敏，她的神采实在"年轻"：身为政治老师，她花时间自学心理咨询，考取了国家二级心理咨询师证书。她义务为学生和家长开设心理讲座；她团结几个心理教师成立了"师说·心语成长沙龙"，给年轻教师提供教学和心理成长方面的服务；她组织编写"生命教育"校本教材……她说："我自己不想得到什么物质上的好处，就想为学校做点事情。"

当学校构建起一种"复光"文化的时候，所有的犹豫、探索、创新甚至是短暂的抵制都成了差异化的教育资源。还有什么比发自内心的努力更重要呢？在温暖的阳光下，万物以其独特的节奏认真地生长着。

我曾经请郭宏成校长用一句话表达出他心目中的"复光教育"，他说："给予教育中的每一个人爱和自由的空间，让每一个生命更好地绽放自我。"我在与烟台三中的老师们交往过程中所感受到的"倾听、欣赏、互动和关心"，应该就是师生眼中动人神采的秘密。

## 四、强新志：学校教育改革要倾听来自未来的呼唤[1]

在学校教育改革的过程中，校长怎样才能带领学校在最合适的路口驶入方向正确的道路？对于长途旅行的人来说，如果方向不对，那么越努力，离目标就越远。然而，走在前排的改革者往往是孤独的，没有人同行，更没有人在前面指引他，就如同在雾中前行，该如何把握方向并找到身边的机会呢？我认为，秘诀是倾听并回应来自未来的呼唤，因为"真正的改革必须从教育目的和目标方面入手，而不应该只在途径方法上小打小闹"[2]。未来社会对人才的需求为当下的学校教育改革提供了目标性的指引。但是来自未来的呼唤如何才能被当下的学校管理者所感知并具体化为学校成长的路径？

### （一）学校发展必须倾听来自未来的呼唤

#### 1. 向未来学习才能建设未来学校

为了不断提高教育质量或者建设学校特色，几乎所有的校长们都在领导着教职员工不断学习，例如各类校本教研活动以及"走出去"学习各种貌似已经成功的改革经验。但为什么很多这类学习并没有把学校带入创新地带呢？这是因为这类学习主

---

① 原文发表于《当代教育科学》，2016(22)。

② ［美］内尔·诺丁斯：《学会关心——教育的另一种模式》，于天龙译，20页，北京，教育科学出版社，2003。

要是向过去学习。奥托·夏莫指出，"学习的源头有两种——过去和正在生成的未来。如何向过去学习已经众所周知，大致顺序是'行动—观察—反思—设计—行动'"①。现在，历史已经到了一个史无前例、复杂多变的国际化时代，仅仅向过去的经验学习已经不足以应对这个时代的需要。而未来还尚未清晰，"最重要的目的、目标、问题和机会事先都无法预知，只能随时间而逐步生成"②，所以向未来学习其实意味着校长们要运用直觉，去感知未来向我们昭示的各种模糊的伏笔，然后澄清学校发展的愿景或意图，并形成当下的改革路径。

内尔·诺丁斯呼吁：我们必须以一种公民的责任感来培养健康的、有能力的、幸福的孩子。学校必须为这一任务而发挥主要作用，学校不能一味追求学术目的而放弃对学生的关心。③ 她的呼吁没有人会反对，但问题是怎样才算是"有能力和幸福"的孩子呢？"健康"容易理解，"能力"和"幸福"却必须放在学校教育之于"未来"的重要性上才能得到恰当的理解与诠释。对于一位要领导学校走向未来的校长而言，向未来学习几乎是唯一的选择。

石家庄外国语学校原名四十三中学，1994 年建校，学校周围全是庄稼地。对于一所规模小、地理位置差的新建校而言，该如何找到发展的突破口呢？强新志校长带着领导班子从多个角度研究未来，首先，他们研究国家政策。1993 年 2 月我国颁布的《中国教育改革和发展纲要》明确指出："普通高中的办学体制和办学模式要多样化。"他们意识到，这需要学校进行办学模式改革。其次，他们研究河北省的发展方向。1992 年，我国开始从计划经济向市场经济转轨，改革开放成为国家发展的大趋势。1995 年河北省正式启动环京津、环渤海的"两环经济战略"，需要大量外语人才。他们从这两个正在发展中的趋势中感觉到了学校发展的特色所在，那就是办一所"全面＋特色"的外语特色的学校。1996 年，学校得到河北省教育厅批复试办"高校外语预科班"的政策，得到了社会的充分认可。

---

① ［美］奥托·夏莫：《U 型理论：感知正在生成的未来》，邱昭良等译，53 页，杭州，浙江人民出版社，2013。

② 同上书，68 页。

③ ［美］内尔·诺丁斯：《学会关心——教育的另一种模式》，于天龙译，22 页，北京，教育科学出版社，2003。

20 年后的今天，当我们回首当年强新志校长领导学校做出的特色办学决策时，雾已经散去，曾经的未来变成了现实，一切清晰可辨。

**2. 倾听未来的能力之来源**

赵汀阳说，"势"就是将在时间、历史中展开发展成为普遍力量的那种未来性。[1]校长们如何才能拥有倾听未来，把握未来之"势"的能力呢？强新志校长的经验是进行持续的阅读与思考，用大的教育观来规划学校发展。强校长所言的"大的教育观"，指的是"校长的办学思路、学校的办学目标要放在社会大背景中去思考设计，不能就学校谈教育，要跳出学校看教育，跳出升学看质量，跳出分数看人才"[2]。是否能"跳出"，取决于校长把时间用在哪里。

除了教育专著，强校长一直坚持阅读三本杂志：《未来与发展》是关于社会各方面发展的战略研究杂志；《比较教育研究》和《外国教育研究》是关于世界各国的教育理念、教育现状、教育改革等方面的研究。阅读这些杂志为强校长带来了广泛而深入的思考，帮助他看到学校发展与未来社会发展不相适应的种种问题。长期的思考使得他保持了敏锐的直觉，当领导一所新建校进行改革的机会到来时，强校长的思路就有了出口。

当时《学会生存》一书刚刚出版，该著作指出，教育在历史上第一次为一个尚未存在的社会培养新人……教育要替一个未知的世界培养未知的儿童。这些论断深深地鼓舞着强校长，促使他在制定学校第一个十年发展规划时，思考"教育要超前，教育为未来"：教育投入要超前，教育观念要超前，教育规划要超前，教育目标要超前……创建一所新型特色学校成为强新志校长的一个追求。

强校长还把比较的方法引入学校的改革进程中，建校初学校坚持开放办学，不断地将世界发达国家的学校校长、老师和学生请进来，建立友好学校关系，每年派干部、教师和学生到国外友好学校进行交流。建校 20 年，石外与 14 个国家的 40 多所学校建立了友好学校关系。近年来，他们又把中外教师同课异构活动常态化，每年聘请国外一线各科教师来访讲课。2014 年，牵头成立全球基础教育研

---

① 赵汀阳：《论可能生活——一种关于幸福和公正的理论》，北京，中国人民大学出版社，2004。

② 强新志：《我的教育思考与探索》，4 页，北京，人民日报出版社，2015。

究联盟，作为会长学校，每两年组织召开一次学术年会，针对全球基础教育领域共同关心的问题，举办国际教育论坛。石外能作为这个联盟的盟主牵头十几个国家的几十所学校校长召开论坛，这本身就说明倾听未来是优秀校长们的一种强烈需求。这种在国际视野中持续与优秀同行的交流机制，提升了石外校长和教师们倾听未来的能力。

倾听未来不仅是一种能力，更是一种勇气。能力和勇气来自对社会、对教育认真研究之后的判断。这是校长拥有大教育观的前提条件。

**3. 倾听未来帮助校长设计与实施"中间通道"**

学校改革千头万绪，该如何确定发展的优先项？其实所谓学校改革中的优先项，无非是学校把金钱和时间优先用在哪里，据此我们可以判断校长说出来的教育观与实际的教育行动之间的差别。

强校长在决定建一所外语特色新型学校的时候，就立志要转变办学模式，向应试教育宣战，但是，如何转变却是一个实实在在的难题。强校长通过合作把资金引进学校之后，怎么花钱呢？学校领导班子达成了共识：体育、艺术和实践课程是基础教育的短板，被边缘化的现象很突出，向应试教育宣战应该着力放在这些被应试教育忽视的领域。于是他们投巨资建设体育、艺术和实践课程的专业场馆。在石外，学校体育馆、健美操馆、体操馆、武术馆、乒乓球馆、羽毛球馆、保龄球馆、艺术馆、音乐厅、小提琴教室、二胡教室、钢琴教室、电子琴教室、舞蹈教室、国画教室、素描教室、版画教室、剪纸教室、平面设计教室、机器人科学教室、航模教室、机械加工教室、通用技术教室、科学种植园等场馆加起来的建筑面积，占到其他学科课程教学用房的两倍。

体育、艺术和实践课程实施"三分教学"模式，即分专项、分阶段、分层次教学，配备了大量体育、艺术和实践课程的专业教师88名，成立公共资源部，设立专门的主管副校长。特别值得一提的是，学校从2001年起，自主研发开设了体育、艺术、实践的校本课程27项。这些校本课程在初中为必修课，高中为选修课。同时建立了城市学校少年宫，双休日和寒暑假对学生免费开放。教育投资的方向显示的是教育改革的方向。

为了确保这么多校本课程落到实处，学校将音体美和实践课优先排入课表，艺术课实行小班教学。学期排课时，先把音乐、体育、美术和实践课排入课表，然后再排学科课程。学校还加大体育课的权重，从 2001 年开始，将体育课从每周 2 节增加到 4 节。

校长的领导力体现在对"中间通道"的设计与实施上，即在提出的培养目标与阶段性培养效果之间建立"中间通道"。"中间通道"既包括课程的整体设计，也包括时间和空间的相应匹配。很多学校提出的理念经时间证明仅仅只是理念，原因就是没有设计与实施"中间通道"。通道建设的最大的难度来自两个方面，一是根据未来需求突破当下普遍做法的勇气；二是整合资源的智慧。强校长领导石外设计与实施的复杂然而却操作性强的"中间通道"是孩子们走向未来的桥梁。

**4. 面向未来可以更有效地整合资源**

领导面向未来的学校改革十分复杂，在缺乏资源以及要进行挑战传统应试教育的改革过程中，必须说服多重利益相关者，让他们认同并支持学校的改革。而多重利益相关者有不同的教育观点和不同的利益诉求，该如何说服他们呢？强校长抓住了关键的一点：用未来对人才需求的变化和对教育改革的呼唤来说服，走整合资源的改革之路。

他们改革之初遇到的第一个困难是资金。1996 年，学校急需建一个学生食堂和公寓。争取银行贷款时，那时连行长也还没有听说过学校贷款，国家没有先例。强校长带着 1995 年颁布的《教育法》的相关条款"国家鼓励运用金融、信贷手段，支持教育事业的发展"以及公办学校的信誉成功说服工商银行贷款 100 万元。后来建设外教公寓、教师办公大厅、校园班班通工程都是说服银行进行贷款 1500 万完成的。

第二个困难是办学体制改革。学校要扩大办学规模，怎么办呢？学校周围的庄稼地是石家庄郊区槐底村的，这个村有个很不错的村办企业河北怀特集团公司。强校长带领领导班子说服了怀特集团。集团从真正提升村民整体素质的战略出发，出资与石外联合办学。这样，石外在 2000 年就吸纳社会资金 1.3 亿元，扩大了初中、高中办学规模，并兴建了一所幼儿园和一所小学，形成了 15 年教育一体化办学格局。

在历次对课程进行改革的关键期，他们都是用未来社会发展对人才规格需求的变化来说服家长，使家长成为学校改革的积极支持者。同时被说服的，还有各级教育行政部门。创新性改革是没有先例的探索，争取各方支持需要学校领导把来自未来的呼唤具体化。

### （二）确定面向未来的学校核心价值观

面向未来是一种教育思想，一种办学态度。在一所具体的学校里，该如何把面向未来的态度落地为日常教育实践从而形成核心价值观呢？

#### 1. 核心价值观是学校对未来判断的具体化

多弗·赛德曼在其名著《未来领导者》中提出，在我们这个紧密联系的社会，领导们需要改变，用基于价值的使命来代替基于任务的工作。决心在学校里形成怎样的核心价值观以及如何形成这样的核心价值观（即 what 和 how 的问题），在学校发展的过程中至关重要，因为价值观代表了人们最基本的信念，是行为的源头。"基于价值的使命"意味着实现价值的工作之旅是弹性的，随着学生需求的变化而创新；而"基于任务的工作"意味着工作过程是预先设计的，路径是固定的。

"学校的核心价值观"，指的是有着鲜明校本烙印并且无论是在显在还是在潜在层面都能辨认出的价值观。从历时的角度来考察，学校的核心价值观是在学校发展过程中，一步一步形成的，带有鲜明的个性化色彩；从共时性的角度来考察，一所学校区别于同时代其他学校的最显著标志就在于核心价值观的不同。核心价值观一定要面向未来才有生命力。

石家庄外国语学校在制定第一个十年规划（1994—2004）时，就确定了"爱国、交际、协作、文明、健康、创新"十二字培养目标，在强校长看来，十二字培养目标的确定就是指向 21 世纪的人才，十二字集于一身会让学生终身受益，具有很强的未来性，是学校对于未来社会所需要的人才规格以及个人实现未来可持续发展所必备能力的描述。这十二个字是他们 20 多年来进行学校环境建设、校本课程开发、课堂教学改革、德育、教师培养等工作的根据，因此最终成为学校的核心价值观。

判断一所学校的未来性其实就是观察它如何设计丰富、紧张的日常学校生活，帮助学生在有意义地度过当下的同时，形成对未来发展至关重要的核心素养。这个过程就是学校核心价值观的明确和发展的过程。

#### 2. 教师是实践与发展核心价值观的中坚力量

石中英教授曾经说，能够对学校进行价值领导的校长具有这样的能力："确定学校的价值理念、宣传学校的价值理想、凝聚师生员工的价值共识、牢牢把握学校价值方向的能力。"①这个过程中的每一个步骤，都需要校长说服、带领教师们一起实践，否则就会形成校长走在前面，教师们却在原地观察、等待的局面。

首先，尊重教师。强新志校长认为，"校长要以教师为本"，"校长和教师之间的相互尊重、相互信任、相互依赖构成了和谐的干群关系"，"最大限度地激发全体教师的工作热情"。

尊重教师表现在要关心教师的切身利益。在石外快速发展的 20 多年中，学校着力解决了公办教师编制、民办教师退休待遇和教师住房等大问题，提高了教师们的生活质量，有效调动了教师的工作积极性。

尊重教师还表现在帮助教师解决工作中的困难上。强校长认为，不能只给教师布置任务，规定指标，提出要求，而不帮助教师解决工作中遇到的困难。为此，学校建立了校长坚持每天"四深入"的制度，即深入部门、深入课堂、深入班级、深入团队。每周各主管校长对"四深入"中发现的好的典型、教师工作中遇到的困难、解决困难所要采取的措施以及未能解决需要领导班子集体讨论解决的问题，全面汇报给学校领导办公会，及时做好服务教师的工作。在实践过程中，这个"四深入"制度还产生了更深刻的影响：它实际上还成为向教师们演示如何关心的榜样。诺丁斯曾指出：我们无须告诫学生去关心，我们只需与学生建立一种关心关系，从而来演示如何关心。同样的道理，学校领导团队向教师演示如何关心就能起到足够的榜样作用。

尊重教师还表现在为教师的专业化成长、实现人生价值创建发展平台。石外激励教师树立"爱教育、爱学校、爱学生"的三爱精神，学校每学期隆重举行教师"三爱"事迹报告会，评选"三爱"教师标兵进行表彰，并编辑出版了《石外教师"三爱"事迹报告集》。"三爱"精神已成为石外教师的核心价值观，激励着教师向专家型教师发展，近年来涌现出了一大批省市区名师和骨干教师，36 名教师受聘河北师范大学成为兼职的教育硕士研究生导师，每年 300 多名教师参与山区教育帮扶项目送课下乡、培训山区学校教师。把教育作为一种事业去追求，成为石外教师的普遍共识。

---

① 石中英：《做学校价值的领导者》，载《中国教育报》，2006-07-04。

其次，引导教师研究学生。要做到从教学走向教育，教师们必须深入研究学生，研究教育规律，以便把教育教学和对家长的引导都置于理性的研究之中。石外建成从幼儿园到高中一体化的教育集团以后，首先组织学校领导团队和教师们一起学习教育学和心理学，研究各学段学生的主要发展特点，编写了《石家庄外国语教育集团学段分年级学生发展特点汇编》，这本汇编成为以班主任为核心的班级教师团队的行动指南，也成了家长学校讲座的核心内容。然后，他们研讨确定了各学段的教育理念。幼儿园："游戏＋体验＝学习"；小学："培养兴趣和习惯比学习知识更重要"；初中："全面发展、打好基础"；高中："树立远大理想，做好人生规划"。研究学生的发展特点以及各学段的教育理念，成为教师们进行个性化的行动研究的前提和基础。他们的实践表明，从教学走向教育，仅仅依靠教育情怀是不够的，还必须有切实的、活生生的学生研究做基础。

第三，让教师们首先形成"健康第一"的观念。在一所学校，是形成应试分数第一还是健康第一的氛围，归根到底是学校管理理念和管理行为的结果。要使相应的理念落地，就必须按照该理念设计出可以实施的路径来。为了使全校教师形成"健康第一"的意识，石外从六个方面行动。①实施"4130健康工程"。学生每周四节体育课加一节体育课外活动，还有每天30分钟的课间操，确保学生"每天锻炼一小时"的落实。任何人不能以任何借口挤占体育课，雾霾天气体育课全部进入室内场馆教学。②普及"五小运动"。跳绳、踢毽子、呼啦圈、空竹、轮滑等五项小型体育运动，全部在幼儿园和小学完成。③人人参加学校田径运动会。学校每年召开春秋两次田径运动会，一次一半学生参加，一次另一半学生参加。④建立班级体质健康考核标准。⑤学校是全国群众体育工作先进单位，是河北省田径、足球、乒乓球、羽毛球、武术五个体育传统项目学校。⑥高度重视心理健康工作。石外的实践表明，一旦学校花力气形成了"健康第一"的理念，那么真正的课堂教学改革也就容易进行了。

教师与学校的核心价值观之间关系密切。核心价值观引领教师们的专业生活，同时，认同了学校核心价值观的教师们又通过自己的教育实践确认、深化、发展学校的核心价值观。

### （三）选择合适的"方式"领导学校走向未来

核心价值观所起的是定位和灯塔的作用。如果没有具体的学校日常教育实践来支撑，核心价值观就只是抽象概念。在领导学校日常教育实践的过程中，校长总是会选择某种行动"方式"。"方式"是我们观察校长领导力的一个重要维度。

**1. 直面透明时代，选择分布式领导**

石家庄外国语学校成立于 1994 年。在那一年，中国互联网通过一根 64K 的专线，接入国际互联网，成为国际上第 77 个真正拥有全功能因特网的国家。20 多年来，随着信息技术和互联网的发展，强新志校长发现，世界变得越来越透明。试图用功利的方式在校内甚至教室内搞应试，而只对外宣传素质教育的方式越来越成为不可能。不管是主动认识到，还是被动感受到，学校都必须表里如一、内外一致地去发展。他还认识到，世界透明化还有一个重要后果，就是一个单位的声誉变成了该单位所有人声誉的合集。换句话说，就是如果有一个教师或员工出了问题，那么整个学校可能就会被严重连累。对时代越来越透明化的感知让强新志校长选择了分布式领导策略。

分布式领导指的是把领导职能分布在组织成员中，努力调动每一个成员的积极性和智慧，使每一个成员基于组织的核心价值观创造性地工作，而不是仅仅基于任务。分布式领导的关键是学校研制整体发展的规划，在规划中把权力进行分布，使每一个部门，每一个员工都既清晰地了解学校发展的愿景和具体路径，也明白自己的责任。实施分布式领导才能培育多个思考中心，才意味着每一个教师能在自己专业智慧和价值观的基础上思考和实践，而非盲从别人。

石家庄外国语学校一直用十年规划作为学校发展的愿景和进行分布式领导的路径。第一个十年发展规划（1994—2004）聚焦发展，主要设计了四条路径：开放式办学、特色办学、体制改革、人才战略。第二个十年规划（2004—2014）聚焦学校内部管理改革，梳理、提炼第一个十年的有效的经验，明确了八个坚持：坚持"以人为本"；坚持"面向全体学生，使学生全面发展"的办学思想；继续坚持"依法治校"的办学方略；继续坚持"爱国、交际、协作、文明、健康、创新"的十二字培养目标；继续坚持走"外语特色"的办学之路；继续坚持走"以校本课程研发为主"的科研之路；继续坚持以"爱教育、爱学校、爱学生"三爱精神为主要内容的教师团队文化建设；继续坚持以"中西方教育相结合"为目的的开放式办学。

第三个十年规划（2014—2024）提出"以专家治校促集团发展"的总体思路，提出四项主要任务：一是扎实推进创新人才培养模式的整体改革；二是深入研究幼小、小初、初高、高大学生成长的教育衔接规律；三是逐步推进教育现代化进程；四是实施"山区教育扶贫工程"项目学校的十年帮扶计划。提出了新的发展目标：创建一个城市学校与山区学校为一体的、国内国际有影响的一流优质教育集团。

石家庄外国语学校的三个十年规划是学校在认真研究当时国家、地方和学校发展的需要基础上设计的。它不仅向本校教师和学生，而且向家长、社区和省内外同行宣布自己未来十年的愿景和路径，这需要勇气和魄力，也需要坚持的精神。一旦发展愿景和路径确立了，身处其中的教师们就容易定位自己的发展方向，分布式领导的方式才有可能落地。由此可以看出，分布式领导需要更高层面的整体设计、更高水平的资源整合能力和更有效的激励措施。

**2. 重视衔接，选择条块结合的工作推进方式**

石家庄外国语学校于 2010 年发展壮大为石家庄外国语教育集团，包括石家庄外国语学校、石家庄第二外国语学校、石家庄外国语小学、石家庄外国语小学附属双语幼儿园四个法人单位。为了在这个复杂的教育集团中分布权力，充分发挥能够进行衔接教育的一体化教育优势，他们采取了专业权力与行政权力"条块结合"的方式。所谓"条"，就是设立了 10 个专业委员会，统筹研究从幼儿园到高中相应领域的理论与实践问题。这 10 个专业委员分别是德育教育委员会、外语教学委员会、教育科研委员会、课程开发委员会、教师专业发展委员会、衔接教育委员会、学生健康发展委员会、学生家长委员会、校园安全委员会、后勤服务委员会。各委员会成员皆来自各学段负责相应工作的骨干教师。委员们研究、讨论各自领域的主要工作策略以及策略背后的理论支持。这项权力分布解决了一体化教育的专业发展路径问题。所谓"块"，指的是集团分为幼儿园、小学、初中、高中四个学部。这四个学部在进行行政管理的同时，研究各学段的主打教育理念以及相应的行动方式。这种"条""块"分割的权力分布方式，与其他项目或领域的分布式策略一起，有效地提升了每一位教师的领导力。

其实，无论是来自"条"的还是来自"块"的研究，本质上都是把日常教育实践与对具体的活生生的学生的研究结合起来，使学校的各项工作推进都建立在深入的儿童研究基础上。否则一切就会沦为抽象概念，也就是赵汀阳所说的"修辞"：

"修辞虽然迷人，终究无大用处。说出美丽的修辞并不等于拥有了建设新世界的知识。"①

当然，不能仅仅从发展规划或者管理制度来判断一所学校是否有基于儿童的视角。我们还应该从学校的每一个细小的设计或行动上来观察。例如，石外的班主任们分年级集中办公，他们格子间的外层是开放的书架设计，用于放置各科作业。各科课代表把作业先交到班主任这里，汇报一下作业完成情况。然后各科教师到班主任的格子间取作业批改。通过这个设计，石外成功地加强了班级组教师团队基于学生个性化学习和成长的日常交流。

**3. 聚焦思维培养，选择项目式学习**

在学校的发展过程中，无论设计哪种路径，都无法回避一个关键的问题：教师和学生如何更有效、更明智地度过课堂的时光？学生到底从学校生活中获得了怎样的思维品质？在规划、设计课堂教学改革方向的过程中，杜威对于思维培养的观点给了强校长关键的启发。他特别赞赏杜威的这段论述："到底是为掌握信息而掌握信息，还是将掌握信息视为思维训练的一个组成部分，这两者之间是有根本区别的……只有开动智力而获取的技能才是可供智力随时利用的技能。除偶尔的情况外，只有在思维过程中获取的信息才能用于合乎逻辑的用途。"②他要引领老师们，在课堂上聚焦思维培养，要让学习知识的过程成为智力发展的过程。在所有的活动课程中，也要注重孩子们思维能力的培养。为此，他提出了"四自主·四环节"教育模式。这个教育模式的基本理念是"永远不要低估学生的能力"。"四自主"即自主学习、自主发展、自主教育、自主管理，"四环节"即项目设置—项目实施—交流展示—评价激励。"四自主·四环节"教育模式广泛应用在课堂教学、德育教育、校园活动、家庭教育和社会实践等多个领域。以课堂教学为例，老师们在集体备课的过程中，会重点研讨哪些学习内容适合转化为项目学习，特定的项目学习所培养的思维重点以及与课程标准的关系。项目学习是"四自主"在课堂上的落实路径。学生在完成项目的过程中，主动参与、合作探究、亲身体验、交流展示。这就是杜威所建议的"在思

①　赵汀阳：《坏世界研究——作为第一哲学的政治哲学》，272 页，北京，中国人民大学出版社，2009。

②　[美]约翰·杜威：《我们如何思维》，伍中友译，北京，新华出版社，2010。

维过程中获取信息"。

日本著名的管理学家大前研一曾经预言："未来能称为人才的必定是那些勇于在'没有标准答案的世界里'挑战自我的人，或者'在世界任何地方都能有所作为的人'。"①学校该如何改革才能培养出这种未来所需要的"人才"？作为校长，该坚守什么，突破什么，整合什么？强新志校长领导石外的教育探索给了我们很好的启示。

---

① ［日］大前研一：《低智商社会》，千太阳译，北京，中信出版社，2010。

# 朋友们眼中的雨亭

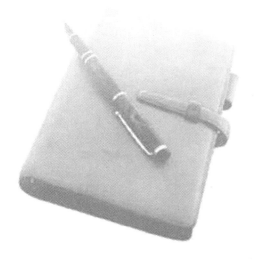

# 一、在持续的自我反思与超越中成长

王君红

我认识陈雨亭博士已经五年多了，感觉她是一位特别善于自我反思并一直坚持自我超越的研究者。她专科毕业后曾经教过八年初中，在边教学边自学的漫长八年里，她通过了英语本科自学考试，拿到了本科文凭；通过了硕士研究生的入学考试。硕士研究生毕业后，她又考取了华东师范大学的课程与教学系攻读博士研究生并获得博士学位。博士研究生毕业后，她来到天津教科院工作，一直致力于基础教育研究。我因此有幸认识并在她的指导下进行针对性的学校教育改革。在交往的过程中，她总能给我带来教育激情、新的观念和教育教学策略。她特别善于启发我发现自己学校里的改革契机，帮助我发现我们学校里内生的个体创新点，然后再进行制度设计，转变为全校共享的创新。这种把目光转向学校内部，转到教师和学生身上的改革方式使我受益很多，找到了自己专业发展的正确路径。

## (一)进行情境化改革，把改革的目光转向内部

陈博士主张实施"情境化改革"。她认为，"情境化改革"指的是尊重学校的办学历史和传统，尊重教师的教学风格和偏好的教学方法，以学校发展愿景建设和具体的能力建设为主要领导方式的改革。情境化改革能把教师对于改革的疑虑和反感降到最低，是阻力最小的改革。这种策略的关键是用行动研究的态度，深度研究学校的过去、现在和未来，找到并提炼出学校发展进程中一直在起作用的元素，或者那些虽然有些不合时宜但是如果稍加修改就能发挥作用的元素，然后在此基础上，整合出一个新的结构。情境化改革既能整合学校既有的成功经验，又能最大限度地调动起来教师们的积极性。

她来我校和老师们一起座谈或者听课评课的时候，总会向我们示范怎样关注"具体"，关注活生生的教师和学生。她从来不会把抽象的改革修辞灌输给我们，她也建议我在给老师或者学生演讲的时候，一定要说教师和学生听得懂的话。在她的启发下，我把学校里每一个活生生的个体的成长状况，作为我领导校本改革的出发点和

落脚点。一旦把目光转向了学校内部，我突然发现，校本改革的启示和灵感、措施和评价都能从观察和倾听师生来进行反思与建构，并且把目光转向内部之后，我自己的生命体验和职业体验与我领导学校进行改革的行动紧密联系在一起，每天的平凡工作变得充满了意义。

进行情境化改革，意味着我校系列改革的方案设计、实施过程、方案改进、评估检查等流程的检查与评估，最终都落实到培养什么学生，怎样才能培养出这样的学生上。她帮助我认识到，学校的创新，不在于设计出别人所没有的特色，而在于如何全面把握自己独特的校情，在此基础上，以民主和科学的方式，设计并实施切实可行的改革方案。

## (二)进行整体性改革，构建学校特色

我校始建于 1949 年 8 月，是河西区解放后兴办的第一所国办校，有着辉煌的历史。2011 年起，在天津市和河西区的推动下，我开始思考如何构建学校特色。我校过去多年里致力于在学生中建设"金鹰文化"，在教师中建设"航鹰文化"，培育了积极、健康、向上的文化土壤。在这个基础上，我带领老师们进行了多次研讨，最终提出了"建设幸福学校，奠基幸福人生"的特色办学目标。我们认为，学校应该是一个师生能在其中创造、体验、分享幸福的地方。

提出了新的目标，但如何把学校的过去和未来连接起来呢？如何提出一个我校发展的特色框架，使师生既有新的视野，又感觉新的目标是学校自然而然发展的结果？我陷入了迷惘之中。

就在这关键的时刻，陈博士建议我进行整体性改革。她认为，在特色建设的过程中，学校应该全面总结与反思学校在各个层面工作的经验和问题，然后在对话的基础上，提出一个全校的发展愿景，再用这个愿景植入学校发展的关键领域，使关键领域的发展围绕着这个愿景，为愿景提供具体的、实实在在的支持。她反对提出一个全新的框架，用否定或者漠视学校历史传统的方式进行改革。她认为，学校的特色建设就像人的成长经历一样，过去不可能从当下的情境中抹除，而只能成为再次出发的起点。学校改革应该实施"创造性再结合"的策略。这种策略的关键是"用行动研究的态度，深度研究组织的过去、现在和未来，找到并提炼出组织中那些依然有生命力的元素以及那些稍加修改依然能发挥作用的元素，然后在此基础上，整合出一个新的结构"。

她的这些建议让我豁然开朗。我带领老师们重新认真梳理了学校的文化传统，围绕着"幸福教育"进行了整体性改革。我们把理念的转变、实践的落实和能力的提升三者进行了深度整合，从培养"幸福教师"入手，创建"幸福学校"。我们提出了"做'微笑'的闽小教师；做'关爱'型闽小教师；做'专业'的闽小教师"。

### （三）聚焦师生能力建设，为卓越学校的发展奠基

卓越学校的创建是一个过程，而不是终结性考评的结果。在一次对象为中小学校长的讲座中，陈博士提出，中外的卓越学校都有一个共同特点，那就是一切教育活动，都围绕着学生的健康成长。而学生健康成长的核心是能够促进人生幸福的关键能力的培养。要培养学生的关键能力，教师们也必须进行能力建设。教师的良好素质是学生健康成长的前提。

我校坚持多年进行"三学五步"教学模式的探索。"三学"指的是"爱学""会学"和"优学"。"五步"指的是"自学质疑—释题定标—合作探究—巩固拓展—检验小结"。老师们普遍认同了"三学五步"的教学指导思想和具体模式，也取得了很大的成效。但是，我们如何突破已经取得的成就，继续就课堂教学进行探索，进一步提升课堂教学效率，切实减轻学生不必要的课业负担？

陈博士在全国各地三四十所学校组织了一个公益性的"和雨亭一起读书"活动，每个学校选一名爱读书、爱思考的老师担任联系人。她把好论文或者好故事通过信箱发给各学校的联系人，由联系人阅读、筛选，然后再把适合的文章转发给全校老师们。通过这种方式，我们持续地与前沿的教育理论和实践接触，拥有了反思自己日常教育实践的新参照系。在她发给我们的资料中，有几篇她自己关于课堂教学的成果：《学校课堂教学改革必须关注三个核心问题》《"创造型"课堂教学文化的特征》《实验教学不能仅用"开出率"衡量》《坚守课程方案，还学生自由成长空间》等。通过阅读这些教学论文，我们理解了这些年教学改革探索的意义以及不足。

这个学期，我们开始对"三学五步"进一步探索，遴选了与课堂教学紧密相关的课程与教学论、教育心理学和社会心理学理论，为我校老师们量身定做了一套专业发展课程，采用自学、讨论和邀请专家面授的方式相结合，引导老师们学习和应用专业理论。我们已经认识到，没有理论做指导的改革，不可能行之有效；没有理论做支撑的专业发展，不可能真正提高课堂教学效率。我们的目标，是在理论的指导

下，分学科、分学段，研究和实践出行之有效的校本教学课堂教学经验。

陈博士在她的著作《陈雨亭：教师研究中的自传研究方法》一书中指出："对那些已经有相当名气的校长或教师本人来说，需要经常进行诚实的自我反思，否则，就有过早陷入'功成名就'心理陷阱的危险，把主要精力用于为自己的立场和实践策略辩护，进入'被捕状态'——自己成为自己的俘虏。"在已经成为社会和家长比较满意的学校的情况下，我们学校的每一位教师必须努力培养自己的反思意识，不断超越自我，才能使学校不断发展。

与陈雨亭博士对话是一种享受，是一种心灵的碰撞。她引导我对自己的实践不断产生新的认识，使我永远觉得身在教育之中"学无止境"，只有起点，没有终点。她不仅自己坚持读书、研究与写作，发表有大量的论文，启发了无数校长和教师，而且她毫无保留地把自己的教育智慧与我们分享。她为人朴实无华，是个真正的学者。在她的影响下，我有信心带领我全校的老师和学生们，一起创建幸福学校，享受幸福人生。

（王君红，天津市三期未来教育家学员，写作本文时她担任天津市河西区闽侯路小学校长，2013-11-20）

## 二、教师的自我发现和成全

凌宗伟

拿到陈雨亭博士的新著《陈雨亭：教师研究中的自传研究方法》，初是惊喜，复而感叹。细读之下，发现她开辟的，正是美国著名作家 M. 斯科特·派克所说的"少有人走的路"式的研究。从理论层面上说，教师的自传研究，无论是溯源、发展、体系和内涵，了解的人还不是很多。再换一个角度看，她的研究和写作，又是极为"接地气"的，因为教育自传就是教育者自己过去经历的某种反映，是一种"个人史"的记录、挖掘、整理和思考，在很大程度上类似于我们今天教师写作中的"教育叙事"或"叙事研究"。很多时候，这种写作与思考既是作者集聚自身修养的浑然天成，也是所有老师走向成长、成熟的某种带有隐喻意义的路径。

作者谈到当下课堂的五大特征："中立化的知识观""独白式的教学方法""等级制的学科结构""忙于应付的师生"和"终结性的评价方式"。这副苍白的面孔正以一种制度化、板结化的冷峻和严苛，蚕食着教育的持续生命力，使之活性不足，张力受压制。这之中的"原动力"，在于教育中的"我"，正在一场逆淘汰中被无情地摧毁，教师沦落为千人一面的"技工"和"钳工"，人人皆戴上面具，人人皆锁上镣铐，人人皆隐去姓名，人人皆褪去神色。

"认识你自己"，这种自我启蒙的觉醒，被陈博士用一个温暖的名词表达："心灵内向"。这听起来有一点儒家的味道，比如孟子的"行有不得，反求诸己"，又有点类似于佛家的"反观内照"，但其实都不尽然。因为她用的是一种更为积极求实的态度，寻找在这个时代中与面无人色的"机械教育""反教育""伪教育"抗衡的可能。

当看到书中写道"只有主观世界改变了，教师才可能投入到抵制那些反教育的实践中去"时，我感到一股力量油然而生：作者既把"自我"作为独一无二的个体来理解，同时也作为"由地位、性别、种族、阶级和文化定义的社会存在物"来看待，她希望在对"自我"的不断挖掘和反省中，能给教育发展提供一个新的维度和可能，更希望在时下"整体一盘棋"的布局中给每一个独立的教师找到多元共生、个性张扬的基石，真正从"实然"的当下困境中看到"应然"的教育改革，以及作为"人"的"本然"的回归。

该书指出："迈克·厄本说人从来都不是个人，或许称他是一个单数的普遍性更为合适。从这个意义上来说，研究个体也意味着研究某一个集体。"我以为，这恰是对"我"之含义的放大，完成了对"小我"和"大我"间的动态平衡。联系杜威的教育思想，这也正是将"我"之社会雏形化的理解："我"就是一个"小宇宙"，在这个"小宇宙"中有无穷的能量等待被挖掘，有无穷的潜能等待被激发，也有无穷的可能期待被实现。读到这里，我们就渐渐看出某种教育的希望来。这种希望是自下而上的，是基于个体的，也是星星之火式的。"吾心即宇宙"虽有唯心之嫌，但它却很好地道出了作为一个教育人的广阔作为所在。

读这本书，让我想起自己的那些忘年交朋友。他们曾在国内著名学者、畅销书作家张文质先生建立的"优培写作小组"中写了两年的"教育叙事"，其中有几次，作文标题就是"我的成长史""我的阅读史""我的写作史"。他们的教育素养正是在每天的思考和写作中，将课堂实践、德育建设、管理工作的点滴发现和心得，将与教育名著、名家对话、沙龙互动时的启思和受益，通过自己的笔，源源不断地书向纸面，叙述着自己的成长和成熟。

当然，从另一个角度说，教育写作、教育自传也不是一项"只顾闷头拉车，不知抬头看路"的工作。正如本书所写:"如果自传研究不能触动教师质疑、反思自己在长期经验基础上形成的结构,其意义就会大打折扣。教师的自传叙事不应该是去叙述那些无论对自己还是对别人都司空见惯的故事","要在看似无问题的地方发现问题,揭示惯常行为背后潜藏着的认知图式、预定的假设、心照不宣的东西、'集体无意识''缄默的知识'等,进而摆脱传统的禁锢,获得一种内在的启蒙和解放的力量"。这一提醒,对每一位试图通过教育自传、教育叙事来推动成长的教师来说,都是不可或缺的"入门证"。若无此前提,我们便极有可能对本书产生怀疑。书中类似的提醒还有很多,需要读者潜下心来慢慢体会,而不能以"操作手册"式的快餐阅读肆意消费和贬损作者的教育深意。

这样一本启迪人尊重生命之个性、独立性、多元性,乃至于将职业生涯与人生经验彻底贯通的书,已经超越了"器术"的层面——尽管它的面孔带有很强的专业色彩——而是有一点哲学意义上启智生慧的"道"味。每一个不安于混沌度日、虚掷光阴的教师,每一个怀抱理想、志存高远的教师,每一个彷徨踟蹰、不知所向的教师,都可以在书中找到慰藉。

（本文系时任江苏省南通二甲中学校长的凌宗伟为《陈雨亭:教师研究中的自传研究方法》所写的书评,发表于《中国教育报》2013-12-01）

# 三、自传研究方法:教育改革的内在力量

吴　奇

教育改革的一个重要任务,就是培养一大批拔尖创新人才,但正是在这个问题上,我们遇到了瓶颈。原因之一,就是缺少更多的教育家型的教师。成为教育家型教师途径很多,但陈雨亭博士在《陈雨亭:教师研究中的自传研究方法》一书中为我们提供了一种独特的路径,即自传研究方法。在这本研究美国著名课程理论家威廉·派纳的自传研究方法的著作中,作者把自传研究方法与自我反思以及研究我国新课程改革后的教师专业发展状况结合起来。在作者的研究视野中,自传研究方法是一种生活态度,是一种心灵向内的过程,是一种通向真理的途径,是一种培养自己理智发展的手段,更是教育家成长过程中不可或缺的智慧。

### （一）克服荒诞感和恢复内部世界，发现真实声音

当代教育盛行目标模式。教育上的目标模式过分注重可测量的外部的东西，把人的注意力极大地转向了外部，严重地遮蔽了对内部世界的意识的关注。其危害就是人内部世界的荒芜带来的意义感的缺失即哲学家所说的荒诞感，教师对教学产生恐惧，失去了教学勇气。教师忽视了教育情境的复杂性与差异性，最终有意或无意地沦落到功利的泥潭里且不能自拔。

究其根源，是教师受经验主义所推崇的定量研究方法的影响。定量研究最大的特征就是对控制的工具主义非常感兴趣，其方法是匿名化和标准化。其反映在教师思想中，就是教师对待教育理论的态度是想知道什么方法能起作用，什么方法拿来就能应用到课堂教学中。教师成为目标模式的奴隶，丧失了自我。

针对这种现象，派纳寻找解决办法。他从先验沉思、坐禅、禅宗、瑜伽等众多方法中寻找，但没从中找到可以把注意力转向教育经验的情境中的方法。不过，派纳告诉我们，人们可以利用多种沉思方法的假设，以及精神分析和现象学的一些假设，整合出一种不同的方法。于是，他从现象学中汲取"生活世界""悬置""本质还原"等理论，建立了自传的研究方法，用此来帮助个体发现自己的真实声音，发现个体经验的本质意义；用这种反思的方法来克服荒诞感和恢复内部世界，从而批判传统的经验主义研究传统。

### （二）打破恶性循环，建构自我和专业实践知识

通过观察，我们发现在教育研究中教师长期处于"优雅地服从"的位置上，教师只是研究者的理论、国家教育政策、教材教参的实施者，属于被动者，结果成为很多社会问题的"替罪羊"。社会一生病，教师就服药。当劳动者与知识经济社会中的劳动者素质有较大距离时，教师就被要求要进行"素质教育"；当认识到在竞争中唯有创新才真正具有核心竞争力的时候，教师们就被要求进行创新教育。加之教师日常生活单调循环往复，又缺乏进行研究的必要知识和内在动力，教师的自我的实存被遮蔽，教学自我也被放逐，失去了批判性的眼光。

所以，佐藤学说："对于教师的批判与期待愈是泛滥，教师自身就愈是对于这些话语里所充斥的对于教职的困惑，感到愤懑与绝望，乃至丧失了见证自身存在的话

语，迷失了教师的自豪感与使命感；而教师们丧失了见证自身存在的话语，愈是沉默，对于教师的过分严酷的期待与多余时空论，便愈演愈烈，形成了恶性循环。"

为了打破这种恶性循环，把教师的教学自我重新找寻回来，派纳从精神分析中借鉴"自由联想""抗拒以及无意识""前意识和意识"等核心概念，把自传研究方法定义为一种注视主观视域的方法。用这种方法来思考正常的普通人在现代社会的心灵状况，特别是人的教育经验的状况：尽管我们承受着"底线"（考试分数）之困扰和"商业"思维教育模式的压迫，但我们在精神上决不能屈服。我们必须记住教育不是商业，它不能用考试分数来衡量。

作者在书中指出，我们要用自传研究方法挖掘人的教育经验中那些未被意识到、处于压抑状态的部分，解决教师研究中研究与自我分离的难题，重视自己的心灵生活，重建内在自信。只有这样，教师的反思才会不仅仅停留在自身教学行为或教育教学知识和技术之上，而是对自己教学行为背后的信念和行为意义进行深刻的反思，真正地洞察教育行为在什么样的情况下才是有效的，什么样的行为表现能有助于扮演好教师的角色，重构教师自己的新的专业实践知识。只有这样，教师才会从个体的生活中认清自己的位置，发现自我的真实声音。这种行动就会成为发现变革世界的力量。有了变革力量，就能够把自己从社会角色中解放出来，发现和建构真实的自我，以便能够进行政治与文化批判。

### (三)根基于教师的日常生活，反思教育实践模式

在教育生活中，经常出现这样的困惑：理论与实践到底该是一种什么关系？教育理论一定能指导教育实践吗？特别是在教师培训中能否避免研究者与教师之间的冲突和相互抱怨？作者通过对自传研究的研究，为我们厘清了这些问题。

理论与实践各有自己的优势范围，彼此之间要保持距离，并非是降服关系、线性思路。我们不能把"理论要服务于实践"人为狭窄地理解为把理论直接应用于实践，或理解为理论工作者的任务就是为实践者直接服务，而实践者从理论工作者那里拿来某套现成的理论，就直接套用在自己的实践中，并且能马上见到实际的效果。

研究者的理论要根基于教师的日常生活，要基于对理论者所属群体中当下困境的思考，要明晰自己在言说谁的理论。要研究自己所赞成的理论和自己的生活之间的关系，把自己从被捕状态中解脱出来；努力研究理论所产生以及将要应用的情境。

作者透辟地指出，当我们觉得现行的教育实践模式存在重大问题时，就开始大规模地进行改革，改革的理念、目标、内容确定之后就开始大规模地培训教师，培训的方法是观念灌输式的"集体转型"，即所谓的给教师们换脑筋。事实上，集体同时转型几乎是不可能的。因为期待集体转型本身就是一种商业逻辑。它实行的是简单实用的原则。还有什么比邀请一个所谓的专家对几十人或几百人同时宣讲改革理念和策略更经济、更实用的吗？如果不同时采取其他方式，那么这种在机器大生产时代为培养掌握初级文化知识的劳动者而兴起的班级授课制式的培训方式就只适合培养层次较低的技工。

所以说，集体的转型的前提是个体的转型。在某种意义上，个体转型是一个学习和反思的过程。这个过程其实就是一个自传研究的过程，通过回溯过去，展望未来，个体更清晰地明白了自己的现在。

纵观全书，作者介绍派纳，研究派纳，更具示范引领的是作者运用自己研究的成果对自己研究。作者在自传研究之路上孜孜以求自信人生，不断地拓展自我空间，实现自在发展。这何尝不是隐藏在书中的极佳案例呢！这是一本学术著作，虽说读起来很艰难，但如果能静下心来，细细地读，一定会让读者收获颇丰，受益匪浅。

（本文系天津中学吴奇老师为《陈雨亭：教师研究中的自传研究方法》所写的书评，发表在《教师博览》2014 年第 6 期原创版书话栏目。当时吴老师在新疆维吾尔自治区和田地区天津高级中学支教）

# 四、教育研究是芬芳的

### 马国新

与雨亭博士相遇是一个偶然的机会，之前我对她一无所知。

2009 年 11 月，天津教科院承办全国基础教育"未来教育家论坛"活动，我也前往学习。当温总理提出"教育家办学"时，天津等地就在全国率先行动起来了。2009 年 11 月，全国首届"基础教育未来教育家论坛"在天津举行就是其率先行动的体现。当时雨亭博士已从华东师大毕业了，到天津教科院工作已近三年。

我到天津参加论坛活动的第三天下午 4 点，因要赶飞机返程，我就提前离开了会场，出门下台阶时，雨亭博士主动与我打招呼。事实上，当时我与雨亭博士并不认识。当她得知我是一普通农村中学的校长时，又觉得我赶飞机有多余的时间，就主动请我晚餐之后再走。晚餐吃了一些什么我现在已经记不清了，我能记起的是雨亭博士个人成长经历的自述和她谈论教育时温柔的话语。

雨亭博士的语速慢而流畅，轻言细语中藏有一种力量，关于校园和教育的每一句话都能让人被打动。最后她谦虚地说自己很像一颗"小土豆"，也很愿是一颗"小土豆"，生长在教育的土壤中。

雨亭博士是在山东的一个小山村长大的，其家乡与莫言的老家近，其实莫言并不认识她，但当她得知莫言获得诺贝尔文学奖时，她曾高兴地落过泪。我觉得这不仅仅是一种家乡的情结，更是一个知识女性对一个民族的文化和教育爱得真诚。

后来，雨亭博士从一个普通大专的英语专业毕业后，到一个交通不太方便的煤矿职工子弟学校教了八年的初中英语，缘于"忍不住的突破"，她一边教书一边自学，考上了曲阜师范大学研究生，专业是教育，博士毕业后，她到了天津教科院工作。

那天，晚餐吃好了，但我觉得与雨亭博士关于教育的话题远没有说完，我不得不匆忙离开，去赶晚上7点多的飞机。到机场后我才发现航班晚点近三小时，当晚10点才能起飞。

很多时候，人总是做不了时间的主人，当晚乘飞机算是一个例证吧。一会儿是匆忙中分手，片刻后又焦急地等待。但我觉得，雨亭博士在其个人的成长中，总能把握着时间的节奏。

2010年春，雨亭博士被邀请到我所在的学校厉山三中为老师们做演讲，她的报告打动了厉山三中的许多教师，金彦俊教师说："在我所听到的专家们的报告中，陈雨亭博士的话是最打动人的，而且她是那样的谦虚。"那一次，雨亭博士被聘为厉山三中的名誉校长。

2010年秋，我带厉山三中的部分教师到天津大港五中参加王敏勤教授组织的"和谐教"说课大赛时，雨亭博士主动带领我们在月光下参观了天津城区内的一所优质学校，并不厌其烦地向我们介绍学校的办学特色和发展历程，其对教育的热诚难以言表。

一年后，我到武汉工作了。由于刚到一个新的环境后工作压力大，我减少了与外界的联系。到武汉后一年多的时间里，雨亭博士并不知道我的工作变动了，直到

2013年春，《第56号教室》的作者、美国教师雷夫来武汉参加《中国教育报》组织的论坛活动，雨亭博士担任雷夫的现场演讲翻译，我发现后到后台找她，雨亭博士才知道我到武汉工作了。

在这近三年的时间里，雨亭博士一直深入中小学开展她的教育研究，还担任"天津未来教育家"首期学员的班主任。她经常就学员学习过程中的问题给学员写信，每一次她写的信都会转给我一份。她给我发来了近百份学习材料，我却很少给雨亭博士回邮件，但这并没有影响她帮助一线校长的热情。我不仅在暗中学习雨亭博士发到我邮箱中的学习材料，也一直在关注雨亭博士的新浪博客。她的每一篇博文，都是对教育改革的理性判断和哲学思考，富有情怀和诗意。

雨亭博士作为一位教育研究者，成长的速度很快。她用了不到六年的时间，已经跻身于国内基础教育年轻学者的前列，《中国教育报》上时常会发表她的教育观点。她正在影响当下中国基础教育一所又一所学校的变革和方向。

雨亭博士对以学校为单位的改革的研究是全方位的，从课程到课堂，从文化到管理，从教师的成长到学生的发展，涉及校长办学的各个方面。我感觉她观点独特，提出的建议操作性强，充满浓郁的人文气息，充满期盼和梦想，让人能闻到教育的味道和芬芳。

我与雨亭博士注定有缘分。2013年我入选武汉市初中名校长培训工程学员，10月初到北京学习时，我发现雨亭博士是我们这个学习班的指导老师。

（马国新，武汉光谷实验中学校长，写于2014年12月26日）

# 五、是谁赐予我飞翔的双翼

高金德

2015年12月26日，第四届全国教育改革创新典型案例推选颁奖暨创新成果展示活动在北京隆重举行。我作为其中一名受到表彰的老师，心情是无比的激动。当朋友们、同事们在向我表示祝贺的时候，我是那样的欣慰，但是有多少人知道，我能有今天的成果，是与许多领导、老师的教诲分不开的啊！特别是我的恩师陈雨亭教授，在我成长的每一个瞬间里，都深刻地印记着她对我无微不至的关怀，正是她赐予我飞翔的双翼，我才能够在教育宽广的天空中翱翔⋯⋯

最初听到陈教授的名字是在 2011 年暑假培训期间，当时我还是一位外县区的教师，因为经常受临沂二十中刘建宇副校长的关注，所以好多活动我都能有机会参加。培训期间恰有陈教授的一场报告会，报告结束之后，我有好多的困惑想请教陈教授，或许是勇气还不够，所以最后带着遗憾离开了会场。从此以后，如何能得到陈教授的教诲，便成为我的渴望。

2012 年 9 月，我调入了临沂第二十中学工作。陈教授非常关注我们学校，经常在百忙之中到校指导工作，渐渐地我就有机会聆听陈教授的教诲了。那是 2014 年 10 月，陈教授再一次来到我们学校，专程为我指导课堂教学，在听了我一节课后，我便开始了向陈教授汇报。

多少年的课堂教学，我感觉到自己做得还不错，一种自满的情绪涌上心头，以至于在汇报工作的时候，我激情洋溢，把设计的那节课从头到尾详细地汇报了一遍，感觉陈教授能够用大篇幅的时间来表扬我。可是让我万万没有想到的是，陈教授仅仅几句认可的话语之后，接下来便是当头棒喝，她非常认真地对我说："金德，数学课堂是需要培养学生的思维能力的，可是什么是思维？这个概念你究竟是怎样认识的？明白了思维的概念和培养方法，接下来我们才能研究如何思维，才能研究如何引领学生思维，才能在教学设计预设的程序中合理地设计教学资源，才能在教师思维、学生思维的过程中呈现一束思维的链条，使思维前后连贯、互为印证⋯⋯关于思维的概念如果搞不清楚，我们的课堂或许就会在不知不觉中失去这最为宝贵的灵魂。金德，你搞教学有点蛮劲，这是好事，可是一定要把基本问题搞清楚，我建议你要多读一点关于教育教学的专著，今天我就给你推荐一本书《我们如何思维》，你要好好读读，研究一下杜威这位教育家是如何解释思维这一概念的⋯⋯"

一席话，犹如醍醐灌顶，让我刚才还浮躁的心一下子沉寂下来了，本来还有好多内容想和教授交流的，可不知怎么的，教授的这一番话就一直在我耳边萦绕，一直就在我的脑海中回旋，这番话如同一股电流，瞬间击穿到我心灵的深处，一个曾经傲慢的我彻底被征服了。真没有想到，一位学识渊博的博士，一位具有独到教育思想的教授，对于一位自以为了不起的年轻教师的课堂指点竟是那样的精准。说实话，我的课堂曾被好多专家和老师评价过，有名师，有专家，有记者，但是像那天那样一语中的、道破天机的评价还是我平生第一次感受到。

　　这件事情，影响我终身的发展。教授的一席话，让我收获得太多了。这份收获，不仅仅是对自己有了一个更为真实的判断，不仅仅是明白了我的课堂教学还存在的好多问题，不仅仅是教学的过程中要注重个人理论知识的丰厚……除此之外，我想，教育前行的路上，没有绝对的成功，只有不断地反思、不断地质疑、不断地否定，才能将自认为成功的终点当作又一个新的起点，才能够在教育的征途中涅槃重生。

　　在陈教授的关注下，我开始了新的征程。我开始阅读《我们如何思维》，边写笔记边写感悟，准备哪一天教授来指导我校工作时再向她汇报。可万万没有想到的是，时隔仅三个月，陈教授又来了，并且那次到校不是为学校指导工作，而是专程来检查我的学习情况。我真的是又惊怕又感动，惊怕的是我还没有彻底地读完《我们如何思维》这本书，更没有在学习的基础上结合课堂实践深度思考，做的笔记也是残缺不全，还真的是没有十足的底气向陈教授汇报。当然我更感动，作为一名普通的教师，能够得到陈教授如此的关注。在感动与惊怕之后，我鼓起了勇气，开始了我的学习汇报。或许是由于稍带紧张，本来是结合课堂谈如何提升学生的思维能力的一个汇报，结果谈着谈着，一下子跑题了，一下子又谈到我如何关注学生的成长方面的事情上来，汇报结束之后，我心想这次完了，肯定要让陈教授狠批一顿的。可是让我再一次意想不到的是，陈教授的语气却是那样的温和，如春风，如温泉，如甘露。她告诉我："……金德啊，你不仅在做教学的事情，更了不起的是你在做教育的事情，你是一位真正从教学走向教育的践行者。你用你的真心、真情、真实行为感化了学生，被感化的学生又像你一样做出感动学校、感动社会的事情来，这才是真正的教育，这一点你要永远坚守……关于《我们如何思维》这本书，你能结合到课堂教学解读到这种程度，已经不容易了，至少你是用心读的，至少你能将其中的理论融合到你的课堂当中去了，这已经很难得了。当然这本书读一遍一遍的收获，多读几遍结合深度思考，或许效果会更好些……"

　　一席话，犹如春风化雨，让我刚才还惊怕不已的心情逐渐放松下来。陈教授一番话如同高山上的甘泉，缓缓地注入我的心田，暖暖的，甜甜的。中国的教师千千万，可有几个能像我这样，在教育专家的亲自指导下开展学习活动，我是幸运的，我没有理由更没有资格说不努力，于是我再一次翻开了《我们如何思维》这本书。后来我在姜校长那里得知，为什么陈教授当时如此鼓励我，原来教授既关注我的成长结果，更关注我的求学态度和求学过程，她怕我急于求成，她怕我疲惫劳累，鼓励我就是让我静下心来搞学问。

繁忙的指导工作之后，陈教授离开了我们学校。没过多久，我偶尔读到了《学记》一书中提到的"亲其师，信其道"这句话。也就是说，学生因为喜欢甚至崇拜老师，才能喜欢甚至热爱这个老师所教的学科。这里提到做教师的重要性，是不是单纯地做好教师，学生在求知的路上就能一生受益呢？带着这个谜团，我开始向陈教授请教了。陈教授听明白我的迷惑之后，直截了当地告诉我："金德，我们传统文化中的育人之道自有它的道理，教师的重要性自然要强调。可如果仅靠教师的影响力来达到学科对学生的影响力，单纯做一名让学生亲近的教师或许还是不够的，除此之外，还要通过科学的教学方式让学生亲近学科知识。让学生离开教师之后还能热爱学科知识的探索，也就是，我们通过'亲其师'这样一个良好的前提，逐渐转化成'亲其道'的这样一个结果。同时，你要好好阅读一下《我们如何思维》这本书第 41 页的内容。其中有一段话是这样表述的：教师——尤其是能力较强的教师——往往靠自己的强项吸引学生学习，用个人的影响力取代课程内容的吸引力。他们从自己的经验中体会到，当课程几乎吸引不了学生的注意力时，教师个人的吸引力往往能起作用。这样，他就越来越多地利用后者，以至于学生与教师的关系几乎取代了学生与相关科目的关系。这种情况下，教师的个人影响力会导致学生的依赖和软弱，使学生对科目本身的价值不够重视……"

一席话如清风一样吹散了我脑海中的雾霾。是啊，我们引领学生求知的过程中存在着两大关系：一是教师与学生的关系，二是学生与学科的关系。一个相对成功的求知者，应该是达成学生与学科之间关系的默契。我们靠个人的影响力可以吸引学生求知的注意力，但是如何通过这种方式来最终达成靠学科的影响力来吸引学生的注意力，这更是我们要关注的问题啊。我怎么就没有想过这个问题呢？我怎么就没能从《我们如何思维》这部书中寻觅到答案呢？怪不得陈教授告诫我要多读几遍啊。

陈教授就是这样一个人，在我得意之时，一语中的直指我的不足，让我顿感无知，更让我茅塞顿开；在我低落之时，让我感受阳光般的温暖，更让我鼓足干劲；在我迷茫之时，为我拨开雾霾，让我瞬间顿悟，更让我心向往之……

2015 年暑假开学不长时间，陈教授打电话通知我，说第四届全国教育改革典型案例推选活动开始了，让我抓紧时间整理材料参加这次活动。在她的精心指导之下，我最终获得了第四届全国教育改革优秀教师的大奖。在 2015 年 12 月 26 日这天上午，当我登上讲台领奖的时候，陈教授对我的培养过程一幕幕浮现在眼前，她对我的培养可真是用心良苦。一位好老师，总是让学生逐渐感觉自己拥有了飞翔的双翼……

（高金德，山东省临沂市青河中学数学教师，写于 2015 年 12 月 26 日）

# 六、春风十里，不如你

## 王丽萍

如果说在我最好的年纪来到这座我喜欢的海滨城市，是顺应了"天时地利"的话，那么，遇见陈博士，便是成全了"人和"。

初见陈博士，是在 2011 年，我研究生毕业后重返中学讲台的第四个年头。

是我带完一批学生后的暑假。

记忆中的情景应该是我的校长郭宏成推荐我去听一场讲座。因为那个讲座的女子与我有相似的经历，同样都是努力的女子——都是中学老师出身，都是继续了学业。不过，陈博士跑得比我快，比我远，我读到硕士，选择了重回中学，她读完博士，然后进了研究所。

我因此顿生好奇心与亲近心。

然后，就认识了那个温和的、勤勉的、执着的、洒脱的，又有些小女子浪漫情怀的女博士，然后，就亦师亦友亦姐，一路跟随到现在。

似乎很难具体说清陈博士影响到我什么。因为我自认为我本就是个爱读爱想爱写也爱流浪的行者式的女子，是个即使腰疼得不能坐时也会把键盘垫高然后自得其乐地写点什么的人，可是，回想一路走来的路程，陈博士的身影又分明清晰可见。

在此之前，我一直以为，读教育家的教育著作就是学习，一直以为写教育案例、教学反思就是研究，就是陈博士所谓的叙事研究。

现在知道，那只是叙事，只是行动，但不能说不重要，那是研究的第一步。

客观地说，如果没有陈博士，我想我不会走上教育研究之路。

我想，其实陈博士对我进行的第一步引领就是：我从此知道，有一个女子，因为比我还努力，所以走得更远。

我想，我是否也该再努力些，如此才不白读了三年研究生。

然后才是研究上的引领。

我因此开始关注华师大出版社的教育系列著作，并一头钻了进去。

这种阅读首先弥补了我理论上的诸多疏漏，许多对教学的、教育的问题也由此豁然开朗。我开始以内省的状态反观、反思我对教育的认知，开始以研究的方式梳理我的课堂教学。

2011 年，我的一篇教育反思经由陈博士推荐发表在《中国教育报》。虽然陈博士谦虚地说自己只是举手之劳，可是，对我而言，没有陈博士的推荐之功，我可能与这样的教育权威媒体永远无缘。

由此来说，是陈博士为我打开了通往教育研究的大门。

2013 年和 2014 年，我利用暑假期间把我初中四年、高中三年的教育随笔与教学笔记整理成册，并被刊印为全校师生阅读读本。

2015 年，我的两篇文章分别在《中学语文教学参考》和《人民教育》发表。

就在这一年，在认识陈博士 5 年，以她为榜样自认为还算用功地前行了 5 年后，我在自己的变化中突然明白了她所说的叙事研究与行动研究。

我这样理解——我的不间断的自我审视、反思与梳理本身就是一种行动，而这种行动是有指向性的，它大可以以教育环境为指向，小可以某个教学情节为指向，它使我日渐明白事件的原理所在，并找到解决方法，同时，还能益于他人。

2015 年，我加入陈博士带队的卓越联盟团队。

因为想知道有多少人和我一样，除了教书之外，还在想点什么，研究点什么。

我由此结识陈博士麾下一群志同道合者。

每一次集结，都是冲锋号，每一次聚会，都是高地，陈博站在人群中，既指引方向，又躬身而教。

从而让我这枚菜鸟，如沐春风。

冯唐有首写春的诗：春水初生，春林初盛，春风十里，不如你。

我谨以此，转献给这位喜欢写诗的博士！

（王丽萍，山东省烟台第三中学语文教师，写于 2016 年 4 月 29 日）

# 七、静悄悄的成长

张春燕

蓝天白云下，草长莺飞，我听见到处都是三月的声音。在这样一个诗意的季节，回望三年来在教育路上的点滴足迹，内心更多了些欢喜、感恩与激情。

2014年3月，由陈博士发起，我校刘金水校长为盟主的卓越联盟活动在章丘四中拉开帷幕。我与博士的相识从22日那天开始。准确地说是我认识博士的开始，也就是从那天开始，不觉中，陈博士领我走入了自己人生的另一段昂扬之路。

记得她在临沂第二十中学组织过一次活动，当时会场很大，人相对少，博士提醒大家集中靠前坐，说了几次，大家都没有反应。博士引导大家思考：挪动一下座位都这么不情愿，何况今天的教育改革。赵汀阳说过"观念是行为、生活和制度的最终支配者"，想走在教育的前列，教师需要做的首先是转变自己的观念。而每学期推荐的针对性书目，为我点亮前进的明灯。《布鲁姆的目标教学》，让我的课堂目标清晰明确，教学、评估前后呼应；《我们如何思维》教我重塑思维路径，让"隐形思维"变得显而易见，为深度学习提供了理论支撑；《深度学习的7种有力策略》提供了帮助学生自己炼制知识的学习工具；《民主主义与教育》《坏世界研究》《中国哲学史》……一本本经典更新了我的观念。

在建构针对性话语体系的基础上，博士引导我们进行教学研究，将所学所思用专业术语表达出来。这些年她自己发表过若干篇论文，每次发表以后，她都发到我们信箱，让我们阅读，例如《如何进行有效的课堂教学改革》《教师的自我发现与重构》《变平庸合作为深度学习》《谁在学习》《内向型校本教研》……博士以自己论文为例，引导我们如何用理论来指导自己的实践，如何从实践上升为理论、写成论文。也正是因为有理论的提升，思维的拓展，我的文章《成长，永远在路上》发表在2015年的《中学政治教学参考》杂志上；2016年、2017年我成功申请章丘区和山东省的教育科学规划课题。在遇到博士之前，我常常苦恼于不知该如何处理教材，迷茫于如何才能使学生更好地接受知识，困惑于自我的专业成长，虽做过很多的尝试与努力，但难以实现突破。是陈博士，是联盟活动，解开了我教学中的种种困惑，如拨云见日。

　　联盟活动在博士的引导下，既注重理论引领，也注重课堂实践。在不同的学校，既有同课异构，也有跨学科的课堂，相互交织，相互碰撞，每次都会有思维的火花。记得雅斯贝尔斯说过，"真正的教育总是要靠那些不断自我教育以不断超越的教育家才能得以实现"。我在参加了陈博士组织的一次在临沂二十中的研修活动以后真正明白了这句话。临沂二十中语文老师苗凤珍的大语文情怀，乐学精神，广博的知识，精打细磨的语言，严谨的治学精神是值得敬佩的。数学老师高金德的"思维体操"，给我打开了一扇窗。高老师努力钻研数学学科精神，培养学生的数学思维，灵活运用教材，而不为教材所累，以"道"为顶，根系教育，实现了学科精神引领下教材的重构，并对自己的教育理念进行哲学层面的升华。岁月中的积淀，用短短的一堂课，一次讲座，毫无保留地呈现给我们。生物老师张娜娜是一位年轻的女教师，人温婉并充满朝气，课如其人，在与学生的生活对话中，将知识婉婉道来，有知识的运用（跑步时的呼吸），有知识的拓展（北欧人与非洲人鼻子的区别），在学习这位老师教学智慧的同时，我自己也更新了生物常识。

　　学无止境，只有不断仰望才能找到属于自己的天空。也正是在与他人与自己的反复对照和反思中，我自己的课堂也在不断地延展。我尝试着用"特朗普我想对你说"做主题教学来诠释今天的经济全球化，用红船、红船精神讲中国共产党，用龙山文化的发展讲社会发展的规律……一次次的尝试，一次次的突破，我感觉自己就是一个生活在自我极限边缘的人，每一次的挑战，每一次的收获，都是一种渐变，一种成长。乐在其中，收获在其中。

　　每次我参加陈博士组织的联盟活动，都感觉既有仰望星空的高度，又有脚踏实地的坚实。每一次学习对我都是一次内心无比充实的、美妙的精神会餐。当然在这中间，博士还会用利用网络给我们推送各种资讯，既有工作的也有生活的。陈博士赏花、写诗、喝茶……偶尔她甚至还会给我发送各种育儿链接。

　　我们每一次联盟活动，陈博士都会公布自己的手机号码、邮箱、共享邮箱、博客。我以前听过不少报告，见过很多专家，但是从来没有一位专家能持续地给我们推送各种文章，督促我们利用闲暇时间持续学习。我觉得，这种大度与无私是一种真正的自信，是一位知识女性对教育的真诚，是勇于超越自我的决绝与内心的坚实。这种气质里，藏着她读过的书，走过的路。

　　冰心曾经说过，成功的花，人们只惊慕她现时的明艳，然而当初她的芽儿，浸透了奋斗的泪泉，洒遍了牺牲的血雨。看到博士走过的足迹，对照自己，不断鞭策。博士给了我仰望的背影，我在对照中不断重新定位自己，督促自己不断自我迭代。博士也给我打开了另一个世界的窗口，引领我去思考、去尝试另一种生活。陈博士说过，"春燕，遇见你是一件十分确定的事"，感谢陈博士！我的渐变，我的成长，离不开陈博士，她是走进我生命的人。

（张春燕，山东省章丘第四中学政治教师，写于 2017 年 3 月 16 日）

附　录

# 附录一：性别差异与日常教育实践[①]
## ——对六位初中教师的性别观念及实践的探究

在性别平等教育的实践中，教师的性别观念如何影响其日常教育实践，而日常教育实践又如何不断修正与重新建构着教师的性别观念，具有特别重要的意义。本文试图用访谈的方法来探究六位初中教师的性别观念，以及他们的性别观念如何影响着自身的日常教育实践。

### 一、问题的提出

之所以对教师性别观念感兴趣与我的成长经历有关。1978—1983 年，我就读于山东日照一所乡村小学。那时我所在的乡（我记得那时叫公社）规定到四年级结束时，每个村小学可选派两名学习成绩优秀的学生到乡小学读五年级。当时我一直是班级第二名。可是最终班主任却选择了第一名的男生和第三名的男生，他的理由是因为要住校，男生更方便。这个决定使我第一次因为自己是女生而产生了无奈和伤感。当我发觉无论怎样努力都改变不了自己的性别时，便产生了深深的挫败感。以后在我的求学过程中也经常遇到一些与性别有关的不愉快经历。甚至在读硕士一年级的一次听力课上，有一道听力题多数同学做错了，我们的听力老师看看材料后恍然大悟道："原来那个女的是经理，男的是打字员。应该男的是经理，那样我们就对了。"过了几天，一个专业是哲学的小同乡很伤心地告诉我："欧哲史老师今天在课堂说，女人学哲学是哲学和女人的悲哀。怪不得我们女同学都不喜欢学哲学。"这样的故事还有很多很多。

上面叙述的其实是师生互动中的性别平等问题。在日常教育实践中，教师处理与性别有关的问题时通常受其自身性别观念的影响。性别观念是文化和习俗长期浸染的结果，教师们必须有意识地并且是在理论的指导下才会反思、修正自己的性别平等实践。反思的前提是看到实践中确实存在问题。

---

[①]　原文发表于《当代教育科学》，2005(8)。

### 二、英语国家与我国师生互动的性别差异研究现状

#### 1. 师生互动的频度差异

英语国家对日常教育实践中师生互动的性别差异有非常深入的研究。斯宾德（Spender，D.）提出，教师们常常意识不到自己的性别偏见在多大程度上影响了课堂互动。当教师认为自己与男生和女生的互动时间一样多时，实际上他们与男生的互动比与女生的多2倍；当教师与女生的互动时间超过三分之一时，教师和班里的男生就认为已经超过了一半的时间。[①] 桑代克和桑代克（Sadker，M. & Sadker，D)研究小组观察了美国4个州和华盛顿特区的100个四年级、六年级和八年级的课堂，这些课中有一半是英语和语言艺术，另一半是科学和数学。研究发现，教师，不论其性别和民族背景，都提问了白人男生更多的问题，男生与女生回答问题的比例是3∶1。研究小组还发现，随着年级的升高，男生在课堂上的参与也相应提高。男生会抢答教师的问题而较少受到教师和同学的责备，而当女生抢答问题时，教师通常批评她们要注意适当的行为习惯，因此女生通常安静地举手等待教师点名才回答问题。研究小组报告说，男生抢答问题的次数是女生的8倍。[②] 教师还给男生更多的关注，更多的表扬和鼓励，当然也有更多的批评，因为男生更可能不遵守课堂纪律。男生不但在言语上得到教师更多的注意，而且在非言语互动方面也占优势，通常教师与男生的眼神接触更多，等待男生回答问题的时间比等待女生的长。

师生互动的性别差异的频度还表现在学科差异上。在传统上女生占优势的学科如语文和外语课上，教师与女生的互动相对较多，而在女生不占优势的学科如数学和科学课上，教师与男生互动更多。法国巴黎第十大学进行了一项"教师在数学课上的讲话和行为中的暗含成分对学生学习产生的后果"的研究。研究的一部分是把4个班（中级班一年级、六年级、五年级二个班）一小时的数学课拍成录像，根据教师同每个学生相互交流的时间和次数、教师的发言与指示内容以及用学生名字提问的次

---

① Martel，A.，& Peterat，L. (1994). Margins of Exclusion, Margins of Transformation. In: Rebecca A. Martusewicz & William M. Roynolds (eds.) *Inside /Out*: *Contemporary Critical Perspectives in Education*. New York: St. Martin's Press. p. 159.

② Bennett，K. p.，& Lecompte，M. D. (1990). *The Way Schools Work——A Sociological Analysis of Education*. New York & London: Longman. p. 236.

数所做的研究证明了英语国家的研究结果，即教师倾向于更多、更长时间地与男生相互交流。①

**2. 分配教室工作的性别差异**

在组织和分配教室工作时，教师一般都按照自己心目中对"性别适合"的理解。教师可能叫男生去完成需要到教室外的任务如给校长送信或到办公室帮老师拿仪器等。学生很看重这类任务，因为它们被认为需要更多的责任心。女生通常被安排做室内的工作，如捡起纸张，整理图书室的书籍，分发试卷，擦黑板等。教师组织和分配教室工作的方式向学生传达了这样的信息：男生扮演活跃的角色，能够完成困难的工作，而女生却不能。

**3. 教师提问、评价的性别差异**

教师的提问、评价的性别差异也在相当程度上影响着男女生的自我性别认同，教师在课堂提问时倾向于提问男生开放式的问题，并且教师更可能表扬、批评或纠正男生回答的问题，而对女生的回答则没有像男生一样准确的反馈。这种差异的潜在影响也是不容易忽视的，因为教师所给的评价越是具体，学生就越可能知觉到他们答案的质量，从而越有可能改进学习。另外，教师给男生的批评通常更严厉，使得男生同时学会了如何面对批评。

就笔者目力所及，我国几乎没有用严格技术如全程录像等手段来研究师生互动中性别问题，但已经有学者开始用质的研究方法研究课堂上师生互动中存在的性别不平等，如史静寰领导的"对幼儿园，中、小学及成人扫盲教材的性别分析研究"（2000—2003）课题组主要用课堂观察记录的方法研究了一些课堂师生互动中存在的性别不平等问题，形成了《相隔一层纸：对小学数学学习中女生劣势地位的观察》《关于改善小学数学学习中女生劣势地位的研究》《走近教材和课堂教学的性别世界》等论文。史静寰的研究发现，教师与男生的互动是集中、亲切、自然的，属于"自然焦点型互动"；而与女生的互动表面上都很礼貌、亲切，但双方在内心中却都有些小心翼

---

① ［法］勒妮·克莱尔主编：《对女青年的科学培训——一种无可怀疑的教育》，王麟进等译，北京，中国对外翻译出版公司，1995。

翼的，都在礼貌地相互规避，属于"礼貌规避型"互动。① 但这些研究还仅仅是开始，教育实践者们对师生互动中的性别问题更多的依然是直觉上的印象和应然的理想。在我看来，这样就不但缺乏对真实教育实践中性别平等问题的警觉，而且也不会产生对观念领域的反思和批判。由于研究背景和研究条件所限，我不可能用先进的研究手段准确地对我国教师在性别平等实践中的实然状况进行研究。于是我转向了另一面，试图用访谈的方法来探究受访教师的性别观念和他们的日常教育实践之间的相互建构，但我没有企图用如此小的样本来推及全体。本文仅仅是对接受我访谈的六位教师性别观念的探究。

### 三、研究方法

本研究采用访谈法。访谈法是一种质的研究方法。质的研究方法是"一种以研究者本人作为研究工具、在自然的情境下采用多种资料收集方法对社会现象进行整体性探究、使用归纳法分析资料和形成理论、通过与研究对象互动对其行为和意义建构获得解释性理解的一种活动"②。本研究中的抽样标准是强度抽样，即抽取具有较高信息密度和强度的个案。我的受访者的共同特征是：做过多年班主任工作；教语文、数学、外语。因为做班主任工作的教师与学生的互动多，因而对男女生的差异有更切身的感受，而且他们基于性别差异的实践对男女生也有更大的影响。同时教语文、数学和外语意味着所教的班级少但课时多，就是说与学生的接触、了解多，从而教师的行为对学生的影响也更大。之所以选择初中教师作为访谈对象是因为在读硕士之前我自己一直是初中英语教师，所以做这些访谈就如同进入了一个我熟悉的场域。

最先接受访谈的是我从前在一个国家大型煤矿工作时的两位同事。綦校长，男，40 多岁，做过多年的班主任工作，现在是学校主管教学的副校长，数学教师。他是省学科带头人。刘老师，男，30 多岁，现任初中三年级某班的班主任，数学教师。

我的第三、第四位受访者是某大学在读的教育硕士。这些教育硕士多数都是中学的骨干教师。读教育硕士的形式是在大学学习一年的理论，另二年回原单位边工

---

① 史静寰：《走进教材和课堂教学的性别世界》，见丁钢主编：《中国教育：研究与评论》（第 4 辑），北京，教育科学出版社，2003。

② 陈向明：《教师如何作质的研究》，北京，教育科学出版社，2001。

作边完成毕业论文。我来到他们的宿舍楼随便敲开一间宿舍问："请问你们中有教初中语文、数学或英语的教师吗？"如果有，我就自我介绍一番：我是教科院的研究生，想做一个有关性别差异的访谈研究，我能耽误您一个小时访谈一下吗？有趣的是在寻找陌生受访者的过程中，我就遭遇了性别差异。女教师的戒备心理重，一听说我要做访谈，马上怀疑地打量一番，然后说没有。好不容易找到了一个教数学的女教师，可她说马上要考试了，没有时间，能不能以后再做。几轮下来我一去敲女生的门就打怵。而我在男教师那里的待遇就好多了。即使是不符合我条件的老师，也会说：教中学的老师多的是，你随便敲开门问问就行。他们往往还会问问我的访谈情况、考研经历等。似乎这些男教师开放的心态更浓，更乐于获得新信息。男女教师对待陌生访谈者的心态是不是男女不同成长经历的反映呢？女性从小就被教导要保护自己，不要轻信陌生人，以免上当受骗等。这种自我保护以及普遍怀疑的心态，对女性自我发展有什么样的深层影响呢？

第五位受访者是胡老师，女，30多岁，是某师范大学附中的初中语文教师，班主任。我有位比我低一级的同学，他是这个附中的教师。他向我推荐了"教学和班主任工作都干得很好"的胡老师。经他介绍，我得以访谈胡老师。我访谈胡老师时，学校已放暑假，胡老师带着小学刚毕业的儿子在办公室里接受了我的访谈。胡老师很健谈，性格爽朗，我感觉到她对自己的工作非常满意。其间她还主动拿出自己发表过或得奖的几篇文章送给我。访谈结束时，胡老师给了我她家的电话号码，让我有事的话给她打电话。

第六位受访者是王老师，是我20年前读初中时的数学老师。她已经50多岁，接受访谈时她刚刚退休。访谈一开始，我们先聊了一会儿当年我读初中时的往事，王老师细细地说起了我们班上很多同学的特点，让我惊讶不已。王老师依然是从前快言快语的风格。她对当时成绩极为普通的我能够读到博士的层次感到非常吃惊，"可见你是多么用功"。

**四、研究结果**

**1."按部就班"的女生与"偷工减料"的男生：过重学业负担的性别诠释**

在谈到男女生对待学习的态度和特点上，六位老师的看法大致相同。他们认为，女生"认真""听话""懂事""学习刻苦"，而男生"好省事"，喜欢"突击"；女生上课时听课认真，而男生往往听一会儿，玩一会儿，听懂就行，不在乎老师讲的过程；做数学题时，女生的解题步骤往往完整，"按部就班"，女生往往在意把题全做对，而男生做题时跳跃性强，在乎创新。

在对待老师的权威上，女生"老师说怎么做就怎么做"，而男生"不听老师的"，认为没有必要全都听老师的。从小学到初中，男生玩的时间比较多，女生在家"关着学"。女生学习课本的东西比较扎实，因为老师让写一遍就写一遍，让写五遍就写五遍，非常"听话"，而男生喜欢"偷工减料"，喜欢"糊弄"。

之所以有上述差异，几位老师认为是因为女生"要面子""胆小""怕丢人""怕批评"。例如老师布置作业时说"谁不做就罚谁"，女生往往害怕，而男生就不怕。男生可以先玩个够再做作业，而女生往往是先做完作业，再干其他的事情。老师说要考试，男生"无所谓"，而女生很"紧张"。体罚时，很少能把男生打"恼"，而女生则很少能"不恼"。具体到各科的学习上，初一、初二的学生往往哪科老师要求严，学哪科就更用功，而不太会顾及学科之间的平衡和科目的重要程度，女生特别是这样。由于女生胆小，比较认真，老师说了就得做，所以老师一吓唬，受影响最大的就是女生，而男生会"偷工减料"，他们会千方百计跟老师"周旋"，要么"糊弄"，要么抄别人的，要么干脆就不做了。胡老师谈到她班有些男生在期末考试前告诉她，有的科目作业他们做了不到一半，老师逼急了就做，否则就不做。有的男生甚至开玩笑说"只有刀架到脖子上才做"。老师布置的课外作业，只有三令五申地要上交时男生才会交，否则就不交了。而女生则只要老师布置了，她们一般就会交。

胡老师和全老师谈到老师之间，特别是教同一个班级的各科教师之间的合作不是很好，因为在布置作业的多少和课外辅导占用的时间上难以协调。这是由于学校的考试制度、考核制度、各种量化指标，甚至家长评价教师几乎都与考试成绩有关系，所以老师之间很容易出现争时间，多布置作业的情况。有些家长提出让老师之间在布置作业之前商量一下。但是胡老师说没法商量，因为一是没有时间商量，二是没有可以把握的"度"，各科作业不可能像法律条文一样可以规定得明明白白。

几位教师在谈论男女生对待学业的这些态度时，几乎都把它们看作是一个既定的事实，把它们当作是男女生固有的、与其性别相适合的特点。他们没有提及男女生不同的社会化经历，也没有反思这些特点在男女生当下和未来的生活中所起的作用。在我看来，在当前我国中小学学业负担过重的背景下，男生的"好糊弄""偷工减料"和女生的"认真""刻苦""按部就班"等特点对他们当下和未来的学业和生活都产生了消极影响。

第一，过重的学业负担对女生的"摧残性"更大。在社会化过程中人们认为男孩就该调皮一些，他们的脸皮也"厚"一些，所以在与男生的互动中就更自然一些，更严厉一些，所以多数男生从小就学会了如何应对老师的批评，即发展出了一种"抵制"的策略。因此在他们面对过重的学业负担时，就有胆量"糊弄"，从某种意义上说，这是不利处境中自我保存的策略。而传统上，人们认为女生心眼小，面子"薄"，所以需要保护她们的自尊，因此在批评女生时总是小心翼翼。那些脸皮"厚"一些的女生经常被称作是"假小子"，经受着"没有女孩样子"的斥责所带来的焦虑。女生的"听话""认真"使她们在"顺从"中写着那些永远也写不完的"作业"，特别是女生生理上的特点使她们更易受到焦虑和疲劳的伤害。在我做初中教师时，班上就有几个成绩很好的女生由于疲劳和焦虑而月经紊乱，身体健康受到很大影响，等读到高中时，成绩就非常普通了。虽然过重的学业压力对男女生的身心健康都有不良的影响，但对女生的"摧残性"更大。

第二，过重的学业负担可以部分地解释女生理化成绩相对不佳的事实。添加物理化学后，需要学生改变一些原来的学习模式。但女生疲于应付各科作业，学习时间安排不合理，无法在数学和物理、化学上花费更多的时间和精力。

第三，过重的学业负担形成了女生"死学"的刻板印象，影响了人们对其学习潜力的正确估计。由于女生"听话""按部就班"地做老师的"作业""学习刻苦"，但随着时间的推移，其学习成绩却未与其付出成正比，所以人们认为女生"死学""不灵活"，没有学习潜力，而男生由于"偷工减料""不思上进"，被人们认为极具"潜力"，只要"改邪归正"，就会"势不可挡"。这样的观念使得教师们不能正确对待男女生的学习成绩。在学生同辈群体中，女生往往成为男生的参照群体。"人家女生都做出来了，你怎么还做不出来？""看你哭得像个女生似的！""咱班女生的成绩都这样优秀，咱们男生有什么理由甘居落后？"……或者如受访的胡老师在一篇曾在省里获奖的文章中介绍她鼓励初二男生努力学习的做法中所说的："老师相信男生不比女生差，千万不要让老师、家长失望。"这些言论背后隐含着这样的信息：女生本来应该比男生学习成绩差，但现在女生的成绩如此之好，你们男生应该赶快用功，争取超过女生。近几年来高考中各地频频出现"女状元"，如北京市1995年和1996年文理两科的第一名名均为女生；陕西省1996年文理科的第一均为女生；上海市1996年文科前10名中有 7 名是女生等。① 本来，这样的例子可以打破男生比女生学习潜力大的神话，那些榜上有名的女生也可以成为其他女生学习的榜样，可是人们对这些"女状元"的惊异赞叹却让许多女生更加没有了自信：大家的赞叹之声表明这些女生的优异成绩不是普通女生可以达到的。因而这些状元女生成为榜样的可能就被打了折扣。

**2. "焦虑"的女生与"放松"的男生**

有关"焦虑"的性别差异问题，国内外学者进行了大量的研究。骆伯巍总结了国内外许多研究报告后认为女性有比男性更高的焦虑倾向，其原因是社会文化的偏见而导致了男女两性对自己今后成就的期望上存在明显的差异。男性倾向于对自己做出过高的评价，而女性倾向于对自己今后的成就做过低的期望。这种自我期望的差异影响了个体的自尊心和自信心，导致了女性较高的"焦虑"情绪。另外，女性的高"焦虑"还源于"低期望的自我贬抑"的归因模式，即把成功归因为运气，把失败归因为缺乏能力。②

访谈中六位老师提到了女生在三个方面较为显著的"焦虑"。一是考试焦虑。尽管女生基本功比较扎实，但"成绩发挥上却不占优势"，即考试时发挥不出应有的成绩，因为女生"紧张"，想得比较多，例如：考不好怎么办，怎么向家长和老师交代？同学会怎么看待自己？因此有些女生紧张得吃不好饭，睡不好觉，考试时题目一难就晕场了。而男生的态度往往是"随它去吧，不管那事了"。他越放松，可能考得就越好。

二是课堂回答问题"焦虑"。初一时男女生都喜欢表现。老师提问时，他们都举手争着回答。可是到了初三，女生举手回答问题的人数明显减少。课堂上男生更活跃，他们抢着回答问题，好出风头。有些男生不考虑结果，不考虑答案对不对，他们就想"表现自己"。而女生考虑得比较多：如果我回答得不对，同学们会不会笑话？老师会不会批评？

三是女生的月经问题引起的"焦虑"。胡老师谈到初中女孩月经一般不规律。有时半年一次，有时几个月一次，使得女生总是心事重重、惴惴不安的，似乎它暗含着一种"危机"，十分影响学习。如果在考试期间或考试前后月经来潮，就更容易引起女生的考试焦虑。

---

① 杨东平：《中国：21 世纪生存空间》，北京，西苑出版社，2001。
② 骆伯巍：《女性高焦虑倾向原因初探》，载《心理科学》，1997(4)。

谈到女生焦虑的原因，几位老师认为除了生理原因外，主要是由于男女生不同的性格所致。女生大多"胆小""自我封闭"，考虑得太多、太周全，她们更多地考虑"外界的因素"，比如别人对她们的看法。太在乎别人的评价容易引起焦虑。男生"胆大"，有时不考虑后果就去做了，成功了更好，失败了就是教训，下次他就有了经验，因此男生不容易有像女生那样高的焦虑。

几位教师都把女生的高焦虑当作了女生天生的特点，所以在与女生的互动中就小心翼翼的，比较考虑她们的"面子"，就如刘老师所言："对女生的开导比对男生麻烦得多"，因为"女生沉闷的时间长，男生挨了批评，一会儿就忘了，而女生往往很长时间缓不过神来，对学习影响大"。教师刻意地保护女生的面子是为了照顾女生。这种照顾更多的是对弱者的同情，反而强化了女生的面子意识。在将来进入社会，必须面对激烈的竞争的时候，又有谁会来照顾女性的"面子"？

### 3. "不容易转移"的女生与"渴望变化"的男生

在对待由各种原因引起的任课教师更换的问题上，男女生也表现出不同的特点。仝老师谈起了半年前他离开教师岗位到某师大读教育硕士时，他所教班级男女生的不同反应。女生表现得很"强烈"，多数女生都问他"仝老师，您什么时候还回来教我们？"而男生中很少有学生做如此表达。似乎女生对一个比较理想的老师更"依赖"，更难接受一个新老师，即使新老师也许更好。胡老师认为男生对老师的变换更"兴奋"，他们喜欢事物的"多变性"，不喜欢中间环节总是固定不变。

如果说在初中阶段，传统的教学方式使得教师更换不是十分普遍的话，那么对实行分层教学的学校而言，学生则必须面对教师的频繁更换。胡老师所在的中学初中部从初二开始实行数学分层教学，初三的英语马上也要实行分层教学。胡老师谈到在数学分层教学中，学生按程度分为 A、B、C、D 四个班，很多学生的数学老师与初一时不同了。后来由于某种原因，这四个班的老师又做了一次调换。在此过程中，她班的大部分男生适应性很强，他们觉得"行，谁教都一样"。可女生的适应性就差。许多女生反映："好不容易适应了这个老师，怎么又换呢？"对下学期要实行的英语分层教学，有些女生早早地做起了打算。她们想选择原先英语老师教的班。开家长会时，有些女生家长向胡老师要求让孩子留在原先老师的班，因为孩子对原来的老师比较"熟悉"，家长也比较"熟悉"，大家都比较"熟悉"。

另外，访谈中几位老师提到因性别而异的文娱活动对男女生也有不同的影响。

一般而言，男生喜欢足球、篮球等运动型的活动，而女生则喜欢唱歌、跳舞等表演型的活动。新学期一入校，有些女生就被选中唱歌或跳舞，为国庆或元旦会演排练。男生虽然也有，但数量少得多。仝老师认为这些课外活动把女生的学习兴趣冲淡了。胡老师认为这些活动之所以对女生产生很大影响是因为排练的时间比较长，占的精力比较多。舞蹈要求精益求精，每个动作都必须合乎规范，女生排练的目的是要展示给大家看，要是表演不好就会在舞台上出丑，所以她们在课下、课外还得想办法练。有时上课时可能也会不自觉地回想起排练的情景。

男生喜欢的足球、篮球等体育活动几乎每天都在进行着，所以他们不觉得太激动人心，不是"猛烈的吸引"，而且男生踢完、打完球后不用过多地考虑哪个球失误了。他们不是搞训练，所以没有压力。他们无论是自己踢球，还是看一场比赛，都很"放松"。

对于男女生的这些差异，胡老师认为是因为女生有"不容易转移"的特点，她们想把什么都做好，她们把所有的事都"当回事"。与女生不同，男生的注意力则很容易转移，他们更渴望"变化"。在我为本文查阅资料的过程中，几乎没有见到过有关的研究，以下追问值得进一步研究。

第一，频繁地更换老师对男女生影响不同，但影响的程度有多深？如何消解对女生的消极影响？对原任老师的留恋是因为女生自立自强意识差、不愿接受新的挑战，还是因为女生内在的、对不确定性事物的焦虑？

第二，因性别而异的自发和有组织的文娱活动对男女生学习的影响真有差异吗？差异有多大？

**4."单相思"的女生与"不知所措"的男生**

胡老师谈到了早恋问题的男女生差异。女生"成熟早"，对"一些事"了解比较多，例如大家比较"避讳"的早恋问题。女生往往"感情冲动"，更容易引起"单相思"。而男生往往"不知所措"，根本不考虑这些事情。男生的发育整体上比女生晚一年多，所以上了初中还很"单纯"，而女生到了初一就已经不那么"单纯"了。

针对男女生的不同特点，胡老师在初二分别给男女生召开主题班会。男生的主题是"男儿当自强"。男生尽管"能力很强"，但很多人"不思进取"，所以初一、初二时成绩总不如女生，总是被女生"压下去"。胡老师鼓励男生说他们到了初三、高中更有"潜力"，他们应该有信心、应该用功，因为男子汉应该顶天立地，"撑起一片天"。在针对男生的主题班会上，胡老师通过组织讨论、发言、总结，调动起男生的积极性。

针对女生的班会主题是"自尊、自爱、自信、自强"。主要是教育女生与男生交往时应该掌握好"度"的问题。既不能过于"亲密"，也不能"势不两立"。作为一个女孩子，应该要"面子"，要"自尊"。还有就是预防女生"早恋"的问题。在班会上教育她们喜欢谁都不错，但初中学生无论从思想上、经济上，还是心理上都不具备恋爱的条件，所以恋爱问题不属于初中生应该考虑的问题。

从教师对早恋问题的态度上，我们可以约略猜测男女生初二以后发展差异的原因。在人们的心目中，男生"单纯""贪玩""发育晚"，充满"潜力"，于是他们不断地被动员要努力，要发挥出自己应有的力量。男生的后发展终于在人们的期待中成为后发优势。而女生是早恋的始作俑者，人们把对早恋的责备转化为对女生的责备。特别是女生不应该对男生采取主动态度，否则就是不自尊、不自爱。与对男生的"动员"教育不同，人们对女生的教育更像是"警告""规劝"和"提醒"。她们享受不到男生"前途光明"的信念所带来的安全感和鞭策感，先发展成为后发展。

**5. 对女生特别的"关爱"与"照顾"**

几位老师谈到在班级日常工作、思想开导以及课堂提问等方面，他们给女生以特别的"关爱"与"照顾"。例如在班级日常工作方面，班主任往往把"难干"的事交给男生做；把脏活、累活给男生干（如让男生抬大桌子，让女生搬小凳子）；集体乘车外出时，先让女孩上车等。

在思想工作方面，刘老师谈到男班主任往往倾向于女生，对女生的开导比对男生的次数多，也麻烦得多。与女生谈话时，跟男生不一样，不能让她们怕老师，得让她们心理上有承受能力。刘老师举了一个他班的女生力红（化名）的例子。力红是刘老师的课代表，负责代数和几何作业的收发工作。由于力红的数学成绩不突出，所以刘老师就让另一名女生负责代数作业，力红只负责几何作业。后来力红的学习成绩急剧下降。刘老师在她上交给语文老师的日记中发现了秘密。在这篇题为"伤害"的日记中，力红写道："也许老师真的讨厌女孩，居然让另一位女孩来'帮助'女孩，只是话语好听了点。女孩心里比谁都明白老师其实不想再让女孩当课代表了。女孩悲伤、难过。也许老师做此事前真的没想到女孩的感受，也许老师根本不在乎女孩的感受。

"'唉——多痛苦的回忆',满脸泪水的女孩想到这里长嘘了一口气,'老师,你为什么要这样对待我,为什么要这样伤害我?老师,你为什么不再给我一次机会呢?你给那个女孩那么多机会,为什么对我做得如此绝情呢?'女孩终于停住了,她再也不想想了……"

刘老师从来没有想到他无意中的一个决定会对力红产生如此大的影响。后来他请身为女性的语文老师帮忙做通了力红的工作。这似乎应了胡老师所说的"女生有不容易转移的特点,有些东西老是在脑子里"。但这样的一个案例没有促使刘老师更深入地反思自己基于性别差异的实践,而是成了他"女生的工作不容易做"观念的佐证。

在课堂上,教数学的刘老师叫学生上黑板做题时,"难度不很大的题让女生做,以便把题做对,以提高其兴趣,对其产生鼓励作用。而难度大的题让男生做。虽然男生也不一定做对,但男生做起来比女生强。另外,我尽量不让女生受挫折"。同样教数学的陈老师总是让男生做那些他把握不准学生能否做出来的题,因为他怕"打击"女生。教语文的胡老师在课堂提问时,侧重于男生、女生搭配,比较简单的问题,如读课文或回答那些直接在课本上能找到答案的问题,她会叫比较"老实"的女生回答,以便给她们点"信心"。

女生还享受其他一些特殊的"关爱",陈老师的学校对全体女生进行安全教育、生理卫生教育,与陈老师同宿舍的一位来自农村高中的数学老师说他的学校也对女生进行安全教育,上文提到过胡老师对初二的女生专门进行"自尊、自爱"教育。

以上所谈到的对女生特别的"关爱"与"照顾"在她们成长和发展中起到了怎样的作用,值得我们深入地反思。

一是女生"胆小""怕批评""要面子""怕丢人"的特点是否与女生从小就享受的过多"保护"有关?哈佛大学著名发展心理学家杰罗姆·卡根(Jerome Kagan)研究小组的研究显示:保护性的做法剥夺了孩子在面临陌生事物时学会克服胆怯心理的机会,从而强化了孩子的胆怯心理。就神经系统而言,保护性措施会使前额叶中枢失去学会改变对害怕的自然反射的机会。[①] 同样的道理,教师们对女生的诸多关爱措施使

---

① [美]丹尼尔·戈尔曼:《情感智商》,耿文秀、查波译,上海,上海科学技术出版社,1997。

女生失去了许多学习如何面对批评的机会，一些"女士优先"的做法使女生难以把自己当作强者。当女生先上车时，她其实是把自己摆在弱者的位置上了；当男生意识到自己不该先上车时，他已经把自己当作了强者。访谈中綦校长谈到针对女生比较懦弱的特点，他有意识地对自己的女儿从小进行锻炼，结果她不但勇敢，有创新意识，而且独立生活的能力特别强(綦校长的女儿在某大学就读数学系，已被保送读本校的硕士研究生)。有趣的是有些从小受保护太多的男生反而很懦弱，自立能力很差。綦校长在教学中也非常注意培养女生勇敢、独立的精神，结果他班的女生特别勇敢。"有的女孩能把男生揍哭"，綦校长开玩笑说。

二是针对女生采取的一些"关爱"措施，如安全教育等是否有警告受害者的意味，从而加强了女生自我保护、自我封闭的意识？这种做法类似于在大灰狼和小绵羊共同生活的地方，为保护小绵羊不受大灰狼的伤害而警告小绵羊离大灰狼远点，教导小绵羊在大灰狼袭击时该如何进行自我保护，如何打扮得尽量朴素以免让大灰狼有非分之想……问题是如果不对大灰狼采取措施，这些名为"保护"小绵羊的措施只能加深她们的不安全感和自我保护、普遍怀疑的处世态度。

**6. 性别差异的时代变化**

受访的几位教师谈到了性别差异的时代和城乡变化。在一个市级实验学校任教的陈老师感觉这几年总体上说女生比男生强。他认为原因是"人们观念转变了，重男轻女少了，对女生的期望值提高了，女生与社会的接触多了，教材比原来简单了"。与他同宿舍的另两位教师任教于农村中学，他们认为女生比男生差得多。仝老师在一所县城高中工作，他也认为女生并不比男生差。刚退休的王老师教过农村中学，也教过县城的中学，她认为男女差异存在城乡差别。县城的也存在时代的差别。她说："你们读初中的时候(1983—1986)，女生优秀的很少，现在就很多了。"在煤矿工作的綦校长和刘老师也认为总体上女生不如男生优秀。

根据这几位教师对性别时代差异的观察和体验，还有根据他们对学生性别差异的评价与他们所处学校的层次某种程度的相关性，我发现几位教师对男女生的差异和潜力的看法随着时代和地理位置的变化而发生着变化。

我国特殊的独生子女政策也对男女生的成长轨迹发生了重要的影响。只有一个孩子的现实使得父母即使对女儿也投入了高涨的教育热情。这是近十几年来女生学习成绩快速进步的重要原因之一。另外，我们可以把城市看作是处在更现代化的发展阶段，城市的工作方式、生活方式使得体力的重要性比农村的降低了很多，但智力的重要性却凸显出来。体力是不可改变的因素，而智力却是可以通过努力和有意识的培养就能提高的，所以学业的重要性与可达成性鼓励着女生的父母和她们本人积极投身于教育。

访谈中綦校长谈到当年在女儿很小的时候如何培养女儿独立勇敢的能力，"因为有个女儿，所以我就想在教育上不分男女。我一直认为他们的男孩说不准不如我的女孩，事实上确实是这样。也许如果我生的是男孩就不会有这个思想"。綦校长的做法反映了他的抵制心态。在20世纪80年代初生个女儿感觉还是不如生个儿子好，在严肃的独生子女政策面前，他只能通过教育的手段来弥补当时生女儿的失落情感，所以他针对女生的普遍弱点对女儿进行有目的的专门教育。最后教育上的成功弥补了没有儿子的遗憾。这种自我的切身体会又促使他在与女生的互动中也注意培养她们的勇敢精神。

在对六位教师的访谈进行诠释的过程中，自始至终我都有如下的感觉。

第一，六位教师的性别观念处于经验层次，他们对基于自己性别观念的日常教育实践没有进行性别公平的反思与监控。在对待女生初一时学习成绩的明显优势，随着年级升高女生学习理科渐渐表现出来的弱势，以及女生一些胆小、要面子、怕丢人等性格特征方面，几位教师都归咎于女生自身的不足，而没有对教科书的价值导向、师生互动中的性别差异、学校教学管理人员的性别差异等隐蔽的因素对女生的成长影响提出异议。即使是注意了"因性施教"的教师，也只是把注意力集中在男生和女生已有的特点上，而没有注意这些特点的社会建构。

第二，六位教师或多或少地存在性别角色刻板印象，把一些与男生有关的性格特点与行为赋予更加积极的评价。他们在提到男生"好突击""好省事""贪玩"等特点时，几乎都带着欣赏的语气，似乎这些特点与他们眼中男生更具有创新的能力相连。而女生的一些诸如"认真""懂事""刻苦""要面子""按部就班"等特点则与缺乏创新能力相连。

**五、反思**

本文之所以选用质的研究方法中的访谈法是因为它是探究主体意义世界的有效方法。一些样本较大的量的研究比较适合在宏观层面对事物进行大规模的调查和预测，它证实的是有关社会现象的平均情况。① 但这种调查和预测的结果一般仅适应普遍的意义，对结果背后的细致原因特别是其中所蕴含的个体内部经验则缺乏更多的关注。在本研究中我试图探究的是六位教师的性别观念以及他们性别观念产生的社会背景，我还试图理解我国特定的文化、特殊的家庭结构、城乡差别等外部因素与教师个体的性别观念及其实践的相互建构作用，而不仅仅只是对这些观念做简单的价值判断。在进行诠释的时候我力图把他们的性别观念和实践置于他们工作的情境中。

虽然我的研究基于一种这样的信念，即他们的性别观念是在与环境的互动中建构起来的，但在本研究中我仅仅是通过访谈他们对性别差异的直观感觉来诠释其性别观念，这显然不足以观照他们的性别观念产生的总体原因，因为人们说出来的观念与其在实践中具体表现出来的行为往往还有一定的差距。而且个人的生活史在其性别观念的形成中通常起很重要的作用，本研究却没有触及六位教师的生活史。所以一个理想的研究应该是访谈教师当下的性别观念与对该教师的课堂观察、个人生活史探究结合起来。但由于时间和经费所限，我不得不先做本文这样一个初始的研究，算是对后续研究的铺垫。

另外，在访谈和写作过程中，我一直在追问自己：这六位教师的性别观念与整体意义上的教师性别观念是怎样一种关系呢？虽然个体是在一定社会文化场域内建构自己的观念的，但很显然接受我访谈的六位教师并不能代表教师群体。其实我的目的并非是要通过本研究来构建我国当下教师的性别观念，相反，我仅仅试图使阅读本研究的同行能从这六位教师的观念中得到一些启示，以此引发我们反思我们自己的性别观念和在与学生以及周围的儿童互动时如何体现了这些观念，并且在观察周围的师生互动时，能多一层性别的视角。只有反思才能使人真正开始意识到问题的所在，才会既而开始寻找解决的方法和途径。正如哈贝马斯所言："只能依靠反思水平的发展，即依靠行动着的、在解放中前进的意识，才能推动社会历史的合理化。"②

---

① 陈向明：《教师如何作质的研究》，北京，教育科学出版社，2001。
② 转引自欧力同：《哈贝马斯的"批判理论"》，重庆，重庆出版社，1997.

# 附录二：对某市二十名独生子女家庭成长环境的质性研究[①]

为了探究我国内地城市独生子女的家庭成长环境，我们用质性研究方法对某市四所区重点以上高中的 20 位高一、高二学生进行了深入的访谈。受访学生中男女生各 10 名，高一、高二学生各 10 名。每一所学校的受访学生都来自同一个班级，我们没有对学生做出明确的挑选，只是跟学校领导说我们要访谈几位独生子女学生。由于高中学生学习都比较紧张，所以我们的访谈或者是在午休，或者是在下午第三节自习课的时候，时间控制在 45～55 分钟。让我们十分感动的是，受访的学生都积极配合我们的访谈，他们的学校领导和班主任也给予了大力支持。

家庭本来是孩子们各方面能力得以初步启蒙的地方，它是一个关系紧密的小单位，在这里，我们习得了人生最初的情感和基本能力。当孩子进入学校以后，家庭还应该主动充当学校的助手，帮助孩子适应学校生活。家庭同时也应该是学校教育的批判者，当学校教育出现偏差的时候，家庭应该主动地帮助孩子分解其负面影响。但是，我们在访谈中发现，多数受访学生的父母主要做了学校教育的同谋者，有些家庭已经成为一所微型学校或者一间微型自习室。

## 一、"没有时间做家务"：懒惰的深层原因与后果解读

在我们访谈的高中学生中，自己处理各种个人事务的很少，多数学生不做任何家务，可以毫不夸张地说，很多父母成了独生子女无微不至的"保姆"。自己洗袜子和连袜子也不洗的人数差不多相同。有个男生说："桌子我一般都用衣服擦了。家务活一般没什么干的，除了过年的时候扫房子感觉好玩才做一下。我从小就拒绝擦桌子，因为擦完桌子上面有好多油，擦完还得洗手。我只是心情好的时候拖拖地。"另一个女生说闲杂衣服有时候自己洗，初中时候衣服自己洗，小学时候袜子自己洗。

导致独生子女比较"懒惰"的原因主要有两个。一是在校时间长，回家学习压力大。例如某区重点高中的作息时间是早上 7 点 40 分上课，下午 6 点 40 分放学，但

---

[①] 本文获得天津市社联 2008 年度优秀论文奖。

级部前 100 名和住校生要在图书馆上自习到晚上 11 点。即使不是级部前 100 名的学生，回到家吃过晚饭后也大概要至少 8 点了，然后还要做大量的作业以及复习工作。另一所区重点高中晚自习上到 8 点 30 分，学生一般在学校随便吃一点东西然后回家再正式吃晚饭。吃完晚饭以后要继续学习，访谈的几个学生说睡觉时基本就 12 点了。在我们访谈的学校中，除了唯一一所市重点高中不上晚自习并且下午放学比较早之外，其他的学校即使不上晚自习，晚上回家的时间也比较晚。有的学校周六还要上课，也就是说，学生每周只有一天休息时间。从受访学生的周末时间安排来看，他们中的多数在唯一一天休息时间里还要抽出时间复习功课，只留很少的时间休闲。在校时间如此之长，加上沉重的学习压力，学生们即使自己想做家务，能自由支配的时间也很少。

使独生子女"懒惰"的第二个原因是我国城市职工闲暇时间的增多与父母娇宠孩子的养育习惯。父母的闲暇时间增多意味着照顾孩子的时间多了。一般来说，父母的家务劳动和养育孩子方面的时间比例与孩子的数目成正比。独生子女父母花在孩子身上的时间比非独生子女父母所花时间要多很多。根据陈科文等人对北京城乡家庭的调查，城市 3～11 岁独生子女家庭中 76％的母亲有一半以上业余时间花在了孩子身上，其中 20％的人认为自己几乎将全部业余时间花在了孩子身上；独生子女父亲有 51％的人每天一半以上业余时间用来抚育子女，其中 10％的人认为自己几乎将全部业余时间花在了孩子身上，由此，研究者得出了结论：独生子女父母在家庭生活中闲暇时间的利用上是以满足孩子的需要为主的。[①] 很多父母心甘情愿地把照顾孩子当作没有周末的第二职业。

访谈中我们发现了几个例外，有几个独生子女的自立能力非同一般的强。这几个例外几乎都是因为父母的工作实在太忙，无法抽出时间照顾孩子，因此他们"不得已"才练就了超强的自理能力。中国传统的以子女为中心的价值观念与独生子女国情和城市职工闲暇时间的增多相结合，造就了众多的"懒惰"孩子。在这个方面，不能责备独生子女自身。

应该引起我们注意的倒不是独生子女是否会做家务。其实做饭、洗衣服、整理

---

① 关颖：《独生子女社会化的家庭因素》，见风笑天主编：《中国独生子女：从"小皇帝"到"新公民"》，北京，知识出版社，2004。

房间、购物等家务并不是十分高深的技能，完全可以通过突击培训很容易地掌握。这大概是家长们纵容孩子不做家务的主要原因，因为既然这些做家务的技能并非那么重要，那么在孩子学习压力很大而家长尚有时间照顾孩子的情况下，为什么不节约出时间来让孩子多学习知识或者多睡一会儿呢？这里的关键问题是如何看待做家务的问题。如果我们把做家务看作是一种人人必须掌握的技能，那么是否有必要让孩子经常做家务以及孩子是否会做家务就不是很重要的问题了。但问题是做家务其实并不在于让孩子学会简单的技能以便日后能够自己独立生活，做家务的真正意义在于通过做家务的过程培养孩子关注日常生活的心向、与日常世界保持联系的习惯以及关心自己、关心家人、关心生活环境的态度。这个培养过程随着孩子年龄的增长而做螺旋式上升，每一个阶段都有不可替代的作用。

二、"尽职的陪读"：应试教育全家、全程化

一些独生子女父母在担任无微不至的保姆的同时，还充当孩子"尽职的陪读"，我国内地的学校教育模式已经使得很多家庭从孩子进入小学一年级开始一直到高中毕业（有个别家庭要一直延伸到大学毕业），父母都要做"尽职的陪读"，应试教育已经全家、全程化。

一位高一女生这样描述她每天如何度过下午放学后的时光："一般下午放学回家后，我先吃晚饭，然后写作业，再看看爸爸为我精心摘录的美文，在妈妈的故事中睡觉。爸爸为我摘录的东西有当天比较重大的国际国内的时事，更多的是散文方面的东西，比如有《一个王朝的背影》《菜根谭》等，后来我觉得余秋雨的散文太沉重，爸爸就给我选择那些积极的散文了。"这位女生的爸爸每天的一个例行功课是为女儿补充"精神营养"，而妈妈除了照顾她日常生活外，还要负责在16岁的女儿入睡时给她讲故事。

除了几个例外，受访的多数学生在学习的时候都有父母不同方式的陪伴。有个高一的女生说她妈妈做导游，工作特别忙，在家的时间很少，不太唠叨她，但是"成绩不理想的时候我妈会管我。前一阵我去日本参加一个回访活动，回来正赶上考试，考得不是太理想，我妈就马上把工作搁下，待在家里看着我"。一个高二的男生说他是从外省市转学来到那个城市的，他原来学习的课程进度慢，他不想留级，就只好自己补课。"国庆放假期间，我爸陪着我在家自学，有时候他会帮我。我觉得那是我有生以来学习效率最高的七天。后来就慢慢地赶上来了，现在感觉那段时间挺难熬

的。爸妈鼓励我，让我不要泄气，说肯定能上来。有时候学习不顺了，我们也吵架，因为我老是犯同样的错误。现在想想，还得感谢他们，因为如果不是他们抓得紧，我的学习就根本上不来。"这个男生说晚上他学习的时候父母两个人会一直都陪着他，12 点的时候就督促他睡觉，这样可以保证第二天的学习。一个高一的女生说她在复习中考的时候，爸妈连电视也不看，现在虽然爸妈晚上看电视了，但是"他们会关上门，听不见声音，有时候就是开着门也听不见声音。不管我学习得多晚，他们两个没有一个睡的，都是看我睡了再睡"。一个高二男生说他晚上一般学习到 12 点多，父母倒班轮流陪他学习。只要他自己不说睡觉，就一直陪着。这个男生说："他们没人理我，一般是我自己看表：'啊，已经 12 点 30 分了。'然后他们就会说：'时间不早了，赶快洗洗睡觉去吧。'"

　　应试教育和我国的传统家庭教养方式使得家长们在做尽职的保姆的同时还充当了孩子的陪读。从访谈学生的作息时间来看，他们在家的学习几乎都是复习学校功课。家长的陪读方式也多是"在场"而已，并不涉及对孩子学习问题诊断、学习品质观察、学习心理辅导。孩子在家除了必要的睡眠之外，另外的多数时间就成为学校自习课的延伸，父母成为老师的帮手。这里成问题的不是家长是否应该陪读的问题，而是其背后包含的家长应该如何看待子女的学习的问题。家长普遍关心的是如何帮助孩子取得更好的学习成绩，而极少考虑到如何采取措施减少学校教育在培养孩子全面发展方面的不足之处。在刘云杉对家长的访谈研究中，她发现家长将"才"解释为才干、才分、才力，而才情与才华则较少提及。"才"变为"材"，凸显了人的工具价值。"成材"成为父母教育子女的最高目的。[①] "成材"的观念除了缺乏反思批判精神之外，还极容易使有些独生子女父母陷入日渐失望的情绪之中，影响了一家人的生活质量，因为既然他们把生活的大部分意义放置在孩子身上，并且把对孩子的成长期望定位在以考试成绩为导向的"成材"上，那么单一取向的评价标准必然使很多学生处于失败的境地，学生的失败就是家长的失败。

### 三、民主的教养方式与"笼中的小鸟"：家庭教养民主化的悖论

　　在访谈的学生中，除了几个特例，多数学生的家庭教养方式都是民主型的，父

---

① 刘云杉：《学校生活社会学》，南京，南京师范大学出版社，2000。

母与子女发生冲突的时候会以民主协商为主，面临选择的时候，家长会尊重孩子的意见。一个男生说："我爸妈是比较民主的，我们有冲突的时候都会冷静一下，然后再开个家庭座谈会，晓之以理动之以情，直到双方都能接受为止。"一个女生说："我们家好像挺民主的，我爸妈说什么，我觉得对就做。如果我做错了，他们就说，下次不再犯了就行了，也不是太多唠叨。"当我们问一个女生他们家如何决策大事的时候，她说："爸妈会先提出建议，我就听听，最后还是自己拿主意。比如小升初的时候，我爸妈帮我跑了好多学校，然后放到一起比较优劣，但最终去哪所学校是我自己选的。初中升高中的时候也是这样。这些他们都不管。"

虽然家长们无微不至地照顾孩子，并且尽心尽力地做孩子的陪读，但是多数学生表示父母并没有给他们很大的学业压力。一个男生说："父母没有提前对自己在学习上提出过硬性要求，只是经常说让我尽力而为，也就是没有要求自己的名次一定达到哪里。在记忆中有那么一两次我张口向父母要自己喜爱的山地自行车，父亲曾说在期末考试中比这次有进步就买，我在接下来的半学期就十分努力地学习，可成绩并没有进步，但父亲还是肯定了我的努力，为我买了自行车。"另一个男生说："我父母比较民主。从小他们就给我买课外书看，经常跟我说不要偏科，要全面发展。玩的时候就痛快地玩，学习的时候就认真地学习，学习要讲究效率。考差了，他们不会很责备我，但是会对我说，学习最重要的是要学到东西，要有所发展，为什么会后退你要找出原因来。"

有的家长还比较注意培养孩子书本学习之外的动手能力，一个女孩对自己的动手能力非常满意，她说："我曾经和爸爸一起花了一下午的时间用一根白色的塑料管子做了个呼啦圈，并做了好多点缀，我一直喜欢这个呼啦圈；还有我们家买电脑的时候，我和爸爸去买了材料板，按照我们自己的需要做了个电脑桌，尽管显得有点粗糙，但我还是很喜欢。"

访谈中的少数学生与父母之间存在明显的冲突现象，但是孩子基本上还能够理智对待。也就是说，其实独生子女们和非独生子女一样，会根据环境调整自己，显得难得的懂事。

家长对独生孩子的普遍民主态度，本来非常有助于培养孩子的独立能力并建立一种新型的亲子关系，但是我们发现当民主与过度保护紧密结合在一起的时候，就很容易培养出"笼中的小鸟"。笼子里的小鸟有自由，但这是在笼子空间所允许的范围内表现出来的自由，一旦把小鸟放飞，他们是否仍然具有在笼子中的判断力和行动力还需要拭目以待。一般来说，过度的保护措施"剥夺了胆小孩子学习在面临陌生事物时使自己保持冷静、抑制害怕的机会，使得他们愈加胆怯"①。我们把中国独生子女家庭中比较独特的相对民主化氛围与保姆式过度保护相结合的教养方式称为家庭教育民主化的悖论。

**四、思考：如何做理智的父母**

家庭是人们养成最初的非智力素质的最重要的地方，家长是在生命的最初阶段影响人的最重要的外部环境力量。在家庭这个启蒙学校里，我们学会了认识自己、观察别人对我们的看法、如何看待自己的情感、如何做出反应、怎样理解及表达自己的希望和担心。这种情感学习不仅通过父母对子女的教育，而且也通过父母处理自己的情感问题及夫妻间情感交流时所树立的榜样来进行。有些父母是天生的情感教师，而另一些却是糟糕透顶的反面教员。② 独生子女的非智力因素形成受父母影响很大。

在独生子女作为国家政策的社会环境下，许多父母没有学会对孩子进行理智教养。在过去，一个家庭有几个孩子的状况使得父母没有精力过多地溺爱孩子，兄弟姐妹之间的日常交往自然就能培养分享、合作精神。而现在，如果不理智，父母便很容易包办代替，使亲子关系变为典型的共依存的状态。共依存指的是一个人失落了他自己的内在的精神世界，而对外界事物采取一种沉溺、上瘾、不能自拔的生存状态，仿佛是依赖外界的某些事物以求生存，而对那些事物引发的问题视而不见地沉溺其中……对孩子责任的替代就是一种典型的共依存行为。③ 在中国传统的学而优则仕以及20多年的独生子女国策背景下，我们便发现了许多独特的现象：独生子女的有些能力超常发展，如各种艺术特长；有些能力低下得让人吃惊，如独立生活的能力。在长大成人后，可能正是这些木条中最短的那一根决定了他们的发展高度。以一些能力的欠缺来交换另一些能力的超常发展，必然

---

① ［美］丹尼尔·戈尔曼：《情感智商》，耿文秀、查波译，242页，上海，上海科学技术出版社，1997。

② 同上书，206页。

③ 缪建东：《家庭教育社会学》，南京，南京师范大学出版社，1999。

会对他们的未来产生深远的影响，因为参加工作以后，决定人发展的就决不仅仅是学习成绩了。

从社会学的视野来看，独生子女的父母在很长一段时间内都更有可能是孩子的"重要他人"①。这些父母的一个重要任务是如何理智地与孩子相处，帮助孩子从依赖父母、借助父母的状态逐渐过渡到脱离父母并最终能够超越父母，形成自我。如果不然，孩子就要在本来应该自然过渡到成人社会的时候不得不痛苦地学习那些本该在很小的时候就开始实践的东西。从访谈资料来看，很少有父母能做到比较理智地教养孩子。因此近年来，"Neet 族"②的蔓延并不让人感到吃惊。

对独生子女群体的某些批评，如"懒惰""没有主见"等，是人们非常容易犯的"基本归因错误"的结果。归因理论的研究者发现人们在进行归因的时候，往往存在一个普遍性的错误，即当我们解释他人的行为时，会低估环境造成的影响，而高估个人的特质和态度所造成的影响。也就是说，我们通常认为他人的行为就是其内在性格意图等内部特点的直接反映。③ 这样的基本归因错误也许会导致我们不能采取理智的养育、教育措施。许多独生子女身上的一些诸如独立性稍差之类的缺点其实是家长过度保护的教养方式以及过度应试取向的学校教育合谋的结果。如果我们更多地从独生子女成长的家庭和社会环境方面思考独生子女的表现，就会以更客观、更同情的态度去看待他们，当然也就会以更建设性的眼光去看待他们。

另外，我们在评价这些独生子女的时候，还应该考虑到时代对他们的价值观、行为方式以及表达方式的影响。如果我们把他们与 20 世纪 60 年代或者 70 年代的同龄人相比的话，对他们的负面评价会更多。而实际上，很多时候仅仅是因为他们的表达方式不同。我们需要更宽容地对待他们，给他们更多机会来展现自己。

---

① 重要他人是美国社会学家米尔斯提出的一个概念，指对个体的社会化过程具有重要影响的具体人物。

② 这个词汇发源于 20 世纪 80 年代的英国，是"Not in Education, Employment, or Training"的缩写，专指那些在义务教育结束以后，不升学、不工作、不参加职业培训的年轻人。

③ ［美］戴维·迈尔斯：《社会心理学》（第 8 版），侯玉波等译，北京，人民邮电出版社，2006。

# 附录三：特色高中建设中的学校整体改革①

考试招生制度改革的逐渐推进和《中国学生发展核心素养》的发布为我国普通高中特色发展提供了新的契机，因此有必要认真研究其深化路径。

## 一、我国普通高中特色建设的主要历程

2007 年，当时的中央教科所发起"我国普通高中教育发展战略问题"的专题调研，发现我国高中教育在由精英教育转为大众教育之后，出现了日趋明显的教育内容同质化、人才培养模式单一、办学缺乏特色等问题。2009 年 3 月 23 日，中央教科所和美国安生文教交流基金会在北京共同举办了"中美高中特色办学研讨会"，时任教育部副部长的陈小娅在会上明确指出，我国普通高中教育办学模式和人才培养方式比较单一，应该鼓励特色办学。2009 年 4 月，全国教育科学规划领导小组办公室在全国评选出 100 项高中特色学校研究专项课题（课题类别为教育部重点课题），专为特色高中发展设置教育部重点专项研究课题。2010 年，《国家中长期教育改革和发展规划纲要（2010—2020 年）》发布，提出"推动普通高中多样化发展。促进办学体制多样化，扩大优质资源。推进培养模式多样化，满足不同潜质学生的发展需要。探索发现和培养创新人才的途径。鼓励普通高中办出特色"。自此，普通高中多样化发展、特色发展有了国家政策的依据，成为高中发展的趋势。

"十二五"期间，很多省市都启动了聚焦特色发展的高中改革。以天津市为例，天津市于 2011 年启动了特色高中实验项目，三年间分三批遴选了 50 所高中参加特色建设的项目实验。几年来，这些高中从本校特色的定位、关键支持维度的开发进行了若干努力，使学校朝向多样化发展迈进了一大步。2015 年下半年开始，天津市委托第三方评估机构对首期特色高中项目学校进行评估验收。

什么是"特色高中"呢？《天津市特色高中建设工程方案》中给出了"特色高中"的界定，天津市要建设的特色高中是指办学历史较长，文化积淀丰厚，办学思想先进，

---

① 本文发表于《上海教育科研》，2016(12)。作者为陈雨亭、肖庆顺、翟艳、武秀霞，题目为《普通高中特色发展的深化路径研究》。

教学质量较高，办学特色凸显，有一定社会影响力的普通高中。学校特色的呈现既有其整体性，又有标志性。整体性体现在：鲜明的办学思想，浓厚的学校文化，完善的制度建设，独特的课程设置，系统的培养方式等。标志性体现在：某一方面或若干方面凸显出来并为社会所认同的特色，如外语特色、艺术特色、科技特色、学科特色、民族特色、普职融通特色等。① 这一界定体现了天津市教委在启动特色高中建设这个政府项目之初就尊重了普通高中的历史发展特点。那时我国各省市的普通高中，基本上都处在初步探索多样化发展路径的阶段，或者有几个特色项目，或者已经初步开始整体探索学校特色，所以在省级政策层面要给学校留出足够的探索空间，重在引导和扶持，在特色高中建设的方向上既强调整体性，又强调标志性。这给普通高中以明确的信号：特色建设不要肤浅的全面，各学校要努力进行整体建设，同时又要形成标志性的成果。

由于省级层面推动特色高中建设的力度和方式不同，因此"十二五"期间的特色高中建设呈现出明显的地域特征。例如，浙江省在特色高中建设方案中，把选课走班放在一个重要的位置加以引导。在特色高中的建设制度上，强调对课程体系、选课制度、学分制度和育人特色情况的过程指导与针对性检查。② 上海市教委注重学校基于校本课程建设的逐渐提升以及全市范围的榜样示范、梯级培养。③ 江苏省从 2011 年起启动普通高中课程基地建设。省级课程基地是"以创设新型学习环境为特征，以改进课程内容实施方式为重点，以增强实践认知和学习能力为主线，以提高综合素质为目标，促进学生在自主、合作、探究中提高学习效能，发掘潜能特长的综合性教学平台"④。截止到 2015 年 10 月，江苏省共投入逾 3.6 亿元建设了 234 个高中课程基地，开设相关选修课 709 门，除了涉及普通高中的教学科目外，还包括航空航天、地方文化、低碳绿色能源、生活教育、心理教育等近 30 个

---

① 《天津市特色高中建设工程方案》，2010 年 3 月 18 日。

② 浙江省教育厅：《浙江省普通高中特色示范学校建设标准(试行)》，浙教基〔2011〕157 号。

③ 上海市教委：《上海市推进特色普通高中建设实施方案(试行)》，沪教委基〔2014〕59 号。

④ 江苏省教育厅：《江苏省教育厅江苏省财政厅关于启动普通高中课程基地建设的通知》，苏教基〔2011〕27 号。

类别。①

### 二、特色高中建设的初步成果与问题——以天津市为例

为了促进普通高中由标准化、规范化向高质量有特色发展，"十二五"时期，天津市教委在全市范围内分三批创建 50 所特色普通高中。2015 年 9 月—2016 年 4 月，天津市教委委托天津市教育科学研究院作为第三方评估机构，组织评估专家组分阶段对首批特色高中实验项目学校进行了评估验收。

（一）天津市特色高中建设的初步成果

天津市在三期特色高中建设过程中，都注重了学校自主申报、区县资格审查和市级答辩评审多个环节。答辩评审中，专家组特别注重了学校的特色定位、三年实施方案的科学性和标志性成果的设计。因此在对首批特色高中的评审和验收时，专家组发现，24 所学校特色建设定位体现了多样化，学校特色类型多种多样，大致可以分为创新导向发展、学校历史传统发展、师生需求导向发展、单项素养发展、综合高中导向发展 5 种类型。这些高中都非常注重过程建设，学校都成立了特色学校建设的相关组织，明确了分工，建立了特色学校建设的相关制度，并通过课题研究和协同创新推进特色建设；重视课程建设，校本课程开发比较丰富；非常重视课堂教学改革，比较普遍的做法是在教学的模式和方法上进行改革，寻求建立适合学校的课堂教学模式；比以往更加重视教师专业发展，积极为教师发展搭建平台，制定教师发展规划，注重教师团队培养以及通过评价改革引领教师发展；注重学生社团建设，社团数量多，类型多样，以学生为主进行组织管理。在促进教师专业发展上，以下两个方面的效果尤其突出。

### 1. 促进了学校对教师内在自我建构的认识和规划

获得市教委立项的特色高中校在推进实施方案"落地"的过程中，比以往任何时候都感受了应试型校本教师专业发展的瓶颈。有相当一部分学校认识到不能只对教师进行聚焦教学方法、教学内容等外部可控的、显性要素的培训，还必须致力于对教师内在自我的建构和教育热情的激发。这些高中认识到，教师的教育力量源自心灵。没有内在自我的教师，其心灵往往在别处，在分数、教学方法、教学内容上，就是不在学

---

① 葛灵丹：《江苏 5 年建设 234 个高中课程基地投入逾 3.6 亿》，http：//js. people. com. cn/n/2015/1006/c360307-26660255. html.

习赖以发生的内在自我上。拥有内在自我的教师，会以同情、勇气、爱、耐心、忠诚、真挚等表现出来，潜移默化地影响着每一个人。教师的内在自我永远与价值有关：他必须深刻理解教师这个职业的根本是什么，学生的成长过程中最重要的是什么，他在孩子成长过程中到底扮演什么角色。对这些问题的思考和理解会贯穿在教师日常教育实践的始终，构成了一位教师职业精神的全部，是其内在自我的情境性外化。

围绕特色内涵而进行的诸多校本改革措施，相当于为教师提供了实践与反思的参照系，也相当于在学校这个小环境中努力创建一种新的氛围。例如，天津四十五中在建设"幸福教育"的过程中，有一个非常有特色的创新："以校本课程建设带动师资队伍培养，开发教育资源的同时，使教师提高自身修养，享受幸福生活。"5 年来，四十五中老师们结合自己的兴趣和特长，每学期开设近 30 门课，先后开发了 186 门幸福课程。参与开发课程的教师占全体教师的 61％。

教师的改变是从外部导向的职业发展习惯回转向内的过程。要改变外部导向的习惯，教师需要从内部入手建立起新的自我参照系。例如，放弃通过比较考试分数来确定自己教学水平的做法，改为观察每一个具体的学生，观察自己所提供的独特的课程促进每一个学生进步的程度；放弃用外在认可的评比来为自己定位，改为内在自我的丰富性和敏感性。改变与自我的关系意味着教师们的内心是开放的，随时愿意拥抱新的感悟，学习和尝试新的策略和方法。

**2. 开始对教师发展进行校本整体改革**

天津市首期特色高中项目学校普遍认识到了以往碎片式教师校本专业发展的弊端，开始尝试破解这个难题。例如，天津外国语大学附属外国语学校已经开始有意识地进行学科建设，以学科组为单位编制学科建设的三年规划方案，进行以"对话"为基本特征的课堂教学改革。在这个过程中，学校本着"开放"的原则，整合了教研、课题研究、课堂教学改革和教师专业发展，从一个更高的层面来汇聚学校资源，在课堂教学层面推进了学校的特色"开放式教育"。

北师大天津附中鼓励老师们开发学科融合的课程来培养学生的跨学科素养。生物组的老师们和通用技术课的老师们深入合作，把现代农业技术模块与生物教学进行整合：整合内容，重建教材；整合知识，激发兴趣；整合实验，促进双学科发展；整合师资，生物教师参与整合课程的开发，既弥补了通用技术老师生物知识不足的难题，也为学生高二生物学科的深度学习打下了基础，同时提升了生物教师的学科素养。

尽管这些基于学科建设的探索还没有形成特别有影响力的成果，但是他们的先期探索已经显示出重要的意义。

(二)特色高中发展过程中的主要问题

在学校、教师和学生的选择权都十分有限的背景下，高中的特色发展主要依靠校长和教师的教育情怀和专业自觉，因此一些需要制度支持或者特别需要专业指导的领域就成了软肋。

第一，学校特色的内涵解读不足，不足以支持学校深化特色发展。解读不足主要体现在对内涵的理论挖掘较浅以及对于优秀同行的创新实践关注不够。内涵解读不足带来的直接后果是学校发展的主要领域的创新缺乏理论支持。

第二，校本课程的整体性建设和教师课程开发能力不足。从 24 所学校整体情况来看，虽然一些学校形成了特色课程，一些学校形成了课程群，但形成相对完整的体现学校特色的课程体系的并不多见。教师的课程开发能力明显不足，主要体现在两个方面，首先，教师们处理实践性和学术性的关系以及校本课程和学科教学的关系方面的能力特别需要加强。首先，没有处理好实践性与学术性关系，有些开设的课程或者为"实践"而实践，表面上"实践"的热闹掩盖了师生对所选修的校本课程的深层意义的追问；或者盲目走向"学术性"，强调信息的占有和传递，很少或者几乎不在"自然"（这里的"自然"指的是学生能与之产生相互作用的自然和社会情境）中进行研究。其次，相当一些老师开发的校本课程与学科教学没有形成有机的联系，因此教师对提高自己的指导能力以及努力指导学生不感兴趣，导致了学校课程体系的"两张皮"现象。

第三，校本制度创新不足。尽管各学校在天津市特色高中项目建设过程中形成了与特色高中建设相适应的系列制度，但"创新乏力""动力不足"仍是天津市特色高中建设项目学校需要克服的问题，特色高中学校制度创新仍需加强。

第四，学校特色在课堂教学中体现不足。在 24 个评估要点中，课堂教学一项的得分最低。在对一些学校的档案材料进行分析时，甚至找不到明确的关于课堂教学的详细的材料。主要不足一是有些学校的课堂教学的模式和方法运用效果需要提升；二是特色办学理念对课堂教学的引领作用不明显，课堂教学不能充分体现学校的办学理念，教师口头上表达的教学观念与实际教学之间差距较大。

第五，为学校特色建设提供专业支持的校本研究，实质的改革也不多。这其中的主要原因是以最终的选拔性考试为主要评价指标(不管是对学校、教师还是对学生)的高中,已经形成了一套逻辑严密、自成体系的学校运转体系,从学校管理、课程建设、课堂教学改革、教师专业发展到学生活动,都有了既定的行动框架。这些年很多高中的特色建设,就是试图在这套既定的行动框架下有所突破,能够带领学校走向特色发展之路。但实际上,我们发现在夹缝里的努力,只能开出几朵小花,很难从根本上为学生提供更有选择性、更加个性化、更能培养核心素养的有特色的高中教育。

### 三、普通高中多样化特色发展的深化路径

在当前的情境下,深化普通高中多样化特色发展的契机已经到来,路径也渐渐清晰。我们需要做的是从舒适区走出来,走向已经向我们显示若干伏笔的学习区。以未来为目标,以当下为土壤,勇敢地继续前行。

#### (一)把考试招生制度改革作为深化特色发展的契机

招生考试制度改革是高中特色发展进一步深化的契机。新高考改革打破文理分科,强调考试的选择性,而高中学校只有实施走班教学,才能实现等级性考试科目的选择性。学生将根据自己的学习兴趣、学习基础和未来发展期望选择自己的等级性考试科目。与过去只有文科和理科两种选择不同,学生们现在可以打破文理分科,有了若干其他选择,例如在"六选三"的情况下,可以选择二文一理,也可以选择二理一文。这种变化不仅仅是选择机会的增加,它带来的是学生和家长对个人特质和未来理想的深度思考以及由此带来的对学校教师的专业水平、学校某个学科课程的精品度的考量。这会在学生、家长、教师和校长的心中分别撬开一个口子:对学生和家长而言,既然有了更多的选择,那么怎样选择才能对我的未来发展有更大的助益?对教师而言,如果学生和家长把教师的教学质量作为选择一门科目的重要条件,那么我该怎样改进教学才能进入他们的优先选择视野?对校长而言,怎样以学生选择对教师带来的触动为契机,对教师校本专业发展进行整体建构?

这些问题让我们站在一个新的高度去思考普通高中特色发展的必要性和可能性。当契机来了的时候,过去很难推动的改革就会有新的机会。我们会发现,其实课堂教学改革、教师专业发展、教师研修、学科拓展类的校本课程建设都应该从引导、帮助教师聚焦学科核心素养,从学科教学走向学科教育上下功夫;都应该从创建能够更加满足学生的个性化学习需求的学习环境入手。这样一种改革逻辑正是高中进

行特色发展的核心关切所在。

（二）从四个方面深化普通高中的特色发展

普通高中特色发展的深化是一个现实的历史过程，需要每一所学校在尊重本校的历史和现实的基础上，设计并实践进行特色建设的方案，当前普遍需要的改革体现在以下四个方面。

第一，特色内涵的深入挖掘。

在学校进行整体特色建设的初级阶段，学校往往十分艰难地寻找了一个核心概念作为本校特色的名称，在撰写特色发展方案或者课程方案的时候，学校经常对特色的内涵进行简单的界定，而对一些关键的方面却着力不够，例如，特色到底和本校的历史传统有什么关系，类似的特色在全国同行那里都有什么样的创新，本校的特色与本校对特色的主要支持领域的关系，等等。这导致特色的名称对本校全体师生和员工以及家长等相关人员的解释不够，因此很难起到以特色建设整体提升学校办学质量的作用。

挖掘特色内涵是一个学校核心领导团队进行针对性学习和研究的过程，是走出依靠过去的经验管理学校、依靠应试管理学校或者依靠教育主管部门的行政指令办学的传统式管理思维的过程，也是领导团队进行真正的学习型组织建设的过程。对特色内涵更加深入的挖掘，帮助领导团队看清远方，从而坚定地带领老师们探索当下的路径。当老师们真正理解了本校特色的理论依据和实践目标时，才有可能在自己的课堂上进行创新性探索。

第二，进行整体性教研改革。

最近五六年普通高中进行特色建设的过程，同时也是课程改革深化的过程，因此各高中校的主要精力还是像过去一样用在提高教学质量上。就天津而言，相当一些高中校以全校构建教学模式为主，或者采用全校建构一个教学模式，然后各教研组在总模式的引领下创建自己的学科模式的方式，或者一开始就以学科组为单位，各教研组长带领本组教师探索学科教学模式和课型模式。但是，由于老师们在探索模式的过程中主要聚焦在试图设计普适性的教学流程上，对于学科特点、课型特点以及学生的课堂学习状态的研究不足，因此导致设计模式的过程过于简单，不仅模式本身是否合适缺乏让人信服的论证，而且尝试与推广模式的方式也过于急切。如果把一所学校正在进行的教学改革项目的实施方案、该校的年度校本教研计划、年度课题研究计划以及校本教研和课题研究的过程记录放在一起进行比较研究的话，就很容易看出该校是不是进行了教研的整体改革，改革会不会完成该校所宣称的改革目标。

在特色学校建设的过程中，整体性教研改革的目标是创造教师们持续进行专业对话的共同体。帕克·帕尔默曾经对教师加入对话共同体的必要性进行过非常确切的论述："如果我想教得好，则一定要去探究我的内心世界。但我可能在那里迷失，不断自我蒙蔽和故步自封。因此，我需要一种同事之间相互切磋、对话的共同体的指引——何况这样的共同体可支持我经受住教学的磨炼，给我在任何名副其实的教学单位都能找到的累积的集体智慧。"①

在整体性教研的氛围下，教师们才有可能针对教学改革持续进行专业对话，而非寒暄式的聊天；才有可能由每个人默默奋斗转变为大家在切磋中共同成长。在这个过程中，最为关键的是以学科组为单位，聚焦学科核心素养的培育，教师们设计并实践系列符合学科特点的策略与方法。这些策略与方法的共同特征是较为稳定，符合学科特点，学生们能够在较长时间内使用。如果没有这些具体的策略与方法的长期使用，学科核心素养就会仅仅是抽象概念，没有落地的可能。

例如，在我们与天津市首期特色高中项目学校进行对比研究的一所国际学校，老师们对学生写作和表达能力的培养十分重视。有一位英语老师设计了一个培养学生表达观点能力的写一个段落的写作模板：SEEC。"SEEC"是四个英语单词的首字母缩写，"S"是"State"（用一句话表达出自己的观点）；第一个"E"是"Explain"（解释一下这个观点）；第二个"E"是"Evidence"（给出能够证明观点的证据）；"C"是"Connect"（在论据和观点之间勾连一下）。这个模板的有效性得以验证之后，该校的英语课、人文课、戏剧课等都使用"SEEC"作为学生表达自己观点时的模板，甚至人文课的考试试卷，其中一部分就是提供一篇材料，让学生在八个关键词中任选两个，用"SEEC"模板表达出来。

十年级的戏剧课和人文课每个学期需要写一篇 1000 字的论文。例如，戏剧课论文的题目是"论希腊戏剧与民主的起源"。为了帮助学生学习论文写作，老师设计了

---

① ［美］帕克·帕尔默：《教学勇气——漫步教师心灵》，吴国珍等译，上海，华东师范大学出版社，2005。

"怎样写一篇戏剧课的论文"的模板，从论文怎样开头，到提出四个问题作为对学生思路的引导，再到如何总结自己的观点，老师都给予了非常细致的指导，特别是老师提出的四个问题实际上是论述希腊戏剧与民主关系的几个非常重要的维度，老师只是提出思考的维度和方向，学生如果要提出自己的观点，就必须认真研读若干资料，然后才能梳理出进行论述的思路。有了思路之后，如何表达呢？老师在每一个问题下面让学生按照"SEEC"的格式表达自己对这一问题的观点。在两个问题之间，老师用斜体字提醒学生要加一个承上启下的句子。有了这个写作模板，孩子们相当于有了一个脚手架，帮助他们在阅读众多资料的过程中，逐渐梳理思路。

由于"SEEC"模板和写作模板是学生们长期使用（而且是每一届十年级学生）的学习工具，因此假以时日，孩子们就能逐渐学会有证据地表达自己的观点。在这个案例中，我们看到，老师们的校本教研非常务实，一旦有老师设计出能够培养学生学习能力的学习工具，那么这种工具在可以使用的学科就会推广。要培养怎样的学习品质，就需要设计怎样的学习工具。这样，教师的教学和研究就是一体化的，个人与共同体对话也就围绕学生学习品质的提升策略而展开。

第三，提升特色校本课程的品质。

从天津首期特色高中的发展来看，校本课程建设普遍处在由 2.0 版向 3.0 版转型的过程中。① 相当一些学校围绕本校的特色定位开发了丰富的课程群，但是尚未构建课程的立体之网，还没有将课程、教学、教师发展、学生成长和学校管理进行整体建构。校本课程体系注重丰富性的构建，但是对于通过课程培养学生的思维和品格的设计不够。从当下普通高中校本课程的普遍实施来看，需要首先解决以下三个问题。首先，学校对于校本课程思维培养的目标意识不够。杜威对此进行过十分透彻的阐释："思维教育的真正问题在于将自然的思维能力转化为经受过检验的专业

---

① 杨四耕教授在最近的一篇论文中，提出课程建设的三个层次及每个层次的标志性特征。一是 1.0 层次。这个层次的课程变革，以课程门类的增减为特征，是"点状"水平的课程变革。二是 2.0 层次。学校会围绕某一特定的办学特色或项目特色，开发相应的特色课程群。在一定意义上，这个层次的课程变革是特色课程化的"线性"课程设计与打造水平。三是 3.0 层次。此层次，学校课程发展呈鸟巢状，以多维联动、有逻辑的课程体系为标志，将课程、教学、评价、管理以及师生发展融为一体，这是"巢状"课程发展模型与文化创生层次的课程变革。具体论述请参见：杨四耕：《学校课程变革需要迈向 3.0》，http://learning.sohu.com/20160623/n455997325.shtml。

性的思维能力，将多多少少偶然出现的好奇心和零散的联想转化为时刻保持警觉的、小心谨慎和贯彻始终的探索。"①这里的关键词是"将自然的思维能力转化为经受过检验的专业性的思维能力"。要做到这一点，校本课程在开发过程中必须加强学习工具的设计与使用。

其次，校本课程开发对于学生的思维培养重视不够。学校增加校本课程开发多样性的目的首先不是为了让学生有更多可满足兴趣需要的课程，而是为了在兴趣的引领下能够锻炼、提升自己的思维能力。从思维能力培养的角度来说，课程没有高低之分。杜威认为："思维是将各种具体事物引起的各种具体联想加以排列，联结到一起。因此，任何一个主题，从希腊语到烹饪，从图画到数学，都是有学问，也就是'有智力的'，这不在于它的固定的内部结构，而是在于它的功能——能引起和指导认真探索和思考的力量。几何学能对一个人起这种作用，而实验室操作、音乐作曲艺术或者经商则能对别的人起同样的作用。"②

最后，特色课程的稳定度和可信度不够。现在，新高考改革是深化特色高中建设尤其是校本课程建设的一个契机。这些高中在开发和开设方面已经有较好的开设经验，下一步应该朝着开发更加立体、更加专业、更能培养学生思维的方向努力，对选修特色课程的学生进行稳定的、可信度高的评价并计入综合素质评价档案，这样，校本课程就能真正在培养学生的思维和品格方面起作用。

第四，进一步探索制度创新。

过去五六年以来，为了配合学校特色建设，很多高中进行了系列制度建设。但是这些制度建设基本上是配合课程建设1.0和2.0时代的，真正为了促进课程的立体性整体建构的制度少。在迈向课程建设3.0时代的过程中，首先应该做的是梳理与反思制约特色发展的校本制度，摒弃不适合发展的制度，修改不能全力发挥作用的制度，制定深化特色高中发展所必需的新制度。制度体系的修改与完善经过民主的程序，最终形成问题导向并发挥整合作用的制度体系。

例如，在学校围绕特色内涵建构起特色课程群以后，下一步就应该检视这些课程群在满足学生的兴趣、培养学生特定的思维以及教师课程开发质量方面的关系。

---

① ［美］约翰·杜威：《我们如何思维》，伍中友译，68页，北京，新华出版社，2015。
② 同上书，44~45页。

要内在地解决这些问题，学校需要把目光提高一个层次，在以前相对分隔的教师专业发展、校本教研、校本课程、国家课程之间发现内在的整体性，找到新的解决方案。实施这个新的解决方案的过程必然伴随着学校的制度变革。

　　在特色建设的过程中强调制度的创新是因为组织层面的转变不是通过一次改革就能实现的。"为了改变教育结构而采取的策略必须被看作一个系统。改变学校的一个方面而不触及其他部分，不会带来任何实质性的持久改变。改变教学方法而不改变学校组织管理和教师的工作条件，结果必然是'毫无成效'。"①

---

　　① ［法］安德烈·焦尔当：《学习的本质》，杭零译，162 页，上海，华东师范大学出版社，2015。

# 后 记

在我写到"后记"两个字的时候，内心感慨万千。

感谢中国教育报刊社副社长张新洲老师，没有他的督促和鼓励，就不可能有本书。感谢我的导师黄志成教授和威廉·派纳教授，他们对我持续的指导和关心，让我能自信地走在教育研究的路上。感谢我的同事肖庆顺和武秀霞博士，本书有关整体改革的内涵和实践维度的章节，他们提出了有启发的修改意见。

在洒满阳光的书房里，我泡了一杯家乡日照的绿茶，在袅袅茶香中，放纵自己的思绪，让它飞越万水千山，时间之内，时间之外。特别感恩这个时代，感恩父母、爱人和儿子对我持续的支持，让我不仅拥有了伍尔夫曾经梦想和呼吁的"一间自己的屋子"，而且有闲暇、有愿力、有耐力坐在书桌前读书、发呆、思考、写作。

此时此刻，我想起了我的祖母。她是一位小脚的老太太，在那个时代罕见地当家做主。每天她都从天蒙蒙亮一直忙到深夜。她要为全家七口人做饭，饲养家畜，为家里所有人做衣服，做鞋子，做袜子。一到夜深全家人睡下，她就坐在昏黄的油灯下，为家人做鞋补袜，偶尔拿起她的大烟袋抽上一口提神。她在我十几岁的时候去世了。我有时候会想起她。她可曾思考过自己的人生？可曾为自己活过一分钟？不识字的她一生都不曾拥有过一本书。她一生所操持和繁忙的，都是眼前可见的忙碌和艰辛。她到生命的尽头时，也不会想象到30多年后，她的孙女，能够拥有自己的书房，能够在行走的路上思考自己的命运。我曾经在2017年8月1日，写作一首题为《命运》的诗，描摹自己的这种感受。

# 命　运

亲爱的

你可曾在家乡眺望远方

又在远方的夜里思念家乡？

你可曾在远行的路上渴望安宁的生活

又在安静的家里盼望波澜壮阔的大海？

似乎哪种生活都不是终极所爱

无论哪种花儿都将归于平淡

蓝天上飘荡的云

蓝天下翱翔的鹰

大地上蓬勃生长的玉米和高粱

当你在黑夜里遇见已经背起行囊的我

当你在第一缕晨曦里偶遇漫步的我

当你在开往远方的列车上看见正在发呆的我

请你走近和我一起细听

来自生命深处的露水

遇到从未见过的风景

过一种未曾想过的生活

做一场不受任何局限的梦

找到连自己都陌生的那个我

带着她一起再赴前程

　　多年来我一直坚持不做书斋里的教育研究，而做活生生的教育研究。我坚持要在教育的现场发现问题，然后与校长和老师一起寻找解决之道。特别感谢那些多年持续邀请我观察、参与学校改革的校长们，使我有机会在较长的一段时间里能有机会出入同一所学校。只有这样，作为研究者的我，才能真正感受到真实的、火热的教育改革是如何发生的；才能在学校的若干改革相关者那里采集到足够多的有效信息，与改革的各个维度和层次反复印证。我有机会参与学校领导团队制订改革计划的过程，随后又能深入改革的过程，去观察不同的教师或者教师团队是如何应对这些改革的。每当我坐在教室里听课时，除了课堂上所发生的，还有我把课堂的状态与学校改革规划与推进策略之间的比对。特别感谢那些校长们对我这种既慢又烦琐的工作方式的认可与信任。如果没有他们，就没有我现在的思考方式，也就没有本书。

我想首先感谢第一位邀请我做长期研究的曹红旗校长。他在潍坊一中担任校长期间，曾多次邀请我参与潍坊一中的各项改革的研讨。我们的友谊一直持续到现在。感谢卓越高中联盟的七所学校的校长和老师们，我们四年的持续探索是一段让人无限回味的时光，感谢章丘四中校长刘金水和副校长李承刚、烟台三中校长郭宏成、大连四十八中学校长刘长存、博兴一中校长王爱岭、博兴二中原校长王中月和副校长赵长江、天津海河中学原校长钱丽梅、山东省莱阳市第九中学原校长赵胜军。我还要感谢我曾参与其中的 UDP 课程开发团队的张华教授、刘伟院长、稽成中教授、臧秀霞校长、鲁效孔老师。感谢深圳市罗湖区教育局局长王水发博士、山东临沂商城实验学校校长王清群、山东临沂双语学校校长姜怀顺、烟台二中原校长王德清（现任烟台工程职业技术学院院长）、石家庄外国语学校原校长强新志（现任石外教育集团党委书记兼董事长）、新疆建设兵团第二师华山中学校长邱成国、新疆建设兵团第二师教育局局长刘丽华、日照一中原校长许崇文（现任日照教育局副局长）、日照教研室主任王宇江、安徽文峰教育集团校长刘彬、天津教研室主任何穆彬（曾任天津北师大附中校长）、天津外国语大学附属外国语学校校长刁雅俊、天津第二南开学校校长孙苗、河西区小教科科长王君红（曾任河西区闽侯路小学校长）。感谢武汉首批初中名校长工程的蔡葵、阮正林、吴晓红、马国新等校长……

感谢你们！感谢和我一样有耐心的校长和老师们。你们对教育的直觉和专业，使你们选择了不一样的发展道路。我特别珍惜这种在对话中、在行动中逐渐建立的友谊，这是努力工作的奖赏和馈赠。我觉得，我们的相遇，是一件十分确定的事。

## 确定性的寻求

亲爱的
在每一个白天和黑夜
在每一个瞬间

我都穿着美丽的衣裳
以最美的姿势
希望会遇见你

我觉得
遇见你
是一件十分确定的事
就像鹰击长空
展翅翱翔时必然会遇见
最美的云彩

为了这种确定性
我迎着晨曦奔跑
在月光下疾行
背包一刻也未曾取下
就连在溪水边流连
也面朝着你会来的方向

当我终于遇见你
在那棵开满粉色花朵的大树下
我练习的几百种微笑
都随着蜜蜂和蝴蝶
印在你透着斑驳花影的外套上
一切都是很久很久以前的模样

陈雨亭
2019 年 8 月 8 日于天津